KB123461

고산중국학총서 **1**

근현대 인문실크로드 :
동아시아 지역담론의 현황과 지향성

문화의 혼종성과 공감지식 네트워크

순천향대학교 공자아카데미 중국학연구소

BOGOSA

간행사

　최근 동아시아권의 세계적 위상 제고와 세계경제의 동아시아화 추세에도 불구하고 이 지역은 일국적 근대화 기획이 착수된 이래 지역 공동체의 문화적 소통과 연대적 실제상들이 파편화·기형화되어 역내 국가 간 상호 대결과 분쟁이 일상화되고 있습니다. 동아시아 지역은 한반도를 둘러싸고 중국의 인민군, 러시아의 극동군, 일본의 자위대, 한국과 일본 주둔군을 비롯한 미국의 태평양군, 남북의 무력까지 집중된 세계적인 중무장지역입니다. 이러한 군사적 대치국면에 더해서 탈냉전으로 일시 사라졌던 해양세력(일본·미국)과 대륙세력(중국·러시아) 간의 팽팽한 대결구도가 재현되고 있습니다. 가령 미국의 인도·태평양 전략과 중국의 일대일로 전략이 상충하는 이원적 구조 속에서 동아시아 국가들은 패권적인 국가주의에 기대어 반목과 충돌을 거듭하고 있습니다. 이러한 근대국가 세계시스템과 그로부터 기인된 신냉전질서, 분단체제, 신민족주의 등은 동아시아의 분열상을 극명하게 보여줍니다. 동아시아의 경제적 성장과 물질적 번영이 보다 발전된 형태로 상승·지속되려면 이를 보위할 동아시아적 가치가 응축된 영구적인 평화번영체제 구축이 선행되어야 할 것입니다.

　이는 과거 서구와 일제가 각인시킨 동아시아 지역연구(Area Studies, 지역학), 아울러 그와 연계된 국제관계상 종속체계(subordinate system)로서의 타자적 인식공간과 그에 따른 자아적 재생산을 해소해야만 가능할 것입니다. 주지하다시피 지역학은 통상 특정 장소나 문화에 관한 총체적 접근을 기반으로 하여 이해를 증진하기 위한 하나의 전략으로 파악되며 보다 정확히는 타자를 연구대상으로 삼아 그 타자성(otherness)을 해명하기 위한 지적 인식방법으로 정의됩니다. 그러나 이 인식방법은 비서구세계에 대한 시장, 자원, 식민지를 추구하는 서구 열강의 식민주의적 팽창과 그 식민지 대상지역의 민족과 문화를 국가주의적 레토릭 차원에서 대응하고자 하는 제국주의 담론과 무관하지 않습니다. 그 실제상들은 역사상 서양과 동양, 계몽과 미개, 선진과 후진, 중심과 주변 등의 이항대립적인 인식체계로 표출되어왔음은 주지의 사실입니다. 여기에는 20세기 초 일본군국주의가 팽배해짐에 따라 점령지에 대한 지배를 목적으로 실시된 해당지역에 대한 연구도 포함됨은 물론입니다.

그러나 최근 지역연구는 지난날 제국주의적 국익에 봉사해온 정책과학으로서의 과오를 반성하고 세계인식의 새로운 방법으로서 자리매김하려는 적극적인 노력을 기울이고 있습니다. 그도 그럴 것이 오늘날 4차 산업혁명기 디지털생태계에서는 다중적인 흐름과 섞임의 과정이 활성화되어 기존의 정치단위체인 국가나 민족은 하나의 연결점(nodes)으로 변환되었고 이들을 연결하는 상호관계적 링크(links)의 비중이 증가되면서 전통적인 지역인식이나 국제관계도 바뀌고 있습니다. 더불어 문화 역시도 국가주의나 민족주의의 단일적 속성에 한정되지 않고 국가 간, 민족 간 상호작용의 결과인 혼종성(hybridity)으로 나타나고 있습니다. 이러한 초국가적 현상들은 경제력, 군사력, 구분, 분리 등에 기초한 근대세계시스템을 흔들면서 동아시아를 근대주의적 지역연구의 대상지로 바라보는 기존의 시각들을 분해하고 있습니다. 그런 면에서 도래하는 연결망의 세계에서는 중심과 주변 간의 회합(會合)과 다채로운 문화의 확장성을 쌍방향, 상호작용으로 인지하는 글로컬 하이브리디티(glocal hybridity, 지구지역적 혼종성)의 문화시각이 주효할 것입니다.

본 총서는 상기한 문제인식 속에서 종래 구미형이나 이를 복사한 일본형의 제국주의적 강한 공간의 세계분할론적인 발상에 대항하는 새로운 문명적 지평의 동아시아 지역연구와 그 이론모델을 모색하기 위해 기획되었습니다. 구체적으로는 문명의 하이퍼텍스트로서의 동아시아를 호명하고 그것의 외부적 의미부여, 그리고 지역 내부와의 긴장관계를 타자와의 대화, 호혜적 관계성을 긍정하면서 다양한 민족, 국가, 지역들이 평등하게 교류·공생하는 공감문명(Empathic Civilization)의 세계상으로 수렴해보고자 합니다. 더 나은 세상을 향한 공론의 담론은 시대정신에 걸맞은 인간상, 세계관, 사회체제를 쇄신하는 데서 착수해야 할 것입니다. 더불어 근대주의적 지역인식, 국민국가주의 등 현 동아시아체제의 범역에서 탈피해 새로운 지역평화협력체제와 이를 추동하는 격조 높은 인문학적 담론을 구성해야 할 것입니다. 이러한 인식 선상에서 본교 중국학연구소는 근현대 동아시아 지역담론의 현황을 점검하고 인문실크로드로 상징되는 문명(문화) 간 대화, 문화의 혼종성, 생명공감 지식네트워크 등을 의제화하기 위해 국내외의 저명한 학자들의 다양한 견해를 청취하고 그 옥고를 묶어 결실을 맺게 되었습니다. 아무쪼록 본 총서가 동아시아학 차원에서 공감적 유대, 풍요, 자유를 고양시키는 혁신적인 지역연구, 문명표준, 그리고 대안체제 구상에 일조하기를 희망합니다.

2022년 1월 20일
공자아카데미 중국학연구소장 박형춘 올림

차례

제2부 문화예술 논단

제1부
·
문화사상 논단

17~8세기 서양의 근대 이해와 이를 수용하는 과정에서 나타난 동아시아 근대 이해의 유사성과 차이

― 후쿠자와 유키치와 서재필을 중심으로

서동은

1. 들어가는 말

주지하듯이 서양의 17~8세기는 계몽의 시대였다. 코페르니쿠스의 저서 『천구의 회전(Revolution)에 대하여』라는 제목이 지시하고 있듯이, 이 시대는 세계를 보는 중심이 완전히 이동한 시기이다. 말 그대로 세계에 대한 관점과 지식이 회전하는 혁명(Revolution)의 시기였다. 이 혁명은 자연에 대한 관점과 태도뿐만 아니라, 사회와 정치 및 개인에 대한 가치관까지 흔들어 놓았다. 이 시기에 이르러 독립적이고 이성적인 주체로서의 개인의 발견과 이 개인이 살아가고 있는 사회를 합리적인 계약의 관계로 설명하고, 자율적인 주체의 경제활동을 통해 국가 전체의 부가 늘어날 수 있다는 생각이 전통적인 관점을 대체하였다. 이러한 계몽의 시기는 중세를 지배했던 기독교 전통을 해체 시켰다. 카시러가 지적하듯이, 갈릴레오를 재판에 소집했던 종교가 근대 계몽적 이성의 심판대에 오르게 된 시기가 바로 서양 계몽의 시대이다. 서양 계몽의 특징은 중세 가톨릭 전통의 권위에서 벗어나서 자율적 주체에 의한 합의라고 하는 민주주의 국가의 수립에 있다고 말할 수 있을 것이다. 이러한 근대 민주주의의 핵심에는 도시화, 사회계약 그리고 인권의 발명이 자리 잡고 있다. 이러한 서양의 근대적 가치는 동아시아 특히 한국, 일본, 중국의 지식인들에게 많은 생각을 하게 만들었다. 서양 근대를 받아들이는 과정에서 크게 세 가지 입장이 있었다. 쇄국, 전반적 개화, 부분적 개화이다. 리쩌허우의 구분에 따르자면 전반적 개화는 서체 중용에 해당하고, 부분적 개화는 중체서용에 해당한다고 할 수 있다.[1] 이 가운데 후쿠자와와 서재필이 취한 입장은 전반서화의 입장에 가깝다고 할 수 있을 것이다. 이는 서양의 기술과 과학을 그대로 받아들이면서 그 기술과 과학 안에 있는 사유의 전통을 모두 받아들여야 한다는 것이다.

2. 17~8세기 서양 계몽철학 전통

지면 관계상 여기서 근대 계몽사상의 전반을 다룰 수는 없고, 근대 정치 경제사상에 큰 영향을 미친 로크와 밀의 사상을 간략하게 살펴보기로 하자. 로크에 따르면 사람들은 본성상 이기적이기보다는, 다른 사람을 위하여 일하기도 하고 때로 서로 협동하기도 한다. 그렇지만 물론 가끔 이기적으로 행동하기도 한다. 자연 상태에서 사람들은 어떤 누구의 허락도 받지 않고 자신이 소유한 재산을 처분할 수가 있다. 이때의 유일한 기준이 되는 법은 자연법(the law of nature)이다. 누구도 생명이나 건강, 자유 그리고 소유한 것에 대해 피해를 받아서는 안 된다는 것이 바로 이 자연법의 핵심이다. 자연 상태에서 사람들은 대체로 평화스럽게 살지만, 사람들은 이따금 규칙을 위반하기도 하고, 사람들을 죽이거나 다른 사람의 재산을 훔치기도 한다. 물

---

1   리쩌허우, 『중국 현대사상사론』, 김형종 옮김, 한길사, 2005, 493-538쪽 참조.

론 이때 손해를 본 당사자는 규칙을 위반한 당사자를 처벌할 권리를 가진다.

이러한 일이 있다고 해서 당장 자연 상태를 떠나서 계약을 맺어야 한다고 생각할 필요는 없다. 다만 나에게 피해를 준 사람에게 형벌을 부과하는 방식에 있어 어려움 때문에 자연스럽게 공정한 재판관을 필요로 한다. 자연 상태에서는 다음과 같은 문제가 발생한다. ①자연 상태에서 모든 사람은 자신의 판단에 따라 옳고 그름을 결정한다. 그래서 판단에 있어 형평성을 기대할 수 없다. 각자는 편견에 따라 판단할 수 있기 때문이다. ②설사 어떤 사람이 나에게 피해를 주었다 할지라도 나는 그를 제어할 적절한 힘을 가지고 있지도 않다. ③또 같은 규칙 위반이라 할지라도 형벌의 정도가 다양할 수 있다. 이러한 상황 때문에 로크는 이에 대한 구체적인 해결 방안으로 편견 없이 규칙을 집행하고, 규칙이 위반되었을 때 강제할 힘을 가지고 있을 뿐만 아니라, 언제나 일관되고 단일한 규칙을 수립할 수 있는 제도가 필요하다고 보았다. 앞에서 ①의 문제를 해결할 방안으로는 사법부가, ②의 문제를 해결할 방안으로는 행정부가, ③의 문제를 해결할 방안으로는 입법부가 있어야 한다고 생각하였다. 로크는 이렇게 조직화 된 사회가 없을 때 있을 수 있는 여러 가지 결점들을 해결할 수 있다고 보았다. 사람들은 그래서 서로의 동의하에 이러한 제도를 지탱하기 위한 사회를 만들어 낸다는 것이다. 한 마디로 사회는 자연 상태에서의 결점을 제거하기 위해 만들어진 것이라는 것이다.

로크에게 있어서 가장 중요한 권리는 법을 통한 사유 재산의 보호에 있었다.[2] 노동을 통해서 자신의 재산을 소유할 수 있고 보존할 수

---

2 존 로크, 『통치론』, 강정인, 문지영 옮김, 까치, 1996.9. 참조.

있어야 만 사람들이 안정적으로 사회 안에서 살아갈 수 있다는 것이
다. 이러한 권리를 보장해 주는 사회체계가 바로 민주주의의 체제라
고 할 수 있다. 그리고 이 민주주의란 법에 근거할 때 의미를 지닌다.
로크에 따르면 민주주의 사회에서의 정부의 목적은 개인이 가진 재
산의 규제와 보존을 위한 법제화에 있다. 만약 각 사람의 재산을 외
부의 침략으로부터 보호하지 못하면 정부가 있을 필요가 없다. 그래
서 로크는 이러한 개인의 자연권을 정부가 침해한다면 저항할 권리
가 있다고 주장하였다. 로크에 따르면 행정부는 궁극적으로 시민 자
신의 의지를 실현하기 위한 수단에 불과하다.

  밀은 개인의 자유와 관련하여 자신의 정치철학에 대한 견해를 밝
힌다. 앞에서 로크는 국가는 오로지 개인의 재산을 지켜줄 수 있을
때 국민의 신뢰를 받을 수 있고 그 정당성이 인정된다고 하였다. 밀
은 이것이 개인의 자유라고 주장한다. 그는 소크라테스와 예수의 사
례를 예로 들면서 민주주의의 가장 중요한 원리인 다수결의 문제에
대해 진지한 논의를 시도한다.[3] 다수결의 횡포 때문에 다수의 의견에
가려진 소수의 의견이 자유롭게 개진되지 못할 때 민주주의는 위험
에 빠질 수 있다는 것이다. 예컨대 소크라테스는 신을 모독하고 청년
들을 타락시켰다는 이유로 기소되어 억울하게 죽임을 당하였다. 이
것은 소수의 의견이 다수에 의해 희생된 전형적인 사례에 해당한다.

  밀은 다음과 같이 주장 한다. ①다수가 참이라고 하더라도 그 사회
의 소수가 그와 반대되는 의견을 펼칠 때 설령 지배적인 의견이 참이
라는 이유로 억압해서는 안 된다. 비록 소수지만 개인이 자신의 의견
을 자유롭게 개진할 수 있도록 허락해야 한다. 물론 소수의 반대되는

---

3 존 스튜어트 밀, 『자유론』, 책세상, 2009, 55-57쪽 참조.

의견이 틀릴 수도 있다. 다수의 의견이 옳을 수도 있다. 그러나 ②이
다수의 의견은 언제나 소수의 반대되는 의견 가운데서만 진정으로
참일 수 있다. 다수의 참된 주장도 언제나 공공의 비판에 자신을 개
방하여 스스로 검토할 수 있을 때 비로소 자신의 참됨을 주장할 수
있다는 것이다. 밀은 다음과 같이 표현하였다.

"어떤 사람의 판단이 진실로 믿음직하다고 할 때, 그 믿음은 어디에
서 나오는 것일까? 그것은 바로 자신의 생각과 행동에 대한 다른 사람
의 비판에 늘 귀를 기울이는 데서 비롯된다."[4]

그러므로 밀은 ③다른 사람의 반대되는 의견을 진지하게 들어야
하는 이유는 그것이 전체적으로 틀리고 옳지 않다고 할지라도 그 반
대의견은 언제나 진리의 요소를 가지고 있다는 것을 기억해야 한다
고 말한다. 밀의 입장은 개인의 권리와 자유와 관련해서 전형적인 근
대 계몽주의 사상을 잘 보여준다.

3. 후쿠자와 유키치(福澤諭吉)의 서양 근대 수용

로크가 『통치론』에서 언급한 사상은 일본의 근대 사상가 후쿠자와
의 생각과 그대로 통한다. 그는 누군가 나 혹은 부모 처자를 죽이려
하는 사람이 있다는 사실을 가정한다. 이때 여러 사람 혹은 강한 자
가 우리 부모 처자를 죽이려 한다고 한다면, 이는 혼자만의 힘으로
막기 어렵고, 또 다른 힘을 빌려서 하려면 비용이 들게 마련이다. 그

---

4 같은 책, 48쪽.

래서 우리는 대표를 세워 악인을 단속하게 된다고 말한다. 이때 국가에게 자신의 신변 보호를 위탁하는 대신, 국민은 세금을 낸다. 이렇게 개인의 신변보호를 목적으로 만들어진 약속이 국가의 성립이다. 그러므로 국가는 기본적으로 개인 생명과 재산의 보호에 있다. 더 나아가 정부는 국민의 대표로서 정치를 행할 권리가 있고, 정부가 행하는 것은 바로 국민을 위한 것이기에 국민은 따라야 한다는 것이다. 이때 정부의 법률에 따르는 것이 필수적이라고 후쿠자와는 서술한다. 이 과정에서 그는 행정, 입법, 사법 등을 다 포괄하여 서술하고 있다.

후쿠자와는 로크와 마찬가지로 국가의 역할이 국민을 보호하는 데 있다는 사실을 강조한다. 이것이 또한 국민과 정부의 약속에 의한 것임을 말한다. 후쿠자와는 생명권과 재산권에 대해서 다음과 같이 말한다.

> "정부는 국민의 대리로서, 국민 의사를 반영해 정치를 행하는 것이다. 그 직무는 첫째 죄 있는 자를 잡고 죄 없는 자를 보호하는 것이다. 이 목적을 달성하면 국민은 안심하고 평화롭게 살아갈 수 있다. 죄 있는 자란 악인을 말하며, 죄 없는 자란 선인을 말한다. 지금 악인이 와서 선인에게 위해를 가하려 한다면 선인은 스스로 이를 지킨다. 우리 부모 처자를 죽이려 하는 자가 있다면 이를 막고, 재산을 훔치려는 자가 있다면 그를 붙잡는다. 당연한 이치다. 그러나 한 사람의 힘으로 많은 악인을 상대하기란 불가능하다. 가령 가능하다 하더라도 여기에는 막대한 비용이 든다. 그래서 국민의 대표로서 정부를 만들어 악인을 단속하고 선인을 보호하도록 위탁하고 있다. 그 대신에 국민은 공무원들의 급료는 물론 정부가 쓰는 모든 비용을 세금이라는 형태로 납부한다. 이것이 국민과 정부의 약속이다."[5]

정부가 권한을 넘어 폭정을 행하는 경우 개인이 취할 수 있는 태도를 후쿠자와는 세 가지로 구분한다. 자신의 절개를 굽혀 정부를 따르거나, 힘으로 정부에 대항하건, 자신의 정의를 실현하기 위해 무기를 사용하지 않고 정부에 호소해 나가는 방식이 있다. 첫 번째는 인간이 본래 할 바를 다하지 않았기에 후손에게 나쁜 예를 남기고 세상 전체에 폐단을 조장하게 된다고 말하고, 두 번째의 경우는 내란이다. 이 내란 또한 많은 혼란을 일으키기 때문에 좋은 생각이 아니라는 것이다. 세 번째는 비록 가혹한 법률에 혹사당하더라도 그 고통을 참고 뜻을 굽히지 않고 정부에 호소해 가면 언젠가는 좋아지리라는 것이다.[6] 이러한 후쿠자와의 생각은 로크의 시민 불복종을 연상시킨다. 전체적으로 볼 때 후쿠자와의 이러한 글들에는 근대 사회계약론자의 입장을 쉬운 사례를 제시하면서 아주 쉽게 국가와 국민 간의 약속 관계를 설명하려고 애쓴 흔적이 있다. 후쿠자와의 문명, 주권재민, 사회계약 사상 등은 서양 근대 계몽철학자들의 일반적인 생각과 닮았다.

후쿠자와를 비롯하여 당시 일본의 근대화론자들의 입장은 전반서화론 즉 자신의 과거의 풍습을 버리고, 모든 것을 서양식으로 바꾸어야 한다는 입장이었다.[7] 한 마디로 유학을 버리고 실사구시의 학문, 실용적인 학문인 과학과 이를 뒷받침 했던 철학을 배워야 한다는 것이다. 후쿠자와는 서양의 Civilization이란 단어를 중국의 고전에서 따온 문자인 文明이라는 글자로 번역하고, 그 문명이 지칭하는 실질적인 내용은 서양에서 발견하였다. 이때 그가 본보기로 했던 서양의

---

5 후쿠자와 유키치, 『학문의 권유』, 이동주 옮김, 기파랑, 2011, 83-84쪽.

6 같은 책, 101-104쪽 참조.

7 일본의 근대화 과정에 대한 연구로는 다음의 책들 참조. 松本三之介, 『明治精神の 構造』, 岩波書店, 2012.; 三谷太一郎, 『日本の近代とは 何であったか-問題史的 考察-』, 岩波新書, 2018.

문명은 제조업을 바탕으로 하여 진행되는 상업에 있었으며 이 상업을 가능하게 했던 자유로운 개인의 철학이었다. 후쿠자와는 영어의 civilization을 문명으로 번역하면서도 이 단어를 한 나라의 수립과 같은 맥락에서 사용하고 있다.

> "문명이라 함은 영어로 '시빌러제이션'이라고 한다. 즉 라틴어의 '시비타스'에서 유래한 것이며, 국가라고 하는 의미이다. 그런고로 문명이라 함은 사회가 점차 개선되어서 좋은 방향으로 향하는 모습을 형용한 말이며, 야만적 무법적인 독립에 반해 하나의 국가 체제를 이룬다는 의미이다."[8]

이 번역어를 생각해 낸 후쿠자의 생각을 추적해 보면, 그가 생각한 문명이란 야만과 반개화를 넘어 점차적으로 발전하여 어떠한 외부의 힘에도 흔들리지 않는 독립된 국가가 되는 것을 뜻한다. 후쿠자와에게 있어 문명은 중국의 반(半)개화된 문명에서 서양을 모델로 한 국가의 변화를 뜻한다. 때문에 후쿠자와는 중국의 문화와 문명의 문제점을 서양을 모델로 하여 비판할 수밖에 없었다.[9] 왜냐하면 전반서화론자인 후쿠자와에게는 모든 새로운 기준(New Normal)이 서양에 있었기 때문이다. 그는 서양의 강력한 국가들이 일본을 침략하고 다가오는데, 이에 대항하려면 홍역과도 같은 서양의 문명을 빨리 받아들이지 않으면 안 된다고 생각하였다. 그에게 문명이란 서양을 모델로 하여 서양 국가와 같은 힘을 가져 힘 있는 국가가 되어 서양의 국가로

---

8 후쿠자와 유키치, 『문명론의 개략』, 임종원 옮김, 제이앤씨, 2012, 72쪽.
9 후쿠자와의 중국에 대한 태도와 관련해서는 다음의 책 참조. 丸山眞男 著, 松澤弘陽 編, 『福澤諭吉の哲學』, 岩波文庫, 2015.; 高城辛一, 「甲申政變前後の福澤諭吉の中國 認識」, 『日語日文學研究』 43輯, 2002.; 미야지마 히로시, 「후쿠자와 유키치의 유교인식」, 『한국 실학연구』, Vol.23, 2012.

부터 당당하게 서는 데 있었다. 이런 맥락에서 후쿠자와가 생각한 문명의 의미는 '독립 국가'가 되는 것이다. 이는 그가 civilization의 어원을 두 가지 차원에서 수용한 것이라 할 수 있다. 하나는 서양의 경제 제도와 국가 제도와 똑같은 것을 받아들이는 것이고, 다른 한편으로는 이를 바탕으로 서양 열강과 어깨를 나란히 해서 감히 일본을 지배하지 못하도록 하는 데 있다. 이러한 독립의 모델은 후쿠자와에게 중국이 아니라 서양에 있었고, 서양은 사회, 정치, 경제, 문화 모든 면에 걸쳐서 좋은 모범이 되었다.[10] 이러한 후쿠자와의 사상은 서재필에게 그대로 나타난다.

4. 『독립신문』에 나타난 서재필의 서양 근대 수용

후쿠자와의 문명(Civilization)이 곧 독립이라는 관점은 『독립신문』에 나타난 서재필의 생각과 닮았다. 이때의 독립이란 일차적으로 서양 국가들이 했던 것처럼 서양과 똑같이 물질문명 및 군사 경제적인 차원에서 자립하는 것과 연관이 된다. 하지만 이러한 경제적인 자립만으로는 충분하지 않다. 서재필은 경제적인 자립과 더불어 개인의 평등한 권리가 법을 통해서 보장되는 민주주의가 수반되지 않으면 안 된다고 생각하였다. 민주주의와 관련된 서재필의 주권재민 사상

---

10 "생각건대 이와 같이 논의를 제한할 때는, 나라의 독립은 이른바 문명이다. 문명이 아니면 독립을 보전할 수 없다. 독립이라고 한다 하더라도 문명이라고 한다 하더라도, 공히 구별이 되지 않는 것 같기는 하지만, 독립이라는 글자를 사용하면, 사물을 상상하기에 더한층 한계를 분명하게 해서, 이해를 쉽게 하는 것의 편리함이 있다. 그저 문명이라고만 말할 때는, 더러는 자국의 독립과 문명에 관계하지 않으면서 문명인 것이다. 심지어는 자국의 독립과 문명과를 방해하여 여전히 문명과 유사한 그 무엇이 있다."(후쿠자와 유키치, 『문명론의 개략』, 임종원 옮김, 제이앤씨, 2012, 400쪽.)

도 후쿠자와의 생각과 닮았다. 『학문의 권장』에서 후쿠자와의 "하늘
은 사람 위에 사람을 만들지 않고, 사람 아래 사람을 만들지 않았
다"[11]는 말은 너무 잘 알려져 있다. 『독립신문』에서 서재필은 재판의
권리와 관련해서 이러한 주권재민 사상을 소개하고 있는데 이는 후
쿠자와 뿐 아니라, 미국 독립선언문 및 링컨 대통령의 게티스버그 연
설문에도 발견된다. 이러한 사상들을 서재필은 미국의 사립 예비학
교를 다닐 때 학교 교장 선생님에게 영향을 받았을 것으로 짐작된다.
당시 그는 퇴직 법관으로 주로 중앙입법부에서 봉사한 사람이었다고
한다. 그가 밤마다 입법과 법정에서의 경험을 말해 주었다고 한다.
그를 통해 서재필은 미국 생활과 제도를 배우게 되었다고 말한다.[12]
하지만 그 이전에 이미 후쿠자와를 통해 서양의 사정을 전해 들었다
고 볼 수 있다.

서재필이 『독립신문』 창간호에서 언급한 것 가운데 중요한 부분은
정부와 국민의 상호소통이다. 이는 서재필이 갑신정변의 실패를 반
성했던 요소 가운데 하나였다. 그는 국민의 마음속에 불신과 의심이
있음을 보고서 그 어떤 나라도 국민의 협조가 없으면 번영과 발전을
기대할 수 없다고 보았다. 이 문제를 해결하기 위해 시급하다고 생각
한 것이 국민 교육과 계몽이었고, 우선 쉽게 빨리 실천할 수 있는 것
이 신문을 통해서였다. 서재필은 『독립신문』을 한문 대신 국문으로

---

11 福澤諭吉, 『學問のすすめ』, ちくま新書, 2011.9.
12 서재필 기념회, 『민족을 위한 '희망의 씨앗'을 뿌리다: 선각자 서재필』, 기파랑,
    2014, 209쪽 참조. 김영희는 서재필의 언론사상을 크게 정보제공, 비평, 공론 조성,
    교육 계몽에 있었다고 본다. 그러면서도 백성들을 계몽의 주체로 보기보다는 계몽의
    대상이라고 본 점에서 한계가 있다고 본다. 서재필이 생각한 언론의 자유나 민주주의
    이념은 그가 미국 고등학교 시절 배운 인문교육의 영향으로 보고, 미국을 모델로
    한 개화라고 주장하고 있다. 김영희, 「독립신문 발언 주체의 언론사상」, 『언론과
    사회』, 1996, 54쪽 참조.

발행하는 이유를 밝히고 있다. 그 이유는 상하 귀천이 없이 모두 알아보기 쉽게 하기 위해서였다. 『독립신문』과 더불어 당시에 서재필이 했던 의미 있는 일은 독립협회의 결성이다. 독립협회는 독립협회 회보를 발행하고 여론을 조성하고자 결성되었다. 이 협회는 회원들에게 회의 진행법과 연설법 그리고 다수결 원칙 및 효과적인 의사 표현 방법을 가르치고 양성하였다. 서재필의 독립 개념은 독립문을 세울 당시에는 중국으로부터의 독립이었지만, 이러한 독립이 가능하기 위해서는 서양의 문명을 바탕으로 자립해야 한다고 생각하였다.

> "이 책을 보는 사람들이 생각이 있고 지혜가 있으면 나라를 사랑하고 백성을 구원할 뜻이 있으며 슬퍼도 구습을 버리고 문명 진보하는 학문을 힘쓰며 마음을 합하여 나라 일을 하며 정직하고 공변되고 편하고 실상으로 유익하고 자주독립할 마음을 가지고 일을 하며 사사와 청과 비루한 것과 완고한 뜻을 내어버려 나라를 속히 세계에 대접받고 농상공무와 교육과 법률과 각생 정치를 유신케 하는 것이 다만 나라를 보호할 뿐만 아니라 몸과 집을 보호하는 양책이니 안남(베트남)이나 면전이 되라면 될 터이요. 동양에 자주 독립하는 나라가 되려면 될 권리가 조선 사람의 손속에 있더라. 이것이 동양 정세이니 침착하게 제군을 읽어 보시오."[13]

서재필이 『독립신문』과 독립협회를 통해 시도한 것도 이러한 맥락에서 벗어나지 않는다. 그가 독립문을 세우고 순 한국말을 고집한 것은 중국어 문자권에서 벗어나 독립하려는 시도와도 통한다. 또한 한문을 쓰지 말고, 한국말로 기존의 계급적인 차별 없이 모두가 평등하게 정보를 받고 소통할 수 있게 하는 데 있다. 왜냐하면 서재필이 보

13 최기영 엮음, 『서재필이 꿈꾼 나라 : 서재필 국문 자료집』, 푸른역사, 2010, 53쪽.

기에 교역에 따른 도시화가 서재필이 생각한 문명의 핵심이었기 때문이다.[14] 무엇보다도 여기서 주목할 것은 서재필이 문명 진보와 자주독립을 서로 떼어서 생각하지 않았다는 데 있다.

　서재필은 학문의 목적을 사서삼경을 암기하고 이해하는 데 있는 것이 아니라 구체적으로 결과를 내서 그것으로 사람들이 먹고 살아갈 수 있는 것에 두었다. 서재필이 말하는 학문은 실용적인 학문인데, 이는 서양의 과학의 차원과 같은 것이다.

> "조선은 청국 학문을 배운 까닭에 여러 가지 일이 청국과 같은 일이 많고, 나라 형세가 청국과 같으니 어찌 서럽고 분하지 않겠는가. 그러나 나라 안에 있는 인민들이 곧 구습을 좋아하고 생각하기를 청국 학문들을 가지고 생각한즉, 이것을 변경시키지 않고 청국 모양으로 완고하게 있으면 나중 일이 어떻게 될지 우리가 말하기 어렵다."[15]

　서재필은 동양 전통 학문을 허학으로 서양의 학문을 실학으로 분류한다. 즉 전자는 생활과 문명이 도움이 되지 않은 학문이고, 후자는 실생활과 문명 진보에 도움이 되는 학문이다. 여기서 서재필은 서양의 과학이라는 말보다는 논어에 나오는 격물치지라는 말과 연관하여 격물학이라는 말로 오늘날 '과학'을 지칭하고 있다.[16] 주권재민은

14　서재필의 이러한 문명 이해는 실제로 후쿠자와가 civilization을 文明으로 번역할 때 가졌던 생각과도 닮았다.

15　『서재필이 꿈꾼 나라 : 서재필 국문 자료집』, 52쪽.

16　"동양 선비는 자골 허문(虛文)을 숭상하고 실지(實智)를 잃어버린 까닭이니, 다만 주역 팔괘와 서전(書傳: 서경에 주석을 달아 편찬한 책) 오행과 음양 이치와 풍수지설을 빙자하여 세상 물건이 이치와 기운 두 가지뿐이라고만 하고, 빙빙 설러하여 해박히 한 바가 없으니, 격치학에서도 리를 생각하다가 반도이폐(반도이폐: 도중에 그만 둠)한 것이라. 서양 선비들은 생각하기를 사람이 세상에 생김에 만물을 관리할 권리가 있은즉, 한 가지 물건이라도 그 소용을 잃어버려서는 안 된다는 것을 깨달은 고로, 생각이 기기묘묘한 지경에 이르러 허문을 버리고 실지를 얻는 것이니, 비유컨대 동양

미국에 가서 배운 것이기도 하겠지만, 그전에 일본에서 후쿠자와의
영향으로도 보인다. 서재필이 강조한 법치주의는 날 때부터 개인이
가지고 있는 개인의 권리를 보장해 주는 차원에서의 법치주의이다.
서재필은 백성 개인이 자신의 재산과 권리를 침해되어서는 안 된다
고 말하면서 법치주의의 필연성을 구체적으로 말한다. 국가의 역할
은 국민을 보호하는 일이며, 따라서 사람을 아무 이유 없이 잡거나
구류하지 못하며 잡으려면 영장이 있어야 하고, 잡은 후에도 재판의
결과가 나오기 전까지는 죄인으로 취급하면 안 된다는 것이다.[17] 독
립신문에 나타난 이러한 생각들은 후쿠자와가 쓴 두 개의 책, 『문명
론의 개략』과 『학문의 권유』에 나오는 사상들과도 닮았다.

사람은 수박을 놓고 먹는 물건인 줄은 알았으니 먹는 이치는 모르는 까닭에 거죽만
핥을 뿐 속은 먹지 못한 격이요, 서양 사람은 그 수박을 먹는 물건으로 알 뿐아니라
거죽만 핥으면 맛이 없을 것까지 깨달은 고로 칼을 가지고 쪼개었은즉, 그 속을 먹을
터이니 그 수박의 거죽과 속 맛이 어떻다고 할 것이라. (……) 국부 민강의 그 속에
자재(自在)한 것이라."(서울대 정치학과 독립신문 강독회, 『독립신문, 다시 읽기』,
푸른 역사, 2004, 108쪽.)

17 "지금 급선무는 우리 정부로 하여금 백성의 생명과 재산의 권리를 침범치 못하게
하는 일이 마땅히 협회의 큰 목적일지라. […] 첫째는 정부에서 인민의 생명과 재산
에 당한 일은 어디까지든지 보호할 일, 둘째는 사람을 무단히 잡거나 구류하지 못하
며 사람을 잡으려면 그 사람의 죄목을 분명히 공문에 써서 그 사람에게 보이고 나치
(拿致: 체포함)할 일, 셋째는 잡은 후에도 재판을 하여 죄상이 현로(顯露: 겉으로
드러남)하기 전에는 죄인으로 다스리지 못할 일, 넷째는 잡힌 후에 가령 24시간 내에
법관에게로 넘겨서 재판을 청할 일, 다섯째는 누구든지 잡히면 당자나 그 당자의
친척이나 친구가 즉시 법관에게 말하여 재판을 청할 일, 이 몇 가지든지 혹 그와
방불(彷佛: 유사함)한 조약을 정하여 지금부터는 정부 관원들이 감히 어기지 못하게
하면, 무단히 죄도 모르고 잡혀서 몇 달, 몇 해씩 까닭 없이 옥중에서 세월을 보내는
폐단이 없을지니, 협회 제군자들은 어찌들 생각하는지." 서울대 정치학과 독립신문
강독회, 『독립신문, 다시 읽기』, 푸른 역사, 2004, 282쪽. 이와 관련된 논의로는
다음의 책 참조. 민병학, 「독립협회의 근대적 민권론」, 『사회과학연구』 21, 2004.

5. 나가는 말

서양 계몽의 특징은 뉴턴에 의한 과학 혁명의 영향을 받아, 합리적으로 사유하는 과정에서 미신과 종교로부터의 자유, 경제적인 독립, 자유로운 개인의 경제활동 그리고 이러한 활동을 가능하게 하는 사회계약 등으로 압축될 수 있다. 이들에게 문명이란 농업에서 상업으로의 이동을 통한 대도시의 증가와 같은 것이었고, 계몽 또한 이 대도시 안에서 교역하며 자유로운 주체로 살아가는 시민의 양성에 있었다. 후쿠자와와 서재필에게 있어 이러한 도시화와 문명은 그대로 국가의 경제적 독립과 연결되었다. 후쿠자와가 『문명론의 개략』에서 경제에 대해 논할 때 언급하는 경제학자는 애덤 스미스가 아니라 웨일랜드였다.[18] 그렇지만 기독교적 관점에서 설명한 것 외에는 애덤 스미스의 입장과 크게 다르지 않다. 로크가 『통치론』에서 말하는 국가(commenwealth) 개념은 후쿠자와와 서재필에게 국가의 경제적 자립에 의한 다른 나라에 의해 간섭받지 않을 권리로 이해되었고, 이것이 곧 문명으로 나가는 길로 이해되었다. 이상 계몽의 특징을 요약하면 다음과 같다.

	유럽 미국의 근대화 과정	유럽과 동아시아 근대화의 공통점	후쿠자와와 서재필이 생각한 근대화
경제 (문명)	자유 무역의 강조	애덤 스미스 및 웨일랜드의 경제 사상	상업을 통한 독립
정치	명예혁명, 프랑스 혁명, 미국혁명	사회 계약 사상에 기초	메이지 유신, 갑신정변
철학	계몽 사상가(로크, 밀 등)	계몽주의 철학	계몽사상가(유키치, 유길준)
언어	그리스어와 라틴어로부터의 해방	고전어의 의미를 재해석	중국과 서양으로부터의 독립

---

18 후쿠자와가 언급한 책은 다음의 책이다. Wayland, Francis, *The Elements of Political Economy*, 4th ed. Boston:Gould and Lincoln, 1841.

우리가 지금까지 논의한 문명(독립), 주권재민 사상, 법치주의의 실현 과정은 넓게 보면 동아시아 국가들이 서양의 근대를 경험하면서 새롭게 수용한 번역의 사건이라고 말할 수 있을 것이다. 동아시아의 근대는 서양의 언어를 자신들이 이미 알고 있었던 한자어로 번역해 가는 과정이었다고 말할 수 있을 것이다. 후쿠자와와 서재필이 생각한 근대도 이에서 크게 벗어나지 않는다. 그러나 아무리 등가적인 번역을 한다 해도, 여전히 서양 언어가 지칭하는 본래적 의미에서 벗어나는 것을 피할 수는 없을 것이다.[19]

『독립신문』을 통한 서재필의 한글 신문 시도는 일본이 번역소를 설립하여 번역어를 만들고 그 과정에서 일본어를 만들어 내는 과정과도 통하며, 이것은 그대로 그리스어와 라틴어에서 벗어나 각각 자국의 언어 곧 영어, 독일어, 프랑스어 등으로 글을 쓰고 소통하려고 시도했던 서양 계몽 시대로 유사한 방식의 번역 사건이다. 루터의 종교개혁 또한 그리스어 성서를 독일어로 성서로 번역하여 당시의 대중들이 성경을 직접 읽을 수 있게 된 것과 연관된다. 그의 번역을 통해 일반 대중들이 신부나 교황의 매개가 필요 없이 각자가 성서를 읽고 이해하게 된 것이다. 서양의 계몽이 학술적인 그리스어와 라틴어에서 벗어나 일반 대중이 읽고 쓸 수 있는 언어의 탄생과 연결되듯이, 동아시아의 계몽과 근대 역시 서양의 언어를 가져와 자신만의 고유한 언어를 만들어 내는 과정이었다고 할 수 있다. 그리스어와 라틴

---

19 김욱동은 서재필의 번역 노력과 관련해서 몇 가지 점을 강조한다. 그가 갑신정변 실패 후, 일본으로 건너가 후쿠자와 유키치의 경응의숙에서 일본어를 배우고 군사교육을 받으면서 일본어의 영향을 받았고 또 거기서 번역의 중요성을 깨닫게 되었다는 점이다. 또 하나는 서재필이 직역보다는 의역을 중요시했고, 이를 통해 유진 네이다 (Eugene, Nida)의 번역 이론 역동적 등가성 이론과 유사하게 문화의 옮김을 강조했다는 점이다. 김욱동, 「서재필과 번역」, 『정신문화연구』 32(1), 2009, 353~354쪽 참조.

어를 영어와 독일어로 번역하는 과정에 서양의 근대였다고 한다면, 영어와 네덜란드어 및 독일어를 각기 자국의 언어로 번역하는 과정이 동아시아의 근대의 과정이라고 할 수 있을 것이다.[20] 이때 번역의 기준과 모델은 근대 뉴턴 이후의 자연과학적 전통과 합리성이었다. 서양 근대 계몽철학자들은 과학적 합리성이 아닌 것은 모두 계몽의 걸림돌이라고 생각했고, 후쿠자와와 서재필은 실사구시 전통에 따라 구체적인 이익을 주거나 결과를 내는 학문이 아닌 중국의 문화와 문명은 근대화의 걸림돌이라고 생각했다.

후쿠자와와 서재필은 자기가 눈으로 목격한 서양 근대의 문명을 긍정적으로만 평가한 나머지, 그것을 중심에 두고 여타 다른 것을 주변부로 처리했다는 점에 공통점이 있다. 이들에게는 서양을 중심에 놓고 사유하지 않는 것은 특수한 것을 일반화하는 것에 불과한 것이 되고, 국수주의에 불과한 것이 되었다. 즉 철저하게 서양의 시선에서 동양을 바라보았다고 할 수 있다. 근대화 과정에서 기존의 종교 전통에 비판적이었다는 점에서 서양의 계몽 전통과 후쿠자와의 입장은 같았다. 후쿠자와 또한 유교에 대한 비판적 입장이었기 때문이다. 이와 달리 서재필은 한국 전통 종교인 무속 전통에는 부정적이었지만, 기독교 전통 자체에는 부정적이지 않았다. 그는 교회를 중심으로 서양의 정치 경제 체계를 전달하려고 했다.

---

20 번역과 관련해서는 다음의 책들을 참조. 리디아 리우, 『언어 횡단적 실천』, 민정기 옮김, 소명출판, 2005.; 이한섭, 「근대어 성립에서 번역어의 역할―일본의 사례」, 『새국어 생활』 22권 1호, 2012.; 이행훈, 「번역된 '철학'개념의 수용과 전유」, 『동양철학연구』, 제74집, 2013.; 김욱동, 『근대의 세 번역가 : 서재필·최남선·김억』, 소명출판, 2012.; 김욱동, 「서재필과 번역」, 『정신문화연구』 32(1), 2009.

주첸즈의 중국문화공간설 고찰

— 세계단위론의 재발명주의적 접근

전홍석

1. 문제 제기

‘지역학(Area Studies, 지역연구)’은 19세기 이후 ‘근대 오리엔탈리즘 (Orientalism)’이 본격화된 서구의 제국주의시대에 대외적인 식민지정책과 식민통치수단으로 해당지역에 대한 관심에서 비롯되었다고 할 수 있다. 근대국가 세계시스템의 출현과 함께 식민지 대상지역의 민족과 문화를 국가적인 차원에서 대응하고자 하는 지역연구가 시작된 것이다. 1884년에 영국의 옥스퍼드대학(University of Oxford)에 개설된 민족학 강좌는 좋은 예일 것이다. 20세기 초에는 지역 이름으로 명명된 학제가 등장하면서 지역연구가 대학에 자리 잡기 시작했다. 대표적인 경우로 1916년에 설립된 영국의 SOAS(The School of Oriental and African Studies)를 꼽을 수 있다. SOAS는 교육, 연구, 도서관 등의 복합적인 기능을 갖춘 초대형 ‘지역학 산실’의 역할을 해왔다. 그럼에도 에드워드 사이드(Edward W. Said)는 『오리엔탈리즘(*Orientalism*)』(1978)에서 오늘날의 전문가들이 오리엔탈리즘보다는 ‘동양지역연구’라는 말을 선호하는 것은 “19세기부터 20세기 초엽까지의 유럽 식민주의의 난폭한 통치태도를 암시하기 때문이다”라고 비판한다. 그는 이 시기에 오리엔탈리스트가 중요시된 데는 동양과 유럽 사이의 관계가 시장, 자원, 식민지를 추구하는 유럽의 한없는 확장에 의해 결정되었고 오리엔탈리즘이 학술적인 담론으로부터 하나의 제국적 제도로 스스로 완전히 변모되었기 때문이라고 꼬집는다.[2]

그러나 지역학을 정착시킨 데 결정적인 공헌을 한 것은 미국학계다. 제2차 세계대전과 함께 지역학의 판도는 미국 중심으로 바뀌었고 대규모 전쟁과 국제이해의 필요성으로 인한 해외지역연구의 발전을 불러온 것이다. 1943년 12월에 컬럼비아대학(Columbia University)이 일찍이 'Area Studies'라는 표현을 사용했다. 또한 같은 해 미국사회과학연구협의회(SSRC)가 『사회과학에서의 세계지역(*World Regions in the Social Sciences*)』이라는 보고서를 제출했다. 여기서 사용된 '세계지역(World Regions)'은 진정한 지역학의 '지역' 개념과 부합하는 모티브였다.[3] 이렇듯 미국에서 지역연구는 전쟁이라는 현실적 요청에 기인한다. 그리고 전후(戰後) 세계 각 지역들에 대한 관심이 사회과학과 결합함으로써 지역연구의 전형을 제시한 사례로 이해되고 있다.[4] 그러나 사이드의 지적대로 "19세기 초엽부터 제2차 세계대전까지는 프랑스와 영국이 동양과 오리엔탈리즘을 지배했다. 제2차 세계대전 이후에는 미국이 동양을 지배하게 되었고 과거의 프랑스, 영국과 마찬가지 방식으로 동양에 접근했다".[5] 그도 그럴 것이 지역연구는 "20세기 최강의 강한 공간인 미국이 동시대적 상황에서 만들어낸 세계적 대응을 위한 정책

1   Edward W. Said, *Orientalism*. / 에드워드 사이드(Edward W. Said), 『오리엔탈리즘(*Orientalism*)』, 박홍규 옮김, 교보문고, 2015, 16쪽.

2   에드워드 사이드, 『오리엔탈리즘』, 176쪽 참조.

3   야노 토루(矢野暢), 「지역연구란 무엇인가?」, 『지역연구의 역사와 이론』, 김경일 편저, 문화과학사, 1998, 53쪽 참조.

4   김경일, 「전후 미국에서 지역연구의 성립과 발전」, 『지역연구의 역사와 이론』, 김경일 편저, 문화과학사, 1998, 153-154쪽 참조.

5   에드워드 사이드, 『오리엔탈리즘』, 박홍규 옮김, 교보문고, 2015, 19-20쪽.

과학"6으로 파악된다. 좀 더 정확히 말하자면 전후 세계체제에서 미국의 헤게모니, 국가이익을 수호하기 위한 전략적인 냉전의 역학에 뿌리를 두고 있었던 것이다.

이처럼 지역학은 근현대 타지역에 대한 구미의 식민지 지배논리가 개입된 제국주의적 산물임을 부정할 수 없다. 더군다나 지역연구와 제국주의사상은 오리엔탈리즘의 연속선상에서 '타자'를 설정해 그것과 존재론적이고 인식론적인 관계를 가진다는 점에서 일치한다. 따라서 그것은 학문적 활동이라기보다는 "대체로 지배하기를 원하는 국가에 대한 국가정책의 수단으로서 이해되어야만 했다".7 그에 대한 교정노력은 지역연구에 있어 탈오리엔탈리즘(Post-Orientalism)의 '세계단위'를 의제화하려는 지적 모험에서 발견된다. 사실 '지역'이라고 하는 모티브를 매개체로 해서 세계를 바라보는 의미공간론적 인식론의 방법상 고려해볼 때 지역연구 특유의 인식방법의 구축은 무엇보다도 세계를 구성하는 '단위'성 논리의 해명에서 출발해야 할 것이다. 그러한 방향에서 가능한 지적 모색의 한 전범으로 '세계단위'론의 주장이 있다. 이 연구는 지역학 영역상 기존의 지역, 국가 등의 근대주의적 발명체를 부정하고 개성적인 '세계'성을 지닌 역사적·공간적 현실체로서의 세계단위를 찾아내려는 참신한 시도다. 그리고 '발명주의'는 그로부터 발제된 도발적 개념으로서 "근대주의적 사고양식의 한 유형이고 인간이 자기 자신의 생존과 이해(利害)에 관련된 세계에 대해 자의적인 이미지화를 행하려는 취향"8을 가리킨다.

6 야노 토루, 「지역연구란 무엇인가?」, 『지역연구의 역사와 이론』, 김경일 편저, 문화과학사, 1998, 52쪽.
7 하병주, 「지역학의 정체성과 패러다임 모색 Ⅰ」, 『지중해지역연구』 제9권 제1호, 부산외국어대학교, 2007, 250쪽.
8 야노 토루, 「새로운 세계관의 조건 – '발명주의'의 극복을 찾아서」, 『지역연구와

세계단위론자들이 말하는 '발명'은 세계관의 허위의식적 허위화의 결정적 요인이며 사이드의 '상상적 지리학(imaginative geography, 심상지리)'이라는 개념과도 겹친다. 더욱이 20세기의 역사적 자기장 가운데 지역연구가 권력주체의 전략적 요청과 결부되어 편의주의적인 구획화가 강요된 상황에서 많은 '지역'이 발명되었다. 식민지 지배, 제2차 세계대전, 전후의 냉전 등 '지역의 발명'을 구하는 역사 역학은 끊이지 않았던 것이다.[9] 중화(中華)권 내부도 19세기 말 무렵부터 서구제국주의 열강의 세계분할권에 들어갔다. 대표적으로 영·불 간에 쓰촨(四川: 영국)과 윈난(雲南: 프랑스), 영·독 간에 창장(長江) 유역(영국)과 산둥(山東: 독일), 영·러 간에 창장 유역(영국)과 만리장성 이북(러시아) 등의 세력범위로 각각 구분·발명된 경우가 그 실례들일 것이다.[10] 아울러 여기에는 군국 일제의 점령지 지배를 목적으로 한 지역의 발명도 포함됨은 물론이다. 일본에서 최초의 지역연구는 만저우(滿洲)의 경영을 위해 '남만저우철도주식회사(만철, 1906년 설립)'가 행한 데서 기인한다. 만철 조사부가 이듬해인 1907년에 창설되어 정치경제정세조사, 자료수집 등의 작업을 일관되게 수행했다. 이 조사부는 근대 일본기업 최초의 지역연구 조사기관으로서 이후 조사대상 지역을 만저우, 몽골, 시베리아, 러시아, 유럽 등으로 넓혀갔다. 1939년에는 이 조사부가 대규모로 개편되어 그 인력규모가 2천명을 넘기도 했다.[11]

이상으로 볼 때 지역인식의 정상화는 근대주의의 단면인 '발명의

세계단위론』, 야노 토루 엮음, 부산외대 아시아지역연구소 옮김, 전예원, 1999, 324쪽.
9　야노 토루, 위의 책, 328-329쪽 참조.
10　上原一慶·桐山昇·高橋孝助·林哲,『東アジア近現代史』. / 우에하라 카즈요시 외,『동아시아 근현대사』, 한철호·이규수 옮김, 옛오늘, 2001, 71쪽 참조.
11　하병주, 앞의 책, 256쪽 참조.

극복', 즉 전략적인 구획기호의 해체작업이 초미의 과제라고 할 수 있다. 따라서 "지역연구는 당분간 허실이 짜 만든 갖가지 발명체를 자연스런 모습으로 푸는 작업과 맞붙지 않으면 안 된다".[12] 본고는 이러한 문제인식에 적극 조응해서 세계를 바르게 구획하고 '세계의 단위성'을 보다 정확하게 파악할 수 있는 '효과적인 방법'을 안출하기 위해 기획된 것이다. 그 구체적인 연구수행은 발명주의적 세계지역(a world area)의 반대편에 존재하는 1930~40년대 중국 문화학자 주첸즈(朱謙之, 1899~1972)의 반제국주의적 문화지역(a cultural area) 구상, 이를테면 '중국문화공간(지리분포)설'을 재발명주의 차원에서 호명하고자 한다. 현금 유럽에서 지속가능한 보편적 공존의 가치를 추구하려는 지역연구의 목표가 '문화학(kulturwissenschaft)'을 통해 구현되고 있음은 주목할 만하다. 그런 점에서 주첸즈가 문화학 차원에서 개진하는 지역단위론은 시사해주는 바가 크다. 주첸즈는 자신의 '문화학 – 문화철학'의 최대 목적을 "문화의 지리상 분포를 분석해 중외中外문화 관계와 본국문화의 새로운 경향을 밝히고 미래의 세계문화 건설을 모색하고자 한다. …… 가장 절박한 의도는 남방문화운동을 제창하는 데 있다."[13]라고 공언한다. 이와 같은 '문화구국계획 – 남방문화운동'은 세계단위의 연구자들이 재발명주의로서 주장하는 "잘못된 발명의 악폐를 정당한 발명의 의미론적 제시에 의해 극복하려는 시도"[14]임은 물론이다.

---

12 야노 토루, 앞의 책, 330쪽.
13 朱謙之, 『朱謙之文集』第6卷, 「文化哲學」, 福州: 福建教育出版社, 2002, 243쪽.
14 야노 토루, 앞의 책, 335쪽.

2. 중국문화의 특질과 지리분포

일군의 세계단위론자들은 인구조밀지역의 내재화하고 거대화한 '문명(civilization)'을 중시하는 관점에서 대문명권의 3대 계통인 인도구, 중국구, 유럽구를 '세계단위'로 묘사할 수 있다고 주장한다. 소위 세계단위는 동일한 세계관이나 가치관을 공유하는 지역이다. 이를 달리 표현해보면 '문화를 공유한다'는 의미일 것이다. 또 한편으로 생태, 풍토, 외부문명이 중첩된 역사적 의미공간이라고도 일컫는다. 그 대상을 전통적 기층문화에 한정하지 않고 외부문명의 영향도 중요시한다.[15] 이러한 시안을 동아시아 중국에 적용시켜보면 단일의 문명권형 세계단위를 안출할 수 있다. 논구컨대 중화세계는 그 기반에 다섯 가지의 서로 다른 생태구가 존재한다. '황토지대'를 중심으로 하여 북쪽에는 넓게 펼쳐진 '초원지대', 서쪽으로는 사막과 오아시스 지대, 남쪽으로는 삼림지대, 또 동쪽으로는 바다가 있다. 그리고 이 생태 각각에 대응하는 특유의 생업과 생활이 있어 개별적인 풍토가 생긴 것이다.[16] 그런데 중요한 것은 그러한 다양성 위에 "한(漢)문화라는 것을 눌러 덮어 그것이 뿔뿔이 흩어지려는 것을 억제하고 있다. 덮개를 씌워 뭉치고 있는 힘이 단순한 군사력은 아니다. 그보다는 '중화사상이라는 문명의 힘'이다. 인간이 생각해낸 이데올로기가 커다란 역할을 하고 있는 것이다".[17]

여기서 말하는 중화사상 혹은 보다 넓게 중화문명의 핵심적 요소

---

15 다카야 요시카즈(高谷好一), 「세계 속의 세계단위」, 『지역연구와 세계단위론』, 야노 토루 엮음, 부산외대 아시아지역연구소 옮김, 전예원, 1999 참조.

16 다카야 요시카즈, 「중화세계」, 『지역연구와 세계단위론』, 야노 토루 엮음, 부산외대 아시아지역연구소 옮김, 전예원, 1999, 195-199쪽 참조.

17 다카야 요시카즈, 「세계 속의 세계단위」, 『지역연구와 세계단위론』, 야노 토루 엮음, 부산외대 아시아지역연구소 옮김, 전예원, 1999, 57-58쪽.

는 '유교(儒敎)사상'임은 물론이다. 역사상 중화세계는 한문화 중심의 가치체계를 가진 사람들이 거주하는 영역이고 그것은 '유교사상'이 수용되는 범위와 일치한다. 세계단위론자들에 의하면 유교는 중국을 하나의 '대문명권 – 세계단위'로 결합시키는 힘이 되었고 중국은 그 런 구조가 2000년에 걸쳐 역사 속에서 만들어진 복합적 지역에 해당 한다. 주첸즈의 중국 지역관도 대국적으로는 이들의 견해와 일맥상 통한다. 주첸즈는 중국문화의 특질을 유교를 본질로 하는 '철학적 문 화', 곧 '교양적 문화'로 규정한다. 환언하자면 본질적 지식을 특질로 하는 중국문화는 재발명체로서 '철학적 문화구역'에 해당한다. 이러 한 사유형식은 량수밍(梁漱溟, 1893~1988)의 '문화의 3방향(三路向)설' 과 궤를 같이한다. 량수밍은 중국문화를 세계문화의 두 번째 방향인 "욕구를 스스로 조절해 조화를 추구하고 중용의 태도를 견지하는 것 (意欲自爲調和持中)을 근본정신으로 삼는다"[18]고 파악했다. 중국인은 문제에 부딪치면 해결하거나 국면을 개조하려 하지 않고 그 처지에 서 자기만족을 구한다. 즉 문제에 대응하는 방법(생활방식)은 단지 자 기 의욕의 조화일 뿐이라고 인식했다.[19] 주첸즈는 이러한 량수밍의 지역상과 호응하면서 중국문화를 막스 셸러(Max Scheler, 1874~1928) 가 지식사회학에서 제시한 지식의 3형식 중 '교양적 지식' 혹은 '본질 적 지식'에 안배했던 것이다.[20]

18　梁漱溟, 『梁漱溟全集』第1卷, 「東西文化及其哲學」, 濟南: 山東人民出版社, 1989, 383쪽.

19　梁漱溟, 위의 책, 381쪽 참조.

20　여기서 량수밍의 '문화의 3방향설'은 '서양문화: 의욕의 전진적인 추구(意欲向前要 求)', '중국문화: 의욕의 자위·조화·지중(意欲自爲調和持中)', '인도문화: 의욕의 자 신을 반성해 후퇴적인 추구(意欲反身向後要求)'라는 세계문화의 세 방면의 근본정신 을 가리킨다. 그리고 막스 셸러의 '지식의 3형식'은 '실용적 지식: 서구의 자연정복적 지식', '교양적 지식 또는 본질적 지식: 중국 및 그리스의 지배 계급적 지식', '해탈적

주첸즈는 콩트(A. Comte)의 '3단계 법칙'과 헤겔(G. W. F. Hegel)의 '3분(分) 변증법'을 차용·종합해 각각 '4단계 법칙'과 '4분 변증법'으로 발전시켜 이를 이론적 거점으로 삼아 문화학체계를 구축했다. 그는 시간과 공간 두 차원에서 '문화' 구조를 분석해 문화유형설, 문화분기(分期)원리, 문화분파(分播)이론, 문화단계창조(層創)진화이론 등을 제시했다. 잠깐 살펴보면 문화는 공간적 차원에서 4가지의 본질적 유형인 '종교', '철학', '과학', '예술'로 나눌 수 있다. 시간적 차원에서 이 4유형은 종(상하)적 발전의 관계가 존재한다. 여기에 종횡으로 교직(交織)하는 좌표계를 설계해 문화에는 상이한 시공에서의 상이한 특질과 발전경로가 있음을 설명한다. 그리고 예술(공감)문화가 동서양 문화의 최종 발전의 이상경임을 밝히려고 했다. 문화 형성의 영향요소인 지리환경을 들어 문화에는 지리공간상 분포의 차이가 있고 상이한 시공의 문화가 길은 달라도 예술문화라는 목적지가 같음을 입증하고자 했다.[21] 주첸즈에게 인류문화는 모든 지식적이고 사회적인 생활방식의 총칭이다. 이 생활방식은 역사와 지리의 차이에 따라 각종 다른 문화특질의 역사, 체계, 내용, 형식으로 나타난다. 그러나 그는 문화단위를 구별케 하는 문화특질의 핵심은 단연 '문자'라고 단언한다. 특히나 문화사회학상 모든 문화특질은 고대문명시대의

지식: 인도의 불교적 지식'을 지칭한다. 이 두 동서양 학자의 이론은 주첸즈에게 개별 문화단위의 정체성을 규정하는 세계문화의 유형체계로 수용된다. 이를테면 '의욕의 자신을 반성해 후퇴적인 추구'인 인도문화는 '해탈적 지식'으로서 '종교적 문화'이고, '의욕의 자위·조화·지중'인 중국문화는 '교양적 지식'으로서 '철학적 문화'에 해당한다. 그리고 '의욕의 전진적인 추구'인 서양문화는 '실용적·자연정복적 지식'으로서 '과학적 문화'인 것이다. 朱謙之, 『朱謙之文集』 第6卷, 「文化哲學」, 福州: 福建教育出版社, 2002, 348쪽 참조.

21 劉林睿, 「朱謙之文化思想與南方文化運動」, 『學術研究』 第11期, 嶺南文化研究, 2013, 151-152쪽 참조.

'역사민족'을 상징하는 '문자' 발명 이후의 문화특질이다.[22]

이로 보건대 문화특질로 인해 분포된 문화구역은 '인류역사시대'의 문화구역임을 알 수 있다. 주첸즈에게 인류문화는 물질적 문화뿐만 아니라 최고의 심리로서 '지식적 문화'를 겸유한다. 그는 "우리가 주목하는 문화특질은 지식문화의 특질이고 우리가 생각하는 문화의 각각의 특질은 스스로 하나의 문화단위를 이루지만 이러한 문화단위는 반드시 지식적 문화단위여야 한다"[23]고 천명한다. 그리고 역사시대의 문화특질은 구체적으로는 인류의 지식문화와 사회문화를 가리키며 지식생활상 종교, 철학, 과학, 예술, 사회생활상 정치, 법률, 경제, 교육이 존재한다. 결국 주첸즈는 세계사의 문화구역을 동서고금을 통틀어 문자발명과 지식문화 등의 문화특질에 따라 중국, 인도, 서구 세 문화단위로 설정한다. 이 가운데 문화의 독립으로 말하면 인도의 '종교문화체계'이거나, 아니면 중국의 '철학문화체계', 혹은 서양의 '과학문화체계'가 각각 존재한다. 또한 각 문화구역은 정지해 있지 않고 활동적이며 고립적이지 않고 상호 전파를 특성으로 한다. 그러므로 문화의 전파 차원에서도 '인도(종교)문화'에 의해 전파되었거나, 아니면 '중국(철학)문화'에 의해서, 혹은 '서양(과학)문화'에 의해 전파된 것으로 파악할 수 있다.[24]

주첸즈는 이상의 세계문화유형론을 재차 중국의 '철학적 문화구역'에 적용시켜 중국문화의 체계문제를 제기한다. 노가(老家), 공가(孔家), 묵가(墨家)를 서로 비교해 노가는 중국문화상 '철학적 종교'를,

22 전홍석, 「주첸즈의 세계문화유형론에 관한 고찰: 세계문화 3원론을 중심으로」, 『동양철학연구』 제81집, 동양철학연구회, 2015, 387-388쪽 참조.

23 朱謙之, 『朱謙之文集』 第7卷, 「比較文化論集: 世界史上之文化區域」, 福州: 福建敎育出版社, 2002, 258쪽.

24 朱謙之, 위의 책, 259, 279쪽 참조.

공가는 '철학적 철학'을, 묵가는 '철학적 과학'을 각각 대표한다고 했다. 그리고 이 세 유파를 세계문화와 비교해보면 3가지 유형에 가깝다고 했다. 즉, "① 노가 – 종교형 – 인도의 종교문화에 가깝다. ② 공가 – 철학형 – 중국의 철학문화를 형성한다. ③ 묵가 – 과학형 – 서양의 과학문화에 가깝다."[25]는 것이다. 노자(老子)학설의 말류는 도교(道教)로 변모해서 종교노선을 걸었다. 이 유파는 최초에는 단지 청정무위(淸淨無爲)였고 그 속에 약간의 장생불사(長生不死)를 담고 있었다. 그러던 것이 나중에는 장생불사만을 말하고 더 지나자 노자를 교주로 받들고 주문(부적)이나 기도 등 종교의식을 행하는 종파로 바뀌었다. 모두 노자가 종교형의 문화요소를 띤 연고다. 또한 원시묵학(墨學)이 유물론, 과학적 맹아를 지녀 별묵(別墨)시대에는 과학적 방법론이 성립되었고 물질과학에 공헌하고 상당한 성과를 거두었다. 그것이 가능했던 이유는『묵경(墨經)』에 역학상 중력작용, 지렛대 원리, 광학상 빛의 직행, 방사, 요철렌즈의 허영(虛影) 등이 제시되어 있었기 때문이다. 환기컨대 주첸즈의 생각을 종합해보면 중국은 철학을 문화특질로 한다. 그러나 지식론, 우주론, 인생론, 사회론상 관찰해면 중국철학의 문화체계는 종교형인 노가철학이나 과학형인 묵가철학이 중국문화를 대표하기에는 불충분하다. 진정한 중국문화의 본위는 오직 공가철학이며 그것만이 중국 철학문화의 전체적 체계상 기본원형이 된다.[26]

한편 주첸즈는 인류문화의 형성원인과 구별을 외부의 자연환경, 곧 주로 지형과 기후로 귀결시킨다. 그는 온대, 특히 북온대를 세계

---

25 朱謙之,『朱謙之文集』第7卷,「比較文化論集: 中國文化之本質, 體系及其發展」, 福州: 福建教育出版社, 2002, 349쪽.

26 朱謙之, 위의 책, 349-356쪽 참조.

문화의 발원지라고 생각했다. 그리고 세계문화를 고지, 평원, 해양이라는 '지형'에 의거해 3유형의 문화로 나누어 자신의 '세계문화 3원론'을 구성한다. 이 '3원론'은 문화학의 전체 생명선인 지식문화의 유형과 특질로부터 착상된 것이다. 이를테면 헤겔의 문화지리학의 형이상학적 이해를 통해 고원문화는 '인도'로서 지리적 특성상 종교적 문화구역을, 평원문화는 '중국'으로서 지리적 특성상 철학적 문화구역을, 해양문화는 '서양'으로서 지리적 특성상 과학적 문화구역을 각각 형성한다. 주첸즈는 여기에 더해 량수밍의 '문화의 3방향설'과 막스 셸러의 '지식의 3형식'을 원용함으로써 자신의 '세계문화 3원론'의 현재적 정체성을 정형화했다. 이 이론체계는 중국의 문화구역을 재발명하는 데 그대로 활용되어 남방문화운동을 호소하는 지접적인 이론근거인 '중국문화지형설'로 구체화된다. 주첸즈는 중국문화의 역사적 발전을 중국의 수문(水文)지리에 따라 북방의 황허(黃河)유역문화에서 발생해서 중부의 창장(長江)유역문화를 거쳐 남방의 주장(珠江)유역문화에서 진전된 것으로 여겼다. 그 지리적 기초는 세계문화의 분포와 동일하게 지형의 3가지 기본에 따라 구별할 수가 있다. 즉, 중국의 대지(大地)상 고지는 북부, 평원은 중부, 해양은 남부에 각각 해당한다.[27]

주첸즈는 중국문화사에 있어 그 첫 페이지는 항상 '고지'에서 발생된 내용으로 장식된다고 말한다. 그리고 관련 서적들은 매우 많은 증거들을 들어 중국문화가 산봉우리에서 흥기한 것임을 설명해준다고 덧붙인다. 그 가운데서도 류이정(柳詒徵)의 『중국문화사(中國文化史)』(上冊, 16~17쪽)를 논거로 내세우면서 "① 군주는 대대로 '임증(林烝)'

---

27 朱謙之, 『朱謙之文集』第6卷, 「文化哲學」, 福州: 福建教育出版社, 2002, 363쪽 참조.

이라 불린다. ② 당(唐)·우(虞) 때에 제후의 우두머리를 존중해서 '악
(嶽)'이라 불렀다. ③ 순수(巡狩)하여 제후의 조회를 받을 때 반드시
'산악(山嶽)'에서 행했다. ④ 인민은 대대로 '구민(丘民)'이라 불린다.
⑤ 제왕된 자는 반드시 산에 올라서 봉선(封禪, 옛날 제왕이 태산에 가서
천지에 제사를 지내는 전례)을 행했다."[28]고 소개한다. 이렇게 주첸즈는
'북방 고지'가 중국문화의 발원지임을 밝히고 있다. 그리고 양한(兩
漢)시대에도 중국문화는 변함없이 '북구'가 근거지였음을 설명한다.
이르기를, "'산둥(山東)에서는 재상이 나오고 산시(山西)에서는 장수가
나온다(『漢書』 卷69, 「趙充國傳贊」)'와 '관시(關西)에서는 장수가 나오고
관둥(關東)에서는 재상이 나온다(『後漢書』 卷88, 「虞詡傳」)'라는 속어가
있다. 이 곳 산둥과 산시는 화산(華山)이 경계가 되고 관둥과 관시는
한구관(函谷關)이 경계가 된다. 이로 볼 때 '고지'가 문화의 표준이 됨
을 알 수 있다."[29]

　계속해서 주첸즈는 중국문화의 근거지가 북부의 고지문화에서 중
부의 평원문화인 '창장(長江) 유역'으로 옮겨가게 된 역사적 경로를
추적한다. 논구하기를, "고지문화는 지력(地力) 차원에서 관찰해보면
최초에는 자급자족할 수가 있었다. 그러던 것이 수(隋)·당(唐) 이후로
는 미곡의 공급이 남방에 의지하지 않을 수가 없어서 하류(河流)의 운
수가 크게 중요해졌다. 북부는 비록 황허가 있지만 황허는 '집안을
망치는 자식(敗家子)'이라 불리다시피 항상 흉작지역이었다. 이와는
반대로 운하(運河)는 곡물을 북방으로 운송하기 위해서 판 것이다. 하
류가 닿는 평원지역은 천하 재부(財賦)의 원천과 명맥임은 말할 필요
도 없다. 그래서 남송(南宋) 때에는 '쑤창(蘇常)의 곡식이 익으면 천하

28　朱謙之, 앞의 책, 363-364쪽.
29　朱謙之, 앞의 책, 364쪽.

가 넉넉해진다(陸游,『渭南文集』)'와 '장저(江浙: 江蘇省과 浙江省)의 곡식
이 익으면 천하가 넉넉해진다'라는 속어가 남아 있을 정도다."[30]라고
했다. 또한 주첸즈는 남송으로부터 원(元), 명(明), 청(淸)의 수대에 이
르기까지 중국문화는 가장 풍요로웠던 '창장 유역'이 모두 그 근거지
였다고 주장한다. 심지어 건륭(乾隆)이 장난(江南)에서 노닐던 시기에
도 여전히 '장저는 인재와 문화가 집결되는 곳'으로 일컬어졌다고 고
증한다.[31]

  그런데 중국 중부의 평원문화도 영원불변한 것은 아니다. 주첸즈
는 명대의 츄쥔(丘濬, 1420~1495)이『광저우부지서서(廣州府志書序)』에
서 '바다의 원리' 문제를 제기한 내용을 소개하면서 해양문화로서의
남부를 부각시킨다. 인용된 츄쥔의 말을 보면, "천하의 산은 모두 서
북에서 발원해 분산되었다가 모여서 우뚝 솟아 큰 산맥을 이룬다. 천
하의 내(川)는 모두 동남에서 굽이져 넓게 퍼졌다가 그쳐서 물이 괴어
바다가 된다. 광남(廣南)은 바다 사이에 위치해 천지산천의 극치에 달
한 '기(氣)'를 받아들인다. '기'는 여기서 다해 거듭 배출되는지라 인
물이 그것을 얻어 홀로 다른 나라와 다르다."[32] 주첸즈는 광의의 '세
계 속 지역학(Global Study)' 차원에서 유럽문화를 '해양의 원리'가 지
배하는 '과학적 문화구역'으로 보았다. 이와 동일한 문맥으로 협의의
'중국(국가)내 지역학(Local Study)' 차원에서 과학문화로서의 남방문
화 성립을 주창한다. "당과 오대(五代) 시대는 영남(嶺南)은 만이(蠻夷)
의 지역이었다. 명대에 이르자 해로(海路)의 교통이 점점 발달해 연해
의 각지, 특히 광둥(廣東), 푸젠(福建)이 중서(中西)무역의 근거지로 부

30 朱謙之, 앞의 책, 364쪽.
31 朱謙之, 앞의 책, 364쪽 참조.
32 朱謙之, 앞의 책, 364쪽.

상했다. 그리하여 경제사에 있어 이곳은 점차로 중요한 위치를 차지
하게 되었다. 또한 서양문화의 영향을 최초로 받은 탓에 청말 쑨원(孫
文, 1866~1925)의 혁명운동, 캉유웨이(康有爲, 1858~1927)의 유신변법
운동도 광둥인이 중심이 되었다."33 주첸즈는 이를 토대로 근현대의
중국문화는 해양문화의 새로운 시대를 연 주장 유역의 '남방'이 근거
지임을 확신했던 것이다.

　이런 식의 발상은 지역연구가 어떤 면에서 공간적 속성인 '문화'에
의거해 고려할 때 가장 잘 정의될 수 있다는 주장과 접맥된다. 문화
는 역사를 가지며 그것은 지리적 환경과 관련하여 존속하고 문학들
을 산출하며 정치와 경제를 비롯한 다양한 방식으로 조직된다는 사
고법이 그것이다.34 중국은 분명 공간적이고 역사적인 '문화'라는 공
통의 요소로서의 통일성을 띤다고 할 수 있다. 그런 이유로 단일한
세계단위를 형성한다고 말해지는 것이다. 각설하고, 상술(上述)한 주
첸즈의 논변을 간추려보면 황허유역문화기는 고대로부터 북송(北宋)
전까지고 창장유역문화기는 '송'에서 '청'까지며 주장유역문화기는
'청말'에서 '현대'까지라고 할 수 있다. 그런데 종교시기에서 철학시
기, 과학시기로 발전해가는 '문화의 지리적 3주기'는 중국뿐만 아니
라 서양이나 인도의 문화사에서도 동일하게 발견된다. 주첸즈에 따
르면 "역사적 이론방법으로 고찰해볼 때 서양역사는 물력(物力)인 '경
제'에 중점을 두기 때문에 경제투쟁의 역사로 나타난다. 중국역사는
인력(人力)인 '민족'을 본위로 하기 때문에 민족투쟁의 역사로 진행되
었다. 마찬가지로 인도역사는 신력(神力, 종교단체)에 중심을 두는 까

33　朱謙之, 앞의 책, 364쪽.
34　김경일, 「지역연구의 대상과 방법」, 『지역연구의 역사와 이론』, 김경일 편저, 문화과
　　학사, 1998, 76쪽 참조.

닭에 종교투쟁의 역사(예컨대 힌두교와 이슬람교)로 나타난다."[35]고 했다. 아무튼 중국문화의 역사발전과정을 '지리적 3주기'로 나누어 다음과 같이 표로 일목요연하게 제시한다.[36]

문화의 3주기				大事記		종교시기	철학시기	과학시기
제1주기	종교시기	黃河유역문화시대	제1小주기	중국문화의 제1차 독립발전기	BC 33세기부터 AD 3세기까지의 약 3600년	고대의 泛神사상 – 神農氏(天樂) – 黃帝書(呂氏春秋 인용) – 殷·商시기 先祖에 대한 제사 – 商頌 – 갑골문자 – 周易 – 天道관념	春秋시대 – 天의 형이상학적 의미 – 老子(道) – 孔子의 易繫辭 – 戰國시대의 諸子百家 – 孟子 · 墨子	西漢 經學의 과학으로의 변모 – 서한 경학가의 陰陽學 精通 – 董仲舒 – 高相 · 京房 – 翼奉 – 東漢 儒者의 天文·星曆 정통(楊厚, 襄楷) – 張衡의 제작
			제2小주기	중국문화의 인도문화 전파기	AD 3세기부터 10세기까지의 약 1300년	長江 유역 으로 이동		
						魏晋·南北朝 때의 이민족 유입과 이민족 종교의 관계 – 佛敎의 수입 – 石勒·石虎와 佛圖澄 – 苻堅과 鳩摩羅什 – 華夷同一論 – 朱昭之의 『難夷華論』	唐代 중국佛學의 인도불학에 대한 부정 – 玄奘이 칙명을 받들어 노자의 道德經을 번역함 – 唐 太宗이 노자를 부처와 같거나 그 위에 둠 – 唐代의 군주는 성이 '李'씨인 까닭에 특히 도교를 중시함 – 唐 玄宗의 노자 도덕경에 대한 주석 – 兩京(唐代의 長安과 洛陽) 및 여러 州에 玄學을 두어 숭배함	中唐 五代의 疏證學時代 – 孔潁達의『五經正義』– 開元時代의 풍부한 藏書 – 唐末 雕板印書法의 발명 – 馮道 · "逑數小學字書" – 五代監本
제2주기	철학시기	長江유역문	제1小주기	중국문화의 제2차 독립발전기	AD 10세기부터 19세기까지의 약 1000년	宋代의 중국문예부흥 – 우주철학시기 – 周易 – 生의 우주관 – 범신론 – 周濂	중국계몽운동 – 인생철학시기 – 中庸 – 生의 인생관 – 낙천(樂)적 생활 – 陳	淸初 경세학파 – 사회정치철학시기 – 三禮春秋 – 生의 사회관 – 민족·민권·

---

35 朱謙之, 『朱謙之文集』第7卷, 「比較文化論集: 中國文化之地理三周期」, 福州: 福建教育出版社, 2002, 369쪽.

36 朱謙之, 위의 책, 369-370쪽 참조.

		화시대				溪, 邵康節, 張橫渠, 程明道, 程伊川, 朱晦庵, 陸象山, 楊慈湖, 鄭師山	白沙, 王陽明, 錢緒山, 王龍溪, 王心齋, 王東崖, 聶雙江, 羅念庵 － 東林學派(顧涇陽, 高景逸) － 證人學派(劉蕺山) 唯情學派(惠棟, 戴震, 焦循, 阮元)	민생의 정치철학 － 고증학 － 顧炎武, 王船山, 黃梨洲, 顏習齋, 李剛主 － 今文學派
			제2소주기	중국문화의 서양문화 전파기	19세기 아편전쟁부터 20세기(民國 26년) 항전까지의 약 100년	珠江 유역으로 이동		
						太平天國革命 － 기독교의 영향 － 天條書 － 幼學詩 － 天父下凡詔書 － 新旧遺詔聖書 － "討粤匪檄" 속의 태평종교관	戊戌維新과 辛亥革命 － 王韜, 薛福成, 張之洞, 李鴻章 － 康有爲 － 譚嗣同 － 梁啓超 － 嚴復의 서양 명저 번역 － 孫中山 － 陳天華 － 胡漢民 － 劉師復 － 辛亥革命의 서양사상에 받은 영향	5·4운동부터 중국國民黨의 새로운 건설까지 － 白話文운동 제창 － 구문화 반대 － 민주주의·사회주의 － 국민혁명의 흥기 － 사회과학운동의 새로운 흥기 － 과학과 인생관의 논전 － 중국사회사의 논쟁 － 전반서화론
제3주기	과학시기	珠江유역문화시대		중국문화의 제3차 독립발전기	현재	민국 26년 7·7蘆溝橋事變으로 일어난 항전건국운동 － 三民主義 신과학 － 생명론 － 行의 철학 － 국방과학운동	평화건국강령	

어떤 의미에서 지역연구는 '공간 = 지역단위' 인식과 '시간 = 역사' 인식의 양면에서 도덕화와 지성화를 이루어내는 작업이다. 주첸즈의 지역인식은 이와 동일문맥을 구성한다. 중국문화가 당시 서구제국주의와 이를 모방한 일제의 굴절된 침략적 세계(지역)분할구도 속에서도 소멸되지 않고 오히려 왕성한 기상을 보이는 것은 전적으로 중국 역사의 지리적 문화특질이 만들어내는 결과라고 인식했다. 즉, "중국에는 광대한 '문화공간'과 함께 장구한 '문화시간'이 존재한다. 중국

이 항일전쟁에서 지금까지 패배하지 않은 것은 이 '문화공간'과 '문화시간'의 교호(交互)조건 때문이다. 중국의 장래는 우리가 이 문화공간을 어떻게 지켜낼 것인가 하는 문제에 달려 있다."[37]는 것이다. 주첸즈의 재발명주의적 지역인식은 문화의 유형설과 분기원리 등이 구동된 산물임은 당연하다. 논지컨대 중국문화는 '철학적 문화'이자 문화사로 보면 '철학적 문화사'라고 할 수 있다. 다만 이 철학문화의 발전에 있어 종적 방향에서 살펴보면 3단계인 종교시기, 철학시기, 과학시기, 정확하게는 종교적 철학시기, 철학적 철학시기, 과학적 철학시기를 거친다. 횡적 측면에서 살펴보면 '종교적 철학시기' 내에서도 1단계인 종교시기, 철학시기, 과학시기, 바꿔 말해 종교적 종교시기, 종교적 철학시기, 종교적 과학시기를 거친다. 기타 단계도 동일한 방식으로 유추해볼 수 있을 것이다.[38]

그러나 지금까지 기술한 내용은 단지 '지형적 원리'상에서 말한 것이다. 여기에 덧붙여 주첸즈는 '중국 역대 인물의 지리적 분포'를 논구해 중국문화의 중심이 고대에서 현대에 이르기까지 북쪽에서 남쪽으로 발전하고 있음을 증명하려고 했다. 그는 "량치차오(梁啓超, 1873~1929)가 역사통계학(『梁任公先生學術講演集』, 第3輯)을 제창한 이후부터 사학에서 통계적 연구법은 중국 역사가의 중요한 도구가 되었다"[39]고 말한다. 이 문제와 관련해서 모두 7명의 동서양 학자의 연구성과를 제시함으로써 그들이 역사통계학을 응용해 얻은 결론을 취하고자 했다.[40] 그 중에서도 중국인 학자 주쥔이(朱君毅, 1892~1963)의

---

37 朱謙之, 앞의 책, 368쪽.

38 朱謙之, 앞의 책, 370쪽 참조.

39 朱謙之, 『朱謙之文集』第6卷, 「文化哲學: [附錄]中國文化之地理的分布 ―讀朱君毅 『中國歷代人物之地理的分布』」, 福州: 福建教育出版社, 2002, 397쪽.

40 여기서 거론된 구체적인 학자와 저서는 다음과 같다. ① 丁文江, 「歷史人物與地理的關

『민국 15년 내 인물의 지리적 분포(民國十五年內人物之地理的分布)』를
높이 평가한다. 주첸즈는 이 소책자에서 "① 한(漢)으로부터 지금까
지 중국인물의 변천은 서북쪽에서 동남쪽으로 쏠려서 마치 반월형(半
月形)을 이루는 듯하다. ② 인물의 출현은 실제로 환경이 가장 큰 힘
으로 작용한다."[41]라고 한 내용에 주목한다. 특히 열거된 숫자로부터
'중국 역대 인물의 지리적 분포', '중국 역대 문화의 지리적 분포'를
포착하고자 했다. 그 의도는 남방문화운동의 확고한 '과학적 기초 -
역사지리적 근거'로 활용하고자 하는 데 있었음은 재론의 여지가 없
다. 먼저 주첸즈는 중국 역대 인물변천 추세도(圖)를 발췌, 명시한다.
그럼으로써 중국문화가 시대에 따라 북송 이전에는 황허 유역의 문
화이고 청 이전에는 양쯔장(揚子江) 유역의 문화이며 최근 들어서는
주장 유역의 문화임을 밝히려고 했다.

<표 1> 중국 역대 인물변천 추세도[42]

시대	前漢	後漢	唐	北宋	南宋	明	清	民國	최근 (민국 15년 후)
인물이 가장 많은 省	山東	河南	陝西	河南	浙江	浙江	江蘇	江蘇	廣東

係」, 『科學雜誌』 第8卷 第1期; ② 梁任公, 「近代學風之地理的分布」, 『淸學報』 第1卷
第2期; ③ 桑原隲藏, 「由歷史上觀察的中國南北文化」, 『東洋史論叢』(中譯은 『文哲季
刊』 第1卷 第2號); ④ E. Huntington, 『自然淘汰與中華民族性』(中譯); ⑤ 張耀翔,
「淸代進士之地理的分布」, 『心理雜誌』 第4卷 第1號; ⑥ 朱君毅, 「中國歷代人物之地理
的分布」, 中華書局 『常識叢書』, 第40種; ⑦ 余天休, 「中國近三十年人物之分析」, 『社會
學刊』 第3卷 第2期. 朱謙之, 「文化哲學」, 364쪽 참조.
41   朱謙之, 『朱謙之文集』 第6卷, 「文化哲學」, 福州: 福建敎育出版社, 2002, 369쪽.
42   朱謙之, 앞의 책, 369쪽.

이와 함께 주쳰이의 글에 등장하는 민국 15년 내 다양한 '인물의 지리적 분포표'를 제시한다. 주쳰즈는 이 자료들을 통해서 광둥을 중심으로 한 주장 유역의 남방문화가 '과학적 문화'이자 '산업적 문화'임을 입증하고자 했다.

〈표 2〉 민국 실업(實業)인물의 지리적 분포표[43]

省	인원수	백분율(%)	등급	省	인원수	백분율(%)	등급
廣東	27	26.5	1	山東	1	0.9	11.5
江蘇	25	24.5	2	山西	1	0.9	11.5
浙江	21	20.6	3	湖北	1	0.9	11.5
河北	11	11.0	4	陝西	1	0.9	11.5
福建	6	5.9	5	雲南	1	0.9	11.5
安徽	2	1.9	7	遼寧	1	0.9	11.5
湖南	2	1.9	7	총수	102	99.6	14
國外	2	1.9	7				

〈표 3〉 민국 교육인물의 지리적 분포표[44]

省	인원수	백분율(%)	등급	省	인원수	백분율(%)	등급
江蘇	19	26.7	1	雲南	3	4.2	7.5
浙江	13	18.2	2	湖北	2	2.8	11
河北	9	12.7	3	湖南	2	2.8	11
河南	5	7.4	4	廣東	2	2.8	11
江西	4	5.6	5	安徽	1	1.4	14
山東	3	4.2	7.5	遼寧	1	1.4	14
福建	3	4.2	7.5	國外	1	1.4	14
四川	3	4.2	7.5	총수	72	100	15

---

43 朱謙之, 앞의 책, 370쪽.
44 朱謙之, 앞의 책, 370쪽.

<표 4> 민국 군사인물의 지리적 분포표[45]

省	인원수	백분율(%)	등급	省	인원수	백분율(%)	등급
河北	39	29.5	1	河南	3	2.2	13.5
安徽	13	9.8	2	湖南	3	2.2	13.5
山東	12	9	3	廣西	3	2.2	13.5
福建	9	6.8	4	貴州	3	2.2	13.5
江蘇	8	6.1	6	山西	2	1.5	16.5
四川	8	6.1	6	甘肅	2	1.5	16.5
遼寧	8	6.1	6	江西	1	0.7	19
浙江	4	3	9.5	陝西	1	0.7	19
湖北	4	3	9.5	吉林	1	0.7	19
廣東	4	3	9.5	총수	132	99.30	20
雲南	4	3	9.5				

이상 3종류의 표에 의거해 주첸즈는 중국문화의 지리적 분포를 해명한다. "북방은 황허 유역이 군사인물이 가장 많은 수를, 중부는 양쯔장 유역이 교육인물이 가장 많은 수를, 그리고 남방은 주장 유역이 실업(實業)인물이 가장 많은 수를 각각 차지함을 알 수 있다. 이렇게 되면 남방의 주장 유역이 '산업문화'와 '과학문화'를 대표한다고 우리가 줄곧 주장해온 의견은 무의식중에 역사통계적 증명을 얻게 된다."[46] 이 논변은 '남방문화운동 − 과학구국(救國)'의 이론적 근거를 마련하기 위한 예비적 장치임은 물론이다. 다음 말에서 선명하게 드러난다. "황허 유역이 비록 군사인물이 중심을 이룬다고 하더라도 과학이 발달하지 않아 반제항일(反帝抗日)전선에서 역으로 염치없는 군인의 무저항적 책략이 있게 되었다. 또한 양쯔장 유역이 교육인물이 중심을 이룬다고는 하지만 과학이 발달하지 않아 학설과 사상이 단지 어떤 철학적 관념의 추상

---

45 朱謙之, 앞의 책, 370쪽.

46 朱謙之, 앞의 책, 371쪽.

체계로만 제한되었다. 결국 진정으로 반제항일을 하고자 한다면 우선
적으로 주장 유역의 문화운동, 즉 과학적이고 산업적인 문화운동을
제창하지 않으면 안 된다."[47] 그러나 지형적 원리이든 역대 인물의 통계
상이든 간에 이러한 논거는 단편적인일 수 있음을 지적해두고자 한다.
몇 가지의 지형원리나 통계치에 기대어 중국문화의 중심이 북방에서
남방으로 향한다는 주장은 일면 항일구망(抗日救亡)이라는 강한 가치론
에 경도되어 자칫 객관적인 사실성과 예외성을 간과하는 단순 도식적
일반화의 오류를 범할 수 있기 때문이다.

3. 중국문화공간설: 남방문화운동

1) 중국문화의 현 단계

20세기 초 중국 지식인들이 '과학(賽先生, science)'과 '민주(德先生,
democracy)'로 대변되는 서양문명의 내재적 한계를 직시하게 된 계기
는 1920년 3월 상하이(上海) 『시사신보(時事新報)』에 연재된 량치차오
(梁啓超, 1873~1929)의 저서 「구유심영록(歐游心影錄)」(1918~1919)이었
다. 이 책은 량치차오가 제1차 세계대전이 끝나고 폐허가 된 절망적인
유럽을 목도하고 과학만능적인 서구문명의 한계를 지적함과 동시에
중국문화의 부흥을 고취한 글이다. 그는 오스발트 슈펭글러(Oswald
Spengler, 1880~1936)가 『서구의 몰락(Der Untergang des Abendlandes)』
(1918~1922)에서 중국문화가 물질적·기계적·인위적 서양문명의 대안
이 될 수 있다는 주장에 고무되어 중국의 전통문화를 정리하는 데 매진

---

47 朱謙之, 「文化哲學: [附錄] 中國文化之地理的分布 一讀朱君毅 『中國歷代人物之地理的
分布』」, 福州: 福建教育出版社, 2002, 399쪽.

했다. 이렇게 독일의 '문화(Kultur)' 개념이 상승시킨 정신적 가치의
우위는 당시 량치차오를 매개로 중국 지식인들의 심상에 깊이 각인되
었다. 이것은 남방문화운동의 창안자 주첸즈에게도 깊은 인상을 남겨
가까운 미래에는 정신과 생명을 본질로 하는 중국문화의 시대가 도래
할 것이라는 믿음으로 귀착되었다. 그는 서구가 각종 생활이기(利器)
인 물질문명을 창조해냈지만 반대급부로 세계대전이라는 다시없는
인류의 대재앙과 사회모순을 가중시켜 인간의 정신·생활상의 고통과
불안정을 초래했다고 판단했다. 그리고 머지않아 정신 지향적 중국문
화가 서구의 물질 지향적 문화를 대체한다는 논리로 중국문화부흥을
예견했던 것이다.[48]

유럽문명은 크게 보아 '헬레니즘(Hellenism, 이성)'과 '헤브라이즘
(Hebraism, 신앙)'의 상호교호(交互) 속에서 형성된 것임은 주지의 사실
이다. 유럽은 이 양대 문화인자의 토대 위에서 정신성, 인본주의, 합리
성, 민주주의, 민족국가, 과학, 자본주의 등의 덕목과 가치관으로 특징
되는 독창적인 문명을 탄생시킨 것이다. 그러나 이런 점들 때문에 오히
려 "유럽의 정수를 찾는다면 점진적으로 소멸되고 독창성이 없는 '유럽
정신'만을 만나게 된다"[49]고 말해진다. 사실 유럽은 유럽적으로 조직되
었다. 이 논단은 유럽을 조직하고 유럽의 독창성을 낳게 한 것에 의해
유럽이 정의된다는 의미다. 그러한 유럽정신은 근현대 세계를 유럽화
시켰고 유럽주의를 세계화시켰다. 유럽적인 특징은 이제 더 이상 유럽
만의 것이 아니게 되었다. 유럽은 세계 속에서 항상 차용되었고 질책을

48 전홍석, 「동서 '문화·문명'의 개념과 그 전개: 현대 문명담론의 개념적 이해를 중심으
    로」, 『동양철학연구』 제63집, 동양철학연구회, 2010, 419-420쪽 참조.
49 Edgar Morin, *Penser l'Europe.* / 에드가 모랭, 『유럽을 생각한다』, 임문영 옮김,
    문예출판사, 1997, 45쪽.

받았지만 세계를 촉진, 성장시켰다. 그러나 또 다른 의미에서 '유럽성'을 파헤쳐보면 본래적 덕목과 가치관이 아닌 반대의 속성을 엄폐하고 있음을 발견하게 된다. 유럽이 민주주의 혹은 이성이라고 한다면 그것은 한편으로 압제이기도 했고 이성의 사고 내에 포함된 신화이기도 했다. 때문에 에드가 모랭(Edgar Morin)은 "유럽은 혼란으로부터 막연한 경계들에서, 불안정한 기하학적 구조에서 무질서를 낳으며, 변화, 파괴, 변형으로 영향을 받은 불확실한 개념이다. 따라서 복잡한 정체를 애써 파헤치기 위해서는 그 불확실함, 막연함, 모순 속에 내포되어 있는 '유럽적인 사고'에 귀 기울이는 것이 필요하다."[50]고 지적한다.

주첸즈의 문화사상은 이러한 서구문명과 그 근간이 되는 근대성(modernity)의 내재적 한계를 직시하면서 형성되었다. 소위 근대란 유럽자본주의가 제국주의 단계로 들어온 시기다. 이 제국주의의 침략과 지배는 동아시아 중국의 반(半)식민지, 반(半)봉건성을 심화시켰고 그로 인해 야기된 민족의 정체성 위기는 반대급부로 서구문화의 본질을 규명하고자 하는 지식사조로 결집되었다. 가장 선구적으로 량수밍은 "서양문화를 연구하는 사람들은 서양문화의 자연정복, 과학, 민주주의의 모습만 보지 말고 인생태도, 생활방향에 유의해야 한다. 또한 서양문화를 중국에 도입하려는 사람들은 그 겉모습만 들여와 모방하려 하지 말고 반드시 근본적으로 그 방향, 태도에서 시작해야 한다."[51]고 말한다. 주첸즈의 서양관은 이러한 '서양인의 근본정신(방향)'이라는 량수밍의 지반 위에서 막스 셸러의 '지식사회학 – 실용(자연정복)적 지식'을 수용해 '자연정복적 문화 – 과학적 문화'로 규정

50   에드가 모랭, 위의 책, 46쪽.
51   梁漱溟, 『梁漱溟全集』 第1卷, 「東西文化及其哲學」, 濟南: 山東人民出版社, 1989, 385쪽.

한다. 또한 주첸즈는 현대를 과학시대로 통찰하면서 "철학문화인 중
국, 종교문화인 인도는 얼마간 서양 과학문화의 색채를 띠는 것은 당
연하다. 그러나 과학문화는 결국 과학문화여서 그것이 철학문화와
종교문화를 과학화할 수는 있지만 철학문화나 종교문화를 결코 대체
할 수는 없다. 이 때문에 서양문화가 현대의 모든 문화구역을 동화시
킨다고 하더라도 인도의 종교문화, 중국의 철학문화는 여전히 소멸
되지 않는다."[52]고 단언한다.

주첸즈는 중국문화에 방점을 두어 그것은 현대일수록 더욱 새롭게
흥기하는 왕성한 기상을 떨칠 것이라고 주장한다. 문화의 독립적 현
상으로 볼 때 중국문화는 영원히 지속되고 불멸한다는 것이다. 문화
구국계획인 '남방문화운동'은 이러한 사고의 연장선상에서 개진된
것이다. 이 남방문화운동은 1930~40년대 서구와 일본 제국주의의
침략에 대한 중국의 항전건국시기의 저항 이론이라고 할 수 있다. 주
첸즈는 1932년부터 광둥성 광저우(廣州)에 위치한 중산(中山)대학에
서 20년 동안 교편을 잡으면서 남방문화건설에 크게 기여했다. 무엇
보다도 항전 요구에 부응해 문화구국, 과학구국의 계획을 세워 남방
문화운동을 적극 창도한 것은 유명한 사건 중의 하나다.[53] 그것은

---

52 朱謙之, 『朱謙之文集』 第7卷, 「比較文化論集: 中國文化之地理三周期」, 福州: 福建教
    育出版社, 2002, 368쪽.
53 당시 주첸즈는 남방문화운동과 함께 '현대사학운동'을 강력하게 제창했다. 또한 스스
    로 자비를 출자해 '고금(考今)'을 목적으로 『현대사학(現代史學)』을 창간하기도 했다.
    그리고 1945년 전후로 그의 주도 아래 이루어진 '음악문학운동'과 '신독서운동'도
    같은 맥락의 항전운동이라고 할 수 있다. 특히 남방문화운동은 그 이론적 진지라고
    할 수 있는 『현대사학』을 중심으로 전개되었다. 예컨대 황리쥐(黃禮琚)의 「주장유역
    문화와 중화민족부흥(珠江流域文化與中華民族復興)」, 뤄쯔잉(羅子英)의 「주첸즈의
    문화지리분포설 논평(評朱謙之的文化地理分布說)」, 예후이(葉匯)의 「주첸즈 교수의
    남방문화운동과 지리학 헝팅턴의 중국민족자연도태관(朱謙之敎授的南方文化運動與
    地理學漢廷敦之中國民族自然之淘汰觀)」, 천안런(陳安仁)의 「중국문화말살론에 대한
    회의(對于中國文化抹煞論的懷疑)」, 셰푸리(謝富禮)의 「남방문화운동의 역사적 근거

1931년 일본군의 만저우(滿洲)침략전쟁인 '9·18사변'이 직접적인 계기가 되었다. 그는 술회하기를, "민국 20년 가을 이래로 제국주의자들이 우리에게 안겨준 모욕은 늘 나의 삶에 치욕스러움을 느끼게 해왔다. 상하이(滬)에서 베이징(平), 또 베이징에서 광둥(粵)에 이르기까지 도처에 중화민족이 멸망의 길로 치닫는 것을 보면서 몸서리쳐질 정도다."[54] 이 절체절명의 위기에 봉착한 중국은 항일구망이 당시 시대적 과제였다. 정치구국, 교육구국, 문화구국, 과학구국 등의 사회사조가 형성된 것도 이 시기다. 다만 "주첸즈의 경우처럼 문화구국과 과학구국을 위해 실행 가능한 구체적인 방안을 제공하고 적극적으로 실천함과 동시에, 다른 한편으로 이론상에서 그에 대해 과학적 논증을 실행한 이는 그리 많지 않았다".[55]

그런데 이와 같은 문화구국계획은 '문화'와 '문명'이라는 미묘한 개념구분의 지반 위에서 착수된 것임은 특기할 만하다. 주첸즈는 동서양의 생명철학을 기반으로 문화를 생명주의적 '생활'로 간주했다. 더불어 현재 서구문화인 문명을 문화의 물질적 기초로 보고 미래세계를 '예술문화'로 상정해 '생명성'을 강조한다. 이런 방식의 논법들은 모두 유학의 생명관과 연결된 독일적 '문화' 개념의 반향으로 볼 수 있다. 그리고 당시 서양과 일본의 제국주의에 대항하면서 보여주는 문화학적 중화민족주의 성향은 보편성보다는 개별적·고유적·민족적 성격을 띠는 독일적 문화 개념과 무관하지 않다.[56] 특히 슈펭글러

(南方文化運動之歷史根據)」 등은 한때 주첸지의 영향 아래 집필·게재된 글들이다.

54 朱謙之, 『朱謙之文集』 第6卷, 「文化哲學: (附錄)南方文化運動」, 福州: 福建教育出版社, 2002, 391쪽.

55 黃有東, 「朱謙之與"南方文化運動"」, 『現代哲學』, 2007, 70쪽.

56 전홍석, 「동서 '문화·문명'의 개념과 그 전개: 현대 문명담론의 개념적 이해를 중심으로」, 『동양철학연구』 제63집, 동양철학연구회, 2010, 420쪽 참조.

는 문화의 단계를 문화와 문명으로 구분해 문화는 종교적·정신적인 것이고 문명은 과학적·물질적인 것이라고 생각했다. 또한 문화가 과학적 단계에 이르면 물질이 과도하게 발달해 생명력을 잃고 멸망한다고 했다. 그러나 주첸즈의 관점에서 문명은 문화의 한 단계로서 이 단계는 더 높고 더 완전한 새로운 단계를 실현하기 위한 하나의 준비과정에 불과하다. 그는 문명을 문화의 최후단계로 보았던 슈펭글러의 생각에 반대하고 "문명은 바로 문화의 물질적 기초인 까닭에 문명은 문화의 종점이 아니라 도리어 문화의 새로운 기점이 된다"[57]고 주장한다. 이르기를, "문화와 문명의 문제는 예술문화가 흥기해서 과학문화를 대체한다는 바로 그 문제인 것이다. 문명의 본질은 과학적이지만 문화의 본질은 예술적이다. 문명과 문화의 차이는 과학과 예술의 차이다."[58]

　이로 보건대 슈펭글러가 말한 '문명의 몰락'은 결국 동양사상에 근접하는 '예술문화'의 출현을 의미한다고 할 것이다. 이러한 주첸즈의 사유방식은 동서양의 예술관에서 선명하게 드러난다. 주첸즈는 중국예술과 서양예술의 차이를 사의(寫意)적 측면이 강한 '철학적 예술', 사실(寫實)적 측면이 강한 '과학적 예술'로 각기 구분한다. "중서(中西) 예술의 근본적 차이는 전자가 철학적 예술이라면 후자는 과학적 예술이다. 철학적 예술이 상상과 꿈의 의미를 함유한다면 과학적 예술은 대부분 자연의 모방에서 온다. 철학적 예술이 정서표현이 주가 되어 '사의적 측면'으로 기운다면 과학적 예술은 자연묘사가 중심이 되어 '사실적 측면'으로 기운다."[59] 또한 예술적 흥취의 차이를 회화의

57　朱謙之, 『朱謙之文集』 第6卷, 「文化哲學」, 福州: 福建敎育出版社, 2002, 382쪽.
58　朱謙之, 앞의 책, 385쪽.
59　朱謙之, 앞의 책, 378쪽.

예를 들어 설명한다. "회화에는 본디 '내용에 주의하는 것', 그리고 '화면에 주의하는 것' 두 종류가 있다. 전자가 '마음(心)'을 중시한다면 후자는 '눈(眼)'을 중시한다. 전자의 경향은 중국화고 후자의 경향은 서양화다."[60] 이것은 중국이 '문화' 개념과 친연성을 갖는 '철학적 예술'이고 서양이 '문명' 개념에 가까운 '과학적 예술'이라는 말의 다른 표현이다. 다만 주첸즈는 진정한 세계의 새로운 예술은 '예술적 예술'의 출현을 기다려야만 한다고 생각했다. 이 '예술적 예술'의 출현은 동서양 예술의 조화세계고 그 정서와 이성, 마음과 눈이 조화·융합되는 신시대가 실현됨을 뜻한다.[61]

그건 그렇고 주첸즈에게 문화란 본질적인 차이 때문에 종교, 철학, 과학, 예술로 나타난다. 이를 지역단위론으로 치환해보면 문화의 이상향인 예술문화로 수렴되는 다원주의적 '세계문화 3원론', 즉 '종교적 문화구역 - 인도', '철학적 문화구역 - 중국', '과학적 문화구역 - 서양'으로 압축된다. 또한 이들 문화의 주기는 공통적으로 종교시기 → 철학시기 → 과학시기 → 예술시기로 이행된다는 점에서 동일하다. 그러나 진보의 정도가 다른 까닭에 단계적으로 인도는 종교→철학→과학→예술로, 중국은 철학→과학→예술로, 서양은 과학→예술로 나아가게 된다.[62] 이 도식은 인도의 종교문화, 중국의 철학문화는 이미 존재했던 문화고 서양의 과학문화는 현재의 현존하는 문화며 예술문화는 미래에 존재할 문화임을 보여준다. 문화란 본래 '생활'이어서 불변의 존재가 아니며 문화생활은 영원히 창신(創新)하고 변화하는 중에 있다. 다시 말해 문화 그 자체는 '변(變)'과 '동(動)'

---

60 朱謙之, 앞의 책, 379쪽.
61 朱謙之, 앞의 책, 379쪽 참조.
62 朱謙之, 앞의 책, 380쪽 참조.

의 표현인 까닭에 문화는 과거의 모습 외에 어느 정도의 창조와 생성
이 발생한다. 주첸즈에 따르면, "중국문화는 철학을 대표하지만 철학
문화는 발전과 진화 속에서 반드시 엄격하게 과학문화의 세례를 받
아 예술문화를 목표로 나아가야 한다. 마찬가지로 인도의 문화부흥
은 종교문화를 기초로 해서 발전과 진화 속에서 현 단계인 과학문화
의 세례를 받아야만 예술문화로 원만하게 나아갈 수 있다. 서양문화
는 이미 과학적 기초를 가진 탓에 문화의 이상향과는 본래부터 비교
적 가까운 편이다."[63]

상기한 세계문화구역의 인식체계는 중국문화구역을 재설정(재발
명)하는 데 동일논법을 구성한다. 그 핵심적 논지는 인류의 보편문명
인 예술세계에 도달하기 위해서는 선행적으로 '물질적 기초'가 필요
하다는 것이다. 주첸즈의 말을 보면 "만약 과학문화의 현 단계가 철
저히 실행되지 않는다면 이상적 예술문화, 즉 중국문화가 추구하는
새로운 문화의 경지는 결코 비장군처럼 하늘에서 갑자기 내려오지는
않을 것이다. 우리는 물론 필연세계를 싫어하지만 필연세계는 자유
세계에 도달하는 하나의 계단에 해당된다. …… 예술문화에 도달하기
전에 우리는 반드시 과학적 문화세계를 거쳐야만 한다. 확실히 과학
적 문화단계를 지켜서 막다른 곳까지 이르러야만 예술적 세계로 전
화(轉化)할 수 있다. 이것이 우리가 중국문화의 부흥을 제창하는 최대
목표다."[64] 덧붙여 그 자신이 주창하는 것은 과학문화, 곧 '실용적 지
식'이지 천쉬징(陳序經, 1903~1967)의 전반서화(全般西化)형 문화학 이
론에서 발견되는 '개인주의'가 아님을 분명히 한다. "우리들은 수학,
물리학, 화학 등의 과학이 중국의 인애(仁愛)적 인생관과 병립할 수

---

63   朱謙之, 앞의 책, 362쪽.
64   朱謙之, 앞의 책, 362쪽.

없다고는 결코 생각하지 않는다. 뿐더러 서양의 개인주의적 인생관을 근본적으로 뒤집고서 하나의 더욱 넓고 큰 인생철학의 건설을 도모해서는 안 된다고도 생각하지 않는다. '교양적 지식'과 '실용적 지식'은 분리될 수 없다. 중국의 문화부흥에는 확실히 과학의 새로운 기초가 요구되지만 과학문화를 받아들인다는 것이 이 때문에 그 원래 가졌던 위대한 문화정신을 잃어버리고서 개인주의의 길로 들어선다는 의미는 아니다."[65]

이처럼 주첸즈는 거시적으로는 전반서화가 중국문화의 유일한 활로임을 인정한다. "과거의 문화를 존중해야겠지만 과거의 문화는 오늘날 나의 창조활동을 거친 뒤라야 존재의 의미를 가진다. 따라서 모든 참된 문화는 현대적 문화, 현대에 적합한 문화다. 그렇지 않다면 과거문화로서 단지 찌꺼기이자 생명이 없는 미이라일 뿐이다."[66] 그가 판단하기에 생명성과 현재성을 지녀야만 참된 문화일 수 있었다. 진단하기를, "문화의 미이라는 자신도 오히려 보증하기 힘든 형편인데 어떻게 민족부흥의 가장 밝고 분명한 가로등 역할을 해줄 수 있겠는가?"[67] 그런 점에서 주첸즈는 무엇보다도 맹목적인 복고운동을 단호히 배척했다. "만일 문화부흥이 오직 과거의 고古문화를 재차 받아들인다거나 과거 봉건식의 문화를 회복하는 것이라고 한다면 이러한 복고운동은 문화의 파산, 민족의 멸망을 선포하는 것이나 진배없다!"[68] 또 말하기를, "중국문화의 황금시대는 과거가 아닌 미래에 달려 있다. 과거의 것은 이미 지나갔다. …… 중국문화의 부흥은 회색의 고전문화에 있는 것이

---

65 朱謙之, 앞의 책, 363쪽.

66 朱謙之, 앞의 책, 363쪽.

67 朱謙之, 『朱謙之文集』 第6卷, 「文化哲學: [附錄]南方文化之創造 一廣州市立一中講演」, 福州: 福建敎育出版社, 2002, 393쪽.

68 朱謙之, 위의 책, 393쪽.

아니라 20세기 후의 '예술문화'에 있다. …… 철학(인생철학)은 본디 중국문화의 큰 특색(근본특질)임에는 틀림없지만 과거의 수천 년 동안 누적된 철학문화가 현재에도 억압의 힘으로 전해져 영원히 저 '자왈(子曰)', '시운(詩云)' 아래에 얽매여 해방될 수 없게 만든다. 그런 까닭에 '복고'적 방법은 구훙밍(辜鴻銘, 1857~1928)의『춘추대의(春秋大義)』에서의 언론처럼 근본적으로 반대해야만 한다."[69]

　이 일련의 논변에 비추어볼 때 주첸즈가 주창한 '문화구국론'은 보편문명으로서의 상위의 예술·생명·공감문화가 상정된 전통문화의 재창조라는 논리구조에서 이탈되지 않음을 알 수 있다. 그에게 민족문화의 부흥이란 판본 상에 기록된 선진(先秦) 제자(諸子)의 문화가 아니라 중국의 문화정신을 지칭한다. 다시 말해 살아있는 문화를 창조한다는 뜻이지 죽은 문화를 그대로 좇는다는 뜻이 아니다. 현대의 중국문화는 서양문화의 침입으로 파산의 지경에 이르렀다. 그러나 현 단계에서 서양의 과학문화는 중국의 철학문화를 기사회생시키는 약과 침이다. 현대문화는 중국 고고(古古)문화의 한 부정이다. 그러나 이 부정 자체가 제2의 부정이 되어 '부정의 부정'의 변증법을 이룬다. 즉 서양문화의 침입은 중국문화를 부흥시켜 새로운 예술적 문화세계로 이행케 하는 하나의 요소(Moment)이자 과정이라는 것이다.[70] 주첸즈는 이를 '지속(Duration)'과 '지양(Aufheben)'이라는 문화의 근본현상으로 설명한다. "변증법적 법칙에 의하면 문화 그 자체도 부단한 '지양작용'을 거친다. 과학문화(문명)로부터 지양해 예술문화(문화의 본의)가 된다는 것은 종교문화로부터 지양해 철학문화가 되고, 철학문

69　朱謙之,『朱謙之文集』第6卷,「文化哲學」, 福州: 福建教育出版社, 2002, 362쪽.
70　朱謙之,『朱謙之文集』第6卷,「文化哲學: (附錄)中國文化的現階段 一培英中學講演」, 福州: 福建教育出版社, 2002, 394-395쪽 참조.

화로부터 지양해 과학문화가 됨과 같다. 물극필반(物極必反)! 문화란
영구히 지속되는 것이 아니다. 그 자체의 모순이 발생될 때 중요한
위치를 잃지 않으면서 반대물로 변하는 것이다."[71]

2) 문화구국: 남방문화운동

주첸즈는 철학문화의 '장구한 시간성'과 '광대한 공간성'을 중국의
세계단위를 결집시키는 핵심요소로 거론한다. 아울러 그것은 다른
문화권과의 차별성을 갖게 만듦은 물론 타민족의 억압이나 자체 내
구성의 소진에 의한 멸망을 막아주는 원천이라고 주장한다. 그는 모
든 문화는 공간이 근거가 된다는 '문화공간설'을 내세우며 문화공간
의 광대함은 중국 문화생명의 중요한 조건이고 중국문화는 고대로부
터 지금까지 북에서 남으로 발전해왔다고 보았다. 그리고 문화공간
상 관찰해보면 3시기로 나눌 수 있다고 했다. 중국문화사의 첫 번째
주기는 '황허유역문화기'고 두 번째 주기는 '창장유역문화기'다. 그리
고 당대 세 번째 주기의 발전은 주장유역문화기다. 주첸즈는 서술하
기를, "중국의 점유지는 가장 넓은 까닭에 끝없는 문화공간이 발전의
기초가 되어 황허 유역의 문화공간이 그 중요성을 잃을 때 창장 유역
의 문화공간이 대체해 일어난다. 또한 창장 유역의 문화공간이 사라
질 때는 곧바로 주장 유역의 문화공간이 흥기해 그것을 대신한다."[72]
그런데 이러한 문화공간의 '양'적 문제는 문화시간의 '질'적 문제와
밀접한 상관성을 갖는다. "중국의 모든 문화는 무한한 경험 속에서
얻어진 것이기 때문에 쉽게 소멸되지 않는다. 더구나 문화공간의 광

---

71 朱謙之, 『朱謙之文集』 第6卷, 「文化哲學」, 福州: 福建教育出版社, 2002, 382쪽.
72 朱謙之, 『朱謙之文集』 第7卷, 「比較文化論集: 中國文化之地理三周期」, 福州: 福建教
    育出版社, 2002, 371쪽.

대성으로 인해 문화시간이 연장되는데 이것이 양적 변화가 질적 변화에 영향을 주는 것이다. 또한 문화시간의 장구성으로 인해 문화공간의 주위에 투사작용을 발생시키는데 이것이 질적 변화가 양적 변화에 영향을 주는 것이다."[73]

여기서 주첸즈는 특별히 '중국민족과 이민족 간의 투쟁'을 각 주기 속에서 발생되는 이론적 모순현상으로 설정하고 자신의 주장을 펼쳐나간다. "중국역사는 언제나 지속적으로 순환하는 큰 프로그램에 의해 만들어진다. 큰 프로그램이란 …… 중국역사가 인력(人力)으로서의 '민족'문화사인 까닭에 이민족의 침범과 인구의 남천(南遷), 대규모의 토목공사는 중국역사상 주기적인 현상이다. 그러나 인구가 남천하든 아니면 이민족이 유입하든 간에 중국문화는 변함없이 하나의 새로운 국면을 유지해 두 번째의 문화부흥을 추구한다."[74] 주첸즈는 이렇게 중국문화가 부단히 창신되는 원인을 중국의 넓고 큰 '문화공간'에서 찾았다. 그의 논설을 따라가 보자. "박대(博大)한 문화공간은 끊임없이 문화를 생산하기 때문에 오호(五胡)가 중국을 어지럽혀 진실(晉室)이 남천한 뒤 황허 유역에는 이미 중국문화가 보이지 않았다. 그러나 창장 유역에는 오히려 새로운 모습이 나타났다. 황허 유역은 중국의 첫 번째 주기인 '종교시대'를, 창장 유역은 중국의 두 번째 주기인 '철학시대'를 각각 대표한다. 중당(中唐) 이후 중국문화는 이미 남쪽인 중원(中原), 즉 창장 유역으로 이동했다. 요(遼), 금(金), 원 이민족이 압박한 뒤에는 북방민족이 끝없이 남천해 창장 유역은 중국문화의 집결지가 되었다. 창장 유역의 문화공간이 우리 민족에게 생양(生養)과 휴식의 장소를 제공해 중국문화는 결코 재난으로 멸망하지 않았

---

73 朱謙之, 위의 책, 371쪽.
74 朱謙之, 앞의 책, 371쪽.

다. 창장 유역의 풍요로움은 북방의 쇠퇴를 보충해 두 번째 주기의 문화가 발생된 것이다."[75]

그러나 주쳰즈는 19세기 아편전쟁 이후로부터 중국문화는 창장 유역에서 주장 유역, 바꿔 말해 철학문화에서 과학문화의 시대로 이행되었다고 주장한다. 그 역사상황에 관해서 "홍콩, 광둥, 푸젠, 장시(江西), 구이저우(貴州), 윈난, 쓰촨 등 각 성의 인재들이 점점 많아졌을 뿐만 아니라, 중원의 인재 배출도 모두 남방문화의 기치 아래(三民主義문화) 귀속되어 남방문화의 세례를 받았다. 태평천국혁명, 신해혁명은 주장유역문화를 대두시켰는데 항전군과 이후 중원문화를 함락시킨 계기가 된 것은 서남(西南)문화였다. 서남문화는 신생(新生)한 힘으로 홀연 중국문화무대에 등장했다."[76]고 기술한다. 이 중국문화의 지리적 주기설은 주쳰즈가 '남방문화운동'을 제창하는 이론적 배경이었다. 그 동기를 설명하면서 "세 번째 주기의 중국문화부흥이 과학시대의 문화고 서남에서 발동된 것을 목도했기 때문이다. 물론 문화의 본질상에서 말하면 중국은 철학문화에 의해 분포된 것이지만, 문화의 발전상에서 말하면 현재는 도리어 과학시대여서 마땅히 과학문화를 제창해야 한다."[77]고 천명한다. 결국 남방문화운동의 요지는 중국문화에 물질적 기초를 부여해 그로 인해 세 번째 주기의 중국문화부흥, 곧 항전건국을 달성하는 것이다. 주쳰즈는 "항전건국은 역사상 페이수이(淝水)대전에 해당한다. 이 페이수이 싸움이 중국문화를 첫 번째 주기에서 두 번째 주기로 이동시켰다면 항전구국은 중국문화를 두 번째 주기에서 세 번째 주기로 옮겨가게 할 것이다."[78]라고

75 朱謙之, 앞의 책, 371–372쪽.
76 朱謙之, 앞의 책, 372쪽.
77 朱謙之, 앞의 책, 372쪽.

전망한다.

이와 같이 주첸즈의 '남방문화운동'은 상술한 '문화공간설'이 투영된 강렬한 중국적 현실인식 속에서 축조된 것이다. 특히 그는 9·18 사변을 목도하면서 중국정부의 무저항정책, 중국군대의 연이은 패퇴, 중국인의 무감각적 타협에 비분강개했다. 그리하여 당시의 민족전쟁을 '문화전쟁'이라 통찰하고 "중국을 구하고자 한다면 근본적으로 문화로부터 착수해야 하며, …… 민족이 부흥하지 못한 이유는 문화가 부흥되지 않은 데 있다"[79]고 선언했다. 이 '문화(구국)계획'은 쑨원의 '실업계획'에 자극받았지만 보다 근원적으로는 자신이 입론한 문화학적 진리정신에서 발로된 것이다. 주첸즈는 "문화가 한 민족활동의 목적이자 원동력을 가리킨다면 우리가 학문을 탐구하는 시대에 짊어져야 할 책임은 말할 필요도 없이 중화민족문화의 부흥을 분기시키는 데 있다"[80]고 역설한다. 여기서의 '민족문화부흥'이란 결국 중국 철학문화의 과학화로 귀결된다. 이 과학화가 '민족문화 – 남방문화'의 창조인 것이다. 주첸즈에 따르면, "중국문화의 유일한 활로는 과학을 받아들이는 것일 뿐이다. 그러나 과학문화의 유일한 희망은 오직 남방에만 존재하는 까닭에 문화의 지리적 분포로부터 '남방문화운동'을 제창하는 것이다."[81]라 했다. 그는 남방문화를 '과학적 문화', '산업적 문화', '혁명적 문화'로 인식해 당대 중국문화가 나아갈 방향으로 제시했던 것이다.

이 남방문화운동에는 미래 예술문화를 향한 중국문화의 창조적 활

78 朱謙之, 앞의 책, 372쪽.
79 朱謙之, 『朱謙之文集』第6卷, 「文化哲學: 後序」, 福州: 福建教育出版社, 2002, 389쪽.
80 朱謙之, 『朱謙之文集』第6卷, 「文化哲學: 附錄|南方文化之創造 —廣州市立一中講演」, 福州: 福建教育出版社, 2002, 393쪽.
81 朱謙之, 『朱謙之文集』第6卷, 「文化哲學」, 福州: 福建教育出版社, 2002, 363쪽.

동이 지속되려면 필히 '물질적 기초'가 요구된다는 이론적 논거가 전제된다. 그렇다면 중국문화의 현 단계를 누가 철저히 수행할 수 있겠는가? 주첸즈는 "남방의 청년들이 전적으로 이 책임을 스스로 짊어져야 한다"[82]고 명백하게 대답한다. 그 이유를 들어 "중국문화의 지리상 분포에 의거하자면 남방문화만이 '실용적 지식', 즉 과학문화의 건설사업에 혼신의 힘을 다할 수가 있기 때문이다. 환언컨대 남방문화만이 중국문화에 하나의 물질적 기초를 제공할 수 있다. 그래서 나는 지난 한때 중국 유일의 희망은 오직 남방뿐이고 남방에만 존재한다고 선언한 것이다."[83]라고 했다. 주첸즈는 현금 민족문화의 창조가 남방문화의 창조와 다르지 않다고 판단하고 "오직 과학문화만이 중화민족에게 한 가닥 삶의 희망을 줄 수 있다. 그러나 과학문화의 분포는 오직 남방뿐이고 남방에만 존재하므로 내가 남방문화의 건설운동에 뛰어들기로 결심했다."[84]고 토로한다. 그런가 하면 남방문화의 창조인 '과학문화의 길'을 제시하면서 "오늘을 기점으로 해서 모두들 과학연구에 뜻을 세우기를 바란다. 과학연구의 포부를 가진 청년만이 남방문화의 진정한 창조자가 될 수 있고 중화민족을 부흥시켜 찬란하고 영광스런 새로운 중국을 건설할 수가 있다!"[85]라고 강조한다.

주첸즈는 이 남방문화의 창조를 두 방면, 이른바 시간적 측면과 공간적 측면으로 나누어 설명한다. 첫째는 시간적 측면의 관찰이다. 문화의 진화는 역사철학상 '3단계의 법칙'에 의거한다. 그는 콩트의 3

---

82 朱謙之, 『朱謙之文集』第6卷, 「文化哲學: [附錄]中國文化的現階段 一培英中學講演」, 福州: 福建教育出版社, 2002, 397쪽.

83 朱謙之, 앞의 책, 397쪽.

84 朱謙之, 『朱謙之文集』第6卷, 「文化哲學: [附錄]南方文化運動」, 福州: 福建教育出版社, 2002, 392쪽.

85 朱謙之, 『朱謙之文集』第6卷, 「文化哲學: [附錄]南方文化之創造 一廣州市立一中講演」, 福州: 福建教育出版社, 2002, 394쪽.

단계의 법칙인 '신학', '형이상학', '실증과학'을 재차 쑨원의 인류진
화의 단계인 '알지 못하고 행하는 것(不知而行的)', '행한 다음에 아는
것(行而後知的)', '안 다음에 행하는 것(知而後行的)'과 각각 대응시켜 과
학발명 이후가 '안 다음에 행하는 시기'에 해당한다고 했다. 특히 그
착안점을 남방문화의 창조에 두어 이 시기가 콩트의 실증적 혹은 과
학적 단계이자 현재의 문화시대라고 규정한다. 다음 말에서 확인할
수 있다. "우리들 현재의 문화시대가 모든 이론기초로 삼는 것은 신
도 아니고 추상적 관념도 아니다. 그 3단계 중의 제1시기와 제2시기
는 훨씬 전에 지나갔다고 생각한다. 지금은 오직 관찰을 위주로 해야
하며 사용하는 방법은 전적으로 과학적이어야 한다. 이것이 바로 과
학적 문화의 형성인 것이다."[86] 잘 알다시피 콩트는 인류지식의 3단
계 외에도 물질적 진화상 '군사시대', '법률시대', '산업시대'라는 3단
계 법칙을 제시한 바 있다. 여기에 입각하자면 과학문화는 동시에 물
질생활 방면에서는 '산업문화'로 나타난다. 그런데 "남방문화란 지식
의 진화로 말하면 '과학적 문화'고 물질의 진화로 말하면 '산업적 문
화'인 것이다".[87]

거듭 강조컨대 현대는 산업시대로서 경제가 모든 것을 지배하는
시대다. 쑨원이 기기(機器)가 발명된 후는 번화(繁華)시대라고 한 구분
이 여기에 해당한다. 이 번화시대는 경제시대인 까닭에 참된 과학문
화가 아니면 안 된다. 이런 이유로 주쳰즈는 당시의 중국현실을 다음
과 같이 개탄한다. "눈을 돌려서 오늘날의 중국을 한번 보게 되면 물
질상 진화란 제국주의가 마련해준 생산품을 사용하므로 마치 이미

---

86   朱謙之, 앞의 책, 393쪽.
87   朱謙之, 『朱謙之文集』第6卷, 「文化哲學: (附錄)南方文化運動」, 福州: 福建敎育出版
      社, 2002, 392쪽.

번화시대로 나아간 것처럼 보인다. 그러나 지식상의 진화인즉슨 구미와 비교해보면 그 뒤떨어짐이 어느 정도까지인지 가늠하기조차 어렵다. 중국민족이 과학문화를 더 이상 창조하려들지 않는다면 이러한 모순현상 아래서 제국주의 경제적 침략은 말할 것도 없고 필시 망국의 비운을 맞이하게 될 것이다."[88] 동일한 맥락에서 제국주의가 제공한 "과학문화의 산물을 지나치게 누린 나머지 우리들 자신이 직접 과학문화를 창조해야 함을 알지 못한다. 이것은 얼마나 치욕스러운 일인가!"[89]라고 꼬집는다. 이러한 제반 문제인식 속에서 주첸즈는 "분기하라! 친애하는 광둥의 청년들이여! 물질적 가난은 오히려 가난이 아니다. 지식상의 가난이야말로 진정한 민족의 가난이다. 우리가 힘써 나라를 구하고자 한다면 무엇보다도 지식상의 가난을 먼저 구제해야만 한다. 우리들이 학문을 탐구하는 목적도 여기서 벗어나지 않는다."[90]라고 충언을 아끼지 않았다.

둘째는 공간적 측면의 관찰이다. 주첸즈는 중국문화의 지리상 분포로 볼 때 '남방'은 본래 '과학문화의 분포구'를 대표한다고 확신했다. 중국문화와 그 남북문제를 다루면서 문화의 시간·공간상 북방의 황허 유역을 종교문화, 중부의 양쯔장 유역을 철학문화, 남방의 주장 유역을 과학문화로 분류한다. 그런데 중국문화의 역사적 발전은 북방에서 발생해 중부를 지나 남방에서 진전된다. 이것은 '남방문화운동'의 이론적 배경임은 앞서 지적한 바 있다. 이 남방문화운동이 표면상으로는 중국문화의 남북문제에 관한 것이지만 실제로는 전통성

---

88 朱謙之, 『朱謙之文集』第6卷, 「文化哲學: (附錄)南方文化之創造 一廣州市立一中講演」, 福州: 福建敎育出版社, 2002, 393쪽.

89 朱謙之, 위의 책, 394쪽.

90 朱謙之, 앞의 책, 393쪽.

과 근대성에 대한 문화적 관계설정이 핵심임을 알 수 있다. 아무튼 미래세계인 예술형(감상적 지식·표현적 지식)을 제외하면 그 밖의 세 유형은 막스 셸러가 제시한 '지식의 3형식'과 유사하다. 주첸즈는 "중국문화의 지리분포만을 두고 말한다면 내 생각에는 북방의 황허 유역은 '해탈적 지식(종교)'을, 중부의 양쯔장 유역은 '교양적 지식(철학)'을 각각 대표한다. 그리고 남방의 주장 유역은 '실용적 지식(과학)'을 대표하며 과학적 문화 분포구가 여기에 해당한다."[91]라고 진술한다. 물론 그는 균형감을 잃지 않고 "공간상에서 말한다면 이 세 지식은 각각 그 특수한 문화패턴을 형성한다. 또한 그로 인해 각자 특수한 문화가치를 지녀서 각종 특수한 문화단체로 나타난다. 결국 북방이든 중부이든 관계없이 그 고유한 문화를 발휘해서 최고의 통일문화를 완성해야 한다."[92]고 부연한다.

그러나 시대적 환경과의 관계상 중국문화의 현 단계에서는 실제로 '실용적 지식'에 그 혼신의 힘을 기울여야 한다. 이 점에서 주첸즈는 북방과 중부는 '과학문화의 건설사업'에 적절치 않다고 판단했다. 말하기를, "북방문화인 '해탈적 지식'이 비록 문화의 기점이기는 하지만 너무 낡았다는 사실을 마땅히 알아야 한다! 반대로 중부인 양쯔장 유역이 분명 교육상의 인물들을 많이 길러내어 학설과 사상이 발달하고 거주민의 국가 관념이 투철하다는 사실은 인정할 수 있다. 그렇기는 하지만 이 우수한 문화는 자연 조화적중(調和適中)으로 기울기 쉽다. 정치상에서는 애써 진보를 추구하지만 극단을 꺼린다. 문화상에서도 단지 '적응'적인 환경만을 추구하고 창조적이지는 못하다."[93] 주첸즈

---

91 朱謙之, 앞의 책, 394쪽.
92 朱謙之, 앞의 책, 394쪽.
93 朱謙之, 앞의 책, 394쪽.

는 "적극적으로 창조할 수 있을 뿐만 아니라 정치상 혁명의 문화를 실현할 곳은 본래 남방뿐이고 남방에만 존재한다"[94]고 결론을 내린다. 그런가 하면 "남방의 과학문화는 현재 미성숙한 상태고, 심지어 제국 주의의 경제적 침략으로 인해 기형의 매판적 문화가 형성되었다. 매 판문화와 과학문화의 구별은 전자가 자각적이지 못한 문화라면 후자 는 자각적인 문화라는 데 있다"[95]고 지적한다. 그는 이와 관련해 광둥 청년의 분발을 촉구하면서 "지금 이미 새로운 문화창조의 필요성을 자각한 이상, 우리들은 즉각 힘써야 한다."[96]고 강변한다.

더불어 주쳰즈는 남방문화의 본질이 '민족적 무산계급문화'이자 제국주의에게는 '혁명적 문화'임을 강조한다. "문화사회학의 관점에 서 보면 중국에서 오로지 민족의 무산계급(大貧)과 반(半)무산계급(小 貧)만이 산업문화를 창조할 수 있고 과학문화를 운용할 수 있다. 그 런 까닭에 남방문화의 본질은 민족의 무산계급문화며 제국주의에 대 해서는 혁명적 문화임은 재론할 필요도 없다."[97] 그에 반해서 북방과 중부는 '혁명문화'로서는 부적절하다고 진술한다. "반강권의 전선에 서 '북방'은 절망적이고 '중부'는 타협적인 성질이 강해 민족의 저항 능력이 드러나기에는 충분치가 않다. …… 비록 남방문화가 아직 성 숙한 상태는 아니지만 미래 중국의 흥망존속에 있어 일대 관건이 아 닐 수 없다. 만약 남방에 희망이 없다면 중국 또한 희망이 없고 우리 들의 생존노력은 모두 무의미하게 된다."[98] 실제로 근현대기 중국 과

---

94 朱謙之, 앞의 책, 394쪽.
95 朱謙之, 앞의 책, 394쪽.
96 朱謙之, 앞의 책, 394쪽.
97 朱謙之, 『朱謙之文集』第6卷, 「文化哲學: (附錄)南方文化運動」, 福州: 福建敎育出版 社, 2002, 392쪽.
98 朱謙之, 위의 책, 391쪽.

학문화의 분포가 남방에만 존재했는지, 또는 그것이 혁명문화인지에 대해서는 여러 논란의 여지를 남긴다. 그럼에도 "과학성이란 객관적 실재에 합일되는 것을 말하며 혁명성이란 인간이 인간을 착취하는 잘못된 제도를 소멸시키려는 투쟁에 있다"[99]라는 측면을 감안해볼 때 주쳰즈적 통찰력을 한사코 외면할 수만은 없을 것이다. 더욱이 남방 문화의 본질을 제국주의에 대항하는 과학적·혁명적 문화로 제시하는 등의 문화구국계획은 당시 일촉즉발의 위기상황에 처한 절박한 동아시아 중국적 처방전(prescription)이라는 점에서 더욱 그렇다.

4. 끝맺는 말

현대 세계의 단위가 된 과정은 확실히 발명주의의 도장이 찍혀 있다. 소위 극동, 동남아시아, 중동, 아프리카, 라틴아메리카 등의 세계지역은 근현대사의 과정에서 구미인에 의해 발명된 지역단위들인 것이다. 지역연구에서 발명주의적 사고법은 권력주체를 정당화하는 수많은 논리를 제공해왔다. 이를테면 "식민지 획득에 분주하게 뛰어다닌 제국주의 국가든지, 또는 그러한 제국주의에 저항해 민족독립운동을 격렬하게 전개한 현지 민족주의든지, 발명주의에의 탐닉이라는 점에서는 같은 굴의 너구리였다. 발명주의는 그 정도로 근대주의적 세계관의 핵심부를 좀먹고 있었던 것이고 그것은 전략사고뿐만 아니라 학문세계에까지 영향을 미쳤던 것이다".[100] 이것이 현재 지역연구가 "정책과학인가 아니면 순수한 세계인식의 한 부분인가 하는

99 양재혁, 『동양철학, 서양철학과 어떻게 다른가』, 조합공동체 소나무, 1998, 56쪽.
100 야노 토루, 「새로운 세계관의 조건 – '발명주의'의 극복을 찾아서」, 『지역연구와 세계단위론』, 야노 토루 엮음, 부산외대 아시아지역연구소 옮김, 전예원, 1999, 329쪽.

영원히 반복될 수밖에 없는 번민이 따라다니는"[101] 이유일 것이다. 발명주의는 세계인식의 한 방법으로서 사이드가 『오리엔탈리즘』에서 논급한 자의적인 공간감각, 즉 '심상지리'와 무관하지 않다. 사이드는 "역사적 실체는 말할 필요도 없고, 지리적 실체이자 문화적 실체이기도 한 동양, 서양이라고 하는 장소, 지역적·지리적 구분은 모두 인간이 만든 것"[102]이라고 주장한다. 무엇보다도 서양의 동양인식을 특정해서 "동양은 이제 하나의 신화라고 하기보다도 서양의, 특히 미국의 이해관계가 교차하는 지역이 되어왔다"[103]고 지적한다. 이러한 발상은 세계단위론자들이 "근대사상의 일면에서 어떤 종류의 '타인'을 자의적·인위적으로 '발명'하는 기호가 포함되어 있다"[104]고 비판한 문제의식과 궤적을 같이한다.

이로 보건대 '발명의 극복'은 향후 지역연구가 해결해야 할 중요한 과제가 아닐 수 없다. 본고는 '강한 공간'의 근현대사적 세계인식(지역관)의 자의성, 편의성을 엄하게 추궁하고 이를 교정하기 위해 기획된 것이다. 지역학 영역상 기존의 지역, 국가 등의 근대주의적 발명체를 부정하고 역사적·공간적 현실체로서의 '세계단위'를 의제화하려는 연구경향은 이를 반영한다. 특히 지역이 개념학상 인지개념이라는 점에서 이 세계단위론의 '재발명주의'는 하나의 지역단위를 지역주민 자신들의 언명으로 새로 그리려고 하는 주체성의 표현이자 그 목표는 독자적 정체성으로 맺어진 통일된 의미공간으로 재창안하

101 야노 토루, 「지역연구란 무엇인가?」, 『지역연구의 역사와 이론』, 김경일 편저, 문화과학사, 1998, 51쪽.
102 에드워드 사이드, 『오리엔탈리즘』, 박홍규 옮김, 교보문고, 2015, 21쪽.
103 에드워드 사이드, 위의 책, 59쪽.
104 야노 토루, 「지역연구란 무엇인가?」, 『지역연구의 역사와 이론』, 김경일 편저, 문화과학사, 1998, 58쪽.

는 데 있다.[105] 주첸즈의 문화학적 지역구상은 이와 같은 재발명주의
적 정론(正論)의 한복판에 위치한다. 물론 보편적 동아시아성 영역인
'중화'를 근대 국가(민족)주의적 중화민족이라는 틀 속에 귀속시켜
"중국은 역사가 가장 장구하고 점유지가 가장 넓으며 인구도 최다인
독립국가다"[106]라는 식의 논법은 분명 한계로 지적될 수 있다. 또한
그 논지전개가 문화구국으로서의 일정부분 감정적인 성격을 띤다는
점도 부인할 수 없다.[107] 그럼에도 '중국문화공간설 – 남방문화운동'
은 제국주의시기 구미 열강과 군국 일제의 식민주의적 세계분할론을
정면으로 반박하면서 출현한 인류보편의 공감(예술)문화가 동반된
'탈오리엔탈리즘적 저항담론'임을 기억해야 한다. 동시에 그것이 세
계의 단위성을 비교적 올바르게 파악하고 중화세계의 성립과 발전을
'공간(지역단위)'과 '시간(역사)' 인식상에서 보다 도덕적이고 지성적으
로 해명하고자 하는 격상된 '재발명체'라는 사실도 함께 평가되어야
할 것이다.

---

105 야노 토루, 「새로운 세계관의 조건 – '발명주의'의 극복을 찾아서」, 『지역연구와
세계단위론』, 야노 토루 엮음, 부산외대 아시아지역연구소 옮김, 전예원, 1999, 335쪽
참조.

106 朱謙之, 『朱謙之文集』第7卷, 「比較文化論集: 中國文化之地理三周期」, 福州: 福建教
育出版社, 2002, 371쪽.

107 주첸즈의 문화구국노선이 다소 감정에 호소하는 면이 있었지만 시종 날카로운 관찰
과 독창적인 견해를 유지했다. 이 때문에 당시 제안된 수많은 문화구국과 과학구국의
방안을 통틀어 가히 독보적이라는 평가를 받는다. 특히 문화의 지리분포와 남방문화
특질에 대한 구체적인 논증은 천쉬징 등을 자극해 보다 심도 있는 연구가 이루어지도
록 이끌었다. 더욱이 예로부터 남중국은 돌림병이 창궐한 지역이자 오랑캐(蠻夷)들
의 근거지로 인식되어왔다. 아울러 문화를 언급할 때도 오래도록 멸시의 대상이었다.
그런 면에서 주첸즈가 근대 '남방(광둥)문화'를 자각케 한 선구자 중의 한 사람이라는
사실은 특기할 만하다. 黃有東, 「朱謙之與"南方文化運動"」, 『現代哲學』, 2007, 70,
74쪽 참조.

20세기 초 한국인의 동아시아 살림공동체 인식

― 안중근 동양평화론의 문명사적 고찰

원재연

1. 안중근 동양평화론을 통한 동아시아 근대 문명사의 고찰

중세 동아시아 국가들의 국제질서와 세계관을 규정하는 용어로는 '화이체제(華夷體制)', '조공책봉질서(朝貢冊封秩序)' 등이 있다. 이는 지리적, 문화적으로 세계의 중심에 있다고 믿는 '중화민족(中華民族, 漢族)'이 중심이 되고, 동아시아의 다른 나라들이 중심인 중국(中國, China)을 떠받드는 주변부의 정치적, 문화적 종속국가로서 삶을 영위해온 국제질서를 말한다. 이때 중국은 자타가 공인하는 선진 문화의 종주국, 즉 중화(中華)의 중심국가로서 정신적 제도와 문화의 수준뿐만 아니라 물질적 기술적 문명(文明)의 수준도 상당한 정도로 앞서가고 있었으므로, 다른 주변 국가들의 모범이 되어 중국의 문물(文物)을 배워서 닮아가기를 힘쓰는 스승적 지도자의 위치에 있었다. 그리고 조선, 일본, 베트남, 몽골 등 동아시아의 다른 국가는 중국으로부터 전래 된 선진 문물(先進文物)을 수용하여 각자 자기 것으로 소화하여 나름의 발전을 도모하여왔다. 그러나 중국 중심의 전통적 동아시아 국제질서는 지리상의 발견과 산업혁명으로 대표되는 서구(西歐, 유럽)의 이질적 문물(異質的文物)이 동아시아로 밀려들면서, 세계적인 인간 삶의 방식과 국제사회 질서를 새롭게 주도하기 시작한 이른바 '서세

동점(西勢東漸)'의 시기에 전통적 중화 문화의 지도적 위치는 흔들렸
고 동아시아 국가들은 혼란에 빠져들어, 새롭게 형성되는 국제질서
에 저항하면서도 일정한 정도로 수용하고 적응해 갈 수밖에 없었다.
20세기 초반에 제시된 안중근(安重根, 1879~1910)의 동양평화론(東洋平
和論)은 서세동점이 노골적 군사적 침략의 형태로 진행된 19세기 중
후반부터 서서히 자위적(自衛的) 차원에서 동아시아 국가들에서 논의
되어 오던 연대론(連帶論) 또는 제휴론(提携論)의 한 형태라고 말할 수
있다.[1] 그러나 이러한 국제적 연대 또는 제휴론에는 몇 가지 부류가
있었다. 국가와 논객의 속성에 따라, 이웃 나라에 대한 침략(합병)을
정당화하려는 일본 제국주의자들과, 이에 투항하는 친일파의 논의가
있었던 반면에, 이러한 침략에 저항하는 반제국주의적 논의 또는 민
족주의를 중심으로 제국주의를 회개, 성찰케 함으로써 평화적 지역
주의, 내지는 세계적 지역주의로 나아가려는 안중근 등의 논의가 혼
재되어 있었던 것이다.[2]

---

1 안중근의 '동양평화론'을 당시의 문명개화론자들이 제기한 '동아시아 삼국공영론(三
   國共榮論)'과 '삼국제휴론(三國提携論)' 등에서 영향을 받았을 것이라고 보고 그 관계
   를 규명한 연구들이 있다. 김도형, 「대한제국기 계몽주의 계열 지식층의 '삼국제휴론,
   인종적 제휴론을 중심으로」, 『한국근대사연구』 2000년 여름호 제13집, 7-33쪽.;
   김신재, 「〈독립신문〉에 나타난 '三國共榮論'의 성격」, 『경주사학』 제9집, 113-138쪽.
   발표자는 이를 노명환, 「유럽통합 사상과 역사에 비추어 본 안중근 동양평화론의
   세계사적 의의」, 『안중근과 동양평화론』(안중근의거 100주년기념 연구논문집4, 안
   중근의사기념사업회 편, 채륜, 2010.9.), 24-25쪽에서 재인용함.
2 노명환의 위 책 25쪽.; 이에 의하면 강동국은 20세기 초반 동아시아 국가들의 지역관
   계 인식을 3가지로 분류하였다. 첫째, 일본이 제기했던 제국주의와 지역주의를 결합
   하여 이웃나라 침략을 정당화하려는 논의, 둘째 중국과 한국에서 제기되었던 반제국
   주의적 민족주의, 또는 제국주의와 결합된 지역주의에 대한 투항적 지역주의, 셋째
   안중근이 개진한 민족주의와 결합된 지역주의로서 제국주의와 결합된 지역주의를
   교정하려는 논의 등이었다. 이중에서 서번째 지역주의는 발표자가 의미하는 안중근
   의 동양평화론의 속성에 부합하는 논의라고 할 수 있다.; 일제침략기 한국인의 동양
   평화론에는 안중근 외에도 유인석 의병장이 주창한 논의가 있다. 유인석의 동양평화
   론은 위정척사(衛正斥邪)에 입각하여 전제군주제를 지지하며 중국 중심의 동아시아

발표자는 안중근이 1910년에 제기한 '동양평화론'이야말로 당시 동아시아가 불필요한 전쟁을 삼가고 진정한 평화주의에 기초하여 자국과 이웃국가의 공존공영(共存共榮)을 도모하는 참된 동아시아 평화공동체(平和共同體), 상생공동체(相生共同體)를 구상하려는 논의라고 생각한다. 즉 안중근이 제기한 동양평화론은 평화와 상생을 담보하는 평화로운 방법으로 정치, 경제, 사회, 문화적으로 서로 살려주고 챙겨주고 돌보아주고 이끌어주면서 공동체 구성원 모두의 발전을 추구하는 공동체인 '살림공동체'[3] 구상으로 새롭게 구체화 된다. 안중근은 20세기 초 당시 동아시아에서 가장 먼저 서구의 문명을 수용하여 서구적 근대화의 길에 앞장선 일본이 서구의 제국주의를 잘못 모방하여 한국과 중국 등 이웃나라를 군사적으로 침략하여 속국으로 삼으려고 하면서 그 명분으로 삼았던 일본제국주의식 동양평화론의 허구와 오류를 지적하고[4] 도덕적으로 올바르고 평화로운 방법으로 동아시아 국가들의 연대를 이끌어내고자 일본을 설득하고 그들의 제국주의적 오류를 지적하는 데 온 힘을 다 바쳤던 것이다. 이러한 안

연대론으로서 중화문명(中華文明)을 수호하려 했다는 특징이 있다. 현광호, 「안중근의 한중일 인식」, 『안중근과 동양평화론』(안중근의거 100주년기념 연구논문집4), 안중근의사기념사업회 편, 채륜, 2010.9., 89쪽.

3 이와 관련해서는 발표자가 재직 중인 인천대학교 인천학연구원 인문사회연구소지원사업단에서 순차적으로 편찬해내고 있는 연구총서를 통하여 구체적인 이론과 적용사례 및 활용방안 등을 계속 추적하여 정립해 나가고 있는 중이다. 정성훈·원재연·남승균, 『협동과 포용의 살림공동체 : 이론, 역사, 인천사례』, 인천학연구총서43, 보고사, 2019.2.; 신진식·정성훈·김용휘·이경란, 『살림과 돌봄의 공동체, 사상과 실천』, 도시공동체연구총서1, 보고사, 2021.6.; 원재연·남승균·한상욱·권창식·강인규·이재열, 『노동, 환경, 서민금융을 통한 살림공동체 : 인천 가톨릭 사회운동의 현실과 전망』, 도시공동체연구총서2, 보고사, 2021.8. 등.

4 이에 대해서는 서용, 「안중근 동양평화론의 역사적 의의」, 『안중근과 동양평화론』(안중근의거 100주년기념 연구논문집4, 안중근의사기념사업회 편, 채륜, 2010.9.), 69쪽(러일선전포고와 한일의정서 등의 기만적 구호를 비판함) 참고.

중근의 견해를 이론적으로 구체화한 것이 바로 그의 동양평화론이었
고, 그 동양평화론이 추구한 동아시아 공동체의 이상향이 바로 '살림
공동체'에 해당한다고 할 수 있다. 본고는 이러한 논리를 바탕으로
안중근 동양평화론의 경험적 바탕이 되었던 그의 삶의 궤적을 살펴
보되, 그가 추진했던 애국애민(愛國愛民) 활동의 다양한 면모를 통해
서 살펴보고, 그러한 활동에서 형성된 공동체 사상과 세계관의 성장
발전과정을 분석해보았다. 또한 이러한 작업을 통하여 안중근 동양
평화론에 함축된 살림공동체 인식의 현재적 의미를 나름대로 분석하
여 제시해보았다.

2. 안중근의 사상과 공동체 인식

1) 안중근에 대한 기존 연구성과 검토

지금까지 안중근의 사상과 활동에 대해서 다수의 연구자가 안중근
의 가톨릭 신앙과 관련지어 파악해왔다.[5] 장석흥은 안중근 구국운동
의 특징으로서 언제나 정의(正義)와 인도(人道)에 바탕을 둔 점을 지적
하면서, 안중근은 "제국주의 침략을 배척해도 일본인을 미워하지 않
음으로써 자유와 정의를 향한 높은 정신세계에서 구국운동을 전개하
였고 이러한 기초 위에서 동양평화론을 구상했다."고 평가했다.[6] 정

---

5 주요한 연구성과들은 다음과 같다. 신운용, 『안중근과 한국근대사2』, 안중근 평화연
　구원 편, 채륜, 2013.3.26.; 조광, 「안중근의 애국계몽운동과 독립전쟁」, 『교회사연
　구』 제9집, 한국교회사연구소, 1994.; 같은 책에 실린 노길명, 「안중근의 가톨릭
　신앙」.; 장석흥, 「안중근의 대일본 인식과 하얼빈 의거」, 『교회사연구』 제16집, 한국
　교회사연구소, 2001.; 같은 책에 실린 정인상, 「안중근의 신앙과 윤리」.; 같은 책에
　실린 변기찬, 「안중근의 신앙과 현양에 대한 비교사적 검토」.
6 장석흥, 앞의 글(2001).

인상은 안중근에게 있어서 종교활동은 그 자체가 민족운동의 하나였
으며, 민족운동 또한 가톨릭 신자로서의 신앙에 그 뿌리를 두고 있었
는데, 서유럽 중심주의 내지 서유럽 문화 우월주의적이지도, 국수주
의적이지 않고, 민족주체 의식에 바탕을 둔 보편주의 세계관을 지향
했다고 평가했다.[7] 변기찬은 공동선(共同善)에 위배된 공권력은 압제
로 변질되는데, 이 "압제에 맞서 난폭하고 무자비한 행위를 포기하고
인간의 권리를 옹호하기 위해서 가장 약한 사람들이 취하는 방어수
단을 택하는 사람들은 복음의 사랑을 증언하는 것이다"라는 『가톨릭
교회교리서』(1903항, 2306항)를 인용하면서 안중근의 의거를 프랑스
의 성인 잔다르크(Jeanne d'Arc)의 활동이나 라틴아메리카의 독립전
쟁 등과 비교할만한 탁월한 신앙심과 애국심의 발로라고 보았다.[8] 신
운용은 스스로 '안중근의 사상을 천주교와 관련지어 본격적으로 기
술한 연구자'라고 자부하고 1993년의 석사논문과 2005년의 발표논
문을 통해서 안중근을 천주교 토착화의 전범(典範)으로 보았으며, 안
중근 의거의 사상적 배경을 천명론(天命論)에서 찾았다. 그는 안중근
이 종교인으로서 자신에게 주어진 '천명'이 바로 '한국의 독립'과 '동
양평화'임을 깨닫게 되었고, 그 천명을 실천한 결과가 바로 이토 히
로부미를 처단한 것이었다고 강조했다.[9] 발표자는 안중근이 그가 하
늘로부터 부여받은 소명을 대한독립과 동양평화로 인식했다고 하는
주장에 동의하면서, 동시에 안중근은 문명개화론의 영향을 받았으나
서구문물을 무비판적으로 수용한 것이 아니라, 주체적으로 수용한

7 정인상, 앞의 글(2001).
8 변기찬, 앞의 글(2001).
9 신운용, 앞의 책, 27~71쪽(안중근 연구의 현황과 쟁점) : 이에 대한 비판적 견해로서
    김수태, 「안중근의 독립운동과 신문」, 『진단학보』 제119호, 진학학회, 2013.12.

바탕 위에서 유교로 대표되는 동양의 문화와 그리스도교로 대표되는
서구의 문화를 조화 융합한 애국·애민사상가요 인류애에 바탕을 둔
인권운동가였다고 평가한다. 따라서 발표자는 서구문물을 주체적으
로 수용하여 이를 국가 민족의 발전을 위한 유익한 기초로 삼았던 안
중근의 문명개화론의 특성에 주목해야 한다고 본다. 본고에서 논의
할 동양평화론과 동아시아 살림공동체의 이론적 토대가 서구문물의
주체적 수용을 바탕으로 한 문명개화론 내지 동서문화의 융합론에
그 기초를 두고 있기 때문이다.

2) 지역 소공동체에서 민족 대공동체로

여기서는 안중근이 전개한 인권활동의 신앙적, 사상적 배경이 된
'공동체의식(共同體意識)'의 발전과정과 이에 따른 '인권의식(人權意識)'
의 성장에 대해서 살펴보고자 한다. 안중근의 인권의식은 그가 1897년
가톨릭 세례를 받은 이후 일상의 삶 속에서 실천되어갔다. 그리하여
입교한 후 교회공동체 내에서의 다양한 활동과 체험을 통해서 인권의식
의 폭이 확대되고 그 내용도 점차 변화되어 간 측면이 드러난다.[10]

가톨릭 입교와 소지역적 영웅주의적 공동체관

안중근이 천주교에 입교하게 된 것은 그 부친 안태훈이 갑신개화
당으로서 자신의 정치적 입지를 확보하고 가문의 생존권을 해결하기
위한 '양대인자세적'(洋大人藉勢的, 서양인의 세력에 의존하는) 경향이 분

---

10 안중근의 독립운동과 애국활동을 민권(民權)의 관점에서 분석한 연구성과들이 있다.
노길명과 조 광의 논문들(1994), 윤선자, 「안중근 의사의 천주교 신앙과 애국계몽운
동」, 『안중근의 義烈과 동양평화론』(안중근의사의거 89주년 학술심포지엄, 안중근
의사숭모회, 1998.), 신운용(2009.3.) 등이다. 그러나 이들 논문은 안중근의 '공동체
의식'의 변화에 따른 '인권의식의 변화'에 대해서는 주안점을 두지 않았다.

명하게 드러나 있음을 부인할 수 없다.[11] 따라서 부친의 절대적 영향력 안에서 가문 전체가 집단 개종한 상황 속에 매여 있던 안중근은 초창기 교회 활동이 전교담당 지역을 넘어서지 못했다. 안중근은 황해도 신천(信川)의 청계동을 비롯한 이웃 고을 해주(海州), 옹진(甕津) 등지의 천주교 신자들의 어려운 사정을 해결해주고자 총대가 되어 나섰다. 당시 그의 활동 범위는 지역, 향촌, 동일 종교집단 등 매우 제한되고 배타적인 범위에 한정되었으나, 나름대로 인권의식을 심화해갔다.[12] 안중근은 1897년 1월부터 1903년 11월까지 그가 순방하는 지역 내의 천주교 신자들과 관련된 억울한 일들을 해결해주고 지역민의 인권을 보호하기 위해 몇 가지 활동을 펼쳤다. 안중근은 거의 적수공권으로 전 참판 김중환을 찾아가서 옹진군민에게서 꾸어간 5,000냥을 갚으라고 채근했고, 해주부 지방대(地方隊) 위관(尉官) 한원교(韓元校)가 이경주를 위계로 고발하여 수감한 사건에 대해 이의를 제기하고 석방시키기 위해 노력했다. 이와 같은 활동에 있어서 안중근의 취지는 좋았다. 그러나 당시 안중근의 활동은 소영웅주의(小英雄主義)에 입각한 해결사(解決士)와 같았다. 그의 활동은 상대 집단과 무력으로 충돌할 위험성이 컸고, 실제로 활동의 효과도 미미했던 패배의 경험을 초래했다.[13]

애국계몽, 의병, 의열 활동 등과 민족공동체 인식의 심화

안중근은 1904년 황해도 신천을 떠났고, 1905년 중국 상해로 갔

---

11 이에 대해서 노길명 앞 논문(1994).

12 원재연, 「안중근의 선교활동과 황해도 천주교회」, 『안중근 연구의 성과와 과제』, 안중근기념사업회 편, 2010.9., 307-348쪽 참고.

13 원재연 앞의 책(2010.9.), 328-323쪽.

다. 1906년 진남포로 옮겨가서 애국계몽운동의 하나인 교육계몽운동
에 주력했다. 이때 안중근은 외국인 선교사의 세력을 배경으로 전개
한 선교활동을 완전히 중단했다. 동시에 지역 신자들을 대상으로 한
권익 옹호 운동도 마감했다. 애국계몽 활동 당시 안중근의 관심은 전
국민을 대상으로 국민의 계몽을 통해서 민족의 주권을 수호하려는
운동으로 향했다.[14] 1904년 7월부터 1907년 8월까지 약 3년간 안중
근이 관심을 가졌던 인권운동의 대상은 전 대한국민이었는데, 구체
적인 활동은 보안회를 방문하여 하야시 처단을 건의한 1904년 의열
투쟁 시도부터 전개되었다. 안중근은 1906년 3월부터 진남포의 초등
학교인 삼흥학교(三興學校) 재건과 영어학교이자 중등학교에 해당되
는 돈의학교(敦義學校)의 재정을 조달하여 인재를 양성하는 데 매진했
다. 또 1907년 3월부터는 미곡상, 석탄판매회사 운영 등을 통하여 민
족운동의 자금을 마련하려는 식산흥업(殖産興業)에도 참여했으나 일
제가 여러모로 방해하여 결국 실패했다.

　안중근은 1907년 8월 러시아령 블라디보스톡[海蔘威]로 망명하여 국
내에서의 모든 활동을 완전히 정리하고, 국외에서의 교육계몽 활동과
본격적인 의병항쟁에 참여했다. 1908년 6~8월경 안중근은 수백명의
의병부대를 지휘하여 함경북도 경흥군 상리에 주둔 중이던 일본군 수
비대를 급습하여 일본군 2명을 사살하고 다수에게 부상을 입히는 등
일정한 전과를 올렸다.[15] 그러나 생포한 일본군 포로를 석방하면서

14　신운용은 이와 관련하여, 안중근의 활동이 천주교인들의 문제해결에 진력하던 사적
　　영역에서 민족문제의 구체적 해결방안을 강구하는 공적 영역으로 전환되었고, 의열
　　투쟁의 방안이 1904년 하야시와 부일세력 처단 계획에서 비롯되었고 나중에 하얼빈
　　의거도 그 연장 선상에서 이루어진 것이라고 자리매김했다. 또 안중근의 해외 이주와
　　무력투쟁 노선도 이 무렵부터 고민하기 시작한 것으로 보인다고 했다. 신운용 앞의
　　글(2013.3.), 392-393쪽.
15　조광, 앞의 글(1994), 65-93쪽.

부대 위치가 노출되어 안중근의 부대원이 궤멸당하는 심각한 패전을 경험했다. 그러나 동시에 안중근은 의병항쟁을 통하여 만국공법(萬國公法)의 보잘것없는 실체와 그 허구성에 대한 인식을 심화하고, 민족의 한계를 초월한 동양사람 내지 전 세계인류의 구원(救援)을 그 대상으로 하는 폭넓은 인권사상의 틀을 갖추었다. 동시에 의병 전쟁에 대한 목적의식이 명확해지며, 다수의 무죄한 인명에 대한 살상을 초래하는 의병 전쟁의 한계성에 대해 고민하였다. 그리하여 대내외 홍보의 측면에서 보다 효과적이고, 인명을 덜 해치는 항일투쟁의 방법으로 '의열투쟁'의 길로 접어들게 되었다. 1909년 10월 하얼빈에서 이토오를 포살한 것은 바로 이같은 안중근의 민족운동 방침의 변화와 이에 상응하는 인권의식의 확대를 반영한 것으로 해석된다.

안중근의 근대적 인권의식 성장과 국권회복 운동의 전개

안중근의 평소 신심과 덕행은 그가 공적으로 행한 사건들을 통해서 인권사상의 실천으로 드러났다. 이글에서는 "개인의 자유 및 기본적 권리를 보호하는데 주안점을 두는 시민적, 정치적 권리"로 규정되는 제1세대 인권 개념뿐만 아니라, '경제, 사회, 문화적 권리' 등 국가권력의 적극적 개입만이 효율적인 인권을 보장하는 제2세대 인권 개념, 개발의 권리(right to development), 평화를 추구할 권리(right to peace), 환경에 대한 권리(right to a safe environment) 등 국제사회와의 협력과 연대에 호소하는 제3세대 인권 개념까지도 망라하는 폭넓은 인권 개념을 사용하여[16] 안중근이 행한 제반 애국활동 즉 애국계몽운동과 항일의병 투쟁의 과정에서 보여준 인권 활동의 사례와 인

---

16 이상에서 언급한 인권 개념에 대해서는 원재연, 「황사영 백서의 인권론적 고찰」, 『법사학연구』 제25호(한국법사학회, 2002.4.) 참고.

권의식의 성장과정을 제시해보고자 한다.

안중근은 1904~5년의 성찰과 모색기를 거쳐 1906년 진남포의 삼흥학교와 돈의학교 등을 운영하는 데에 사재를 바쳤다. 이러한 교육계몽운동은 비록 진남포라는 작은 항구도시에서 실시되었으나, 당시 한국인 전체를 대상으로 교육을 받을 권리를 실현시켜 주기 위한 제2세대 인권 개념에 입각한 인권 활동의 하나로 간주할 수 있을 것이다. 한편 1907년 3월경부터 실시한 미곡상과 석탄회사 운영은 민족운동 자금을 마련하기 위한 식산흥업운동의 성격을 띠고 있으므로, 제2세대 인권 개념에 입각한 당시 대한국민 모두를 대상으로 한 생존권적 권리를 적극적으로 실천해간 인권 활동의 하나로 평가할 수 있다. 한편 1908년 이후 간도와 연해주를 거점으로 삼아 국내에 진격하여 일본군 수비대에 타격을 가한 의병항쟁과 그 의병항쟁의 연속선 상에서 추진된 1909년 10월의 하얼빈 의열 투쟁에서는 포로의 생명을 보호하고 국가간의 협력과 연대에 기반한 만국공법의 원칙을 수호하려는 의지 등을 피력했다는 점에서 제1세대와 3세대 인권 개념에 입각한 인권 활동으로 생각해볼 수 있다. 1908년 6월 안중근은 일본군과의 의병전투에서 살려달라고 간청하는 일본군 포로들을 석방하면서, 동료 의병들과 다음과 같은 치열한 인권논쟁을 벌였다.

▷ "왜 포로로 잡은 적들을 놓아 줍니까?"
▶ "지금의 만국공법에서 포로로 잡은 적병을 죽이라는 법은 없습니다."

▷ "저 왜적들은 우리 의병들을 잡으면 남김없이 가혹하게 죽입니다. 또 우리 의병도 적을 죽일 목적으로 이곳까지 와서 악전고투하며 왜놈 군인들을 애써 잡았는데 그 놈들을 그냥 다 놓아 보내준다면 우리는 무엇 때문에 이곳에 온 것입니까?"

▶ "그렇게 생각하지 마시오. 왜적들이 살벌한 폭행을 일삼는 것은 하늘과 인간이 다 함께 분노하는 흉악한 짓인데, 이제 우리 의병들마저 저 왜적처럼 야만의 폭행을 저지를 수가 있겠는가? 또 우리 의병들이 어찌 일본의 죄없는 4천만 백성을 모두 다 죽인 뒤에야 우리 대한의 국권을 회복할 수 있겠는가? …… 정의로운 응징으로서 이토 히로부미의 포악하고 간교한 정치책동을 비판하며 전 세계에 널리 알려서 세계 열강의 인정을 얻어야만 우리의 국권을 회복할 수 있을 것입니다."

안중근이 회고하여 쓴 『안응칠역사』에 기록된 이러한 대화를 통해서 안중근은 그가 추진한 의병 항쟁의 목표가 일제에 빼앗긴 대한제국 주권을 국제여론의 환기를 통해 회복하려는 주권회복에 있음을 분명히 하였다. 동시에 안중근은 야만적이고 무자비한 살상행위를 가능한 삼가고, 도덕적이고 정당한 '만국공법'을 준수하면서 의로운 전쟁을 수행함으로써, 의병 전쟁의 국제적 도덕적 정당성을 확보하자고 외쳤다. 의병 동료들의 강한 반대에도 불구하고, 생명존중의 차원에서 일본 포로들을 석방해준 일에 대해, 우리는 안중근의 고지식함과 이에 따른 패전의 책임에 대한 전술적 오류를 지적할 수는 있다. 그럼에도 불구하고 안중근은 의병 전쟁을 통해 '인권존중'의 정신을 실천에 옮겼다는 점에서 대한독립을 위한 의병 전쟁의 윤리도덕적 정당성을 보여줄 수 있었고, 이를 통해서 한국의 주권회복에 대한 국제 여론의 긍정적 환기를 유도할 수 있었다고 생각한다.

안중근은 1908년 백두산 부근에서의 의병 투쟁에서 일본에 완전히 패한 이후, 죄 없는 무수한 인명의 죽음을 초래하는 의병 전쟁의 피해가 심각하고, 그 효과도 미미하다는 것에 대한 성찰을 통해서, 의열 투쟁으로 그 투쟁의 형태를 변경했다. 1909년 3월 러시아 연해주 카리에서의 단지동맹은 이같은 의열 투쟁을 다짐한 것으로 인권론적 관점에서 볼 때, 무고한 다수 인명의 희생을 예방함으로써, 의병 투쟁보다 인권존중의 정신에 더 근접하는 훌륭한 국권회복운동 내지 인권투쟁의 전략 변화였다고 평가된다. 안중근이 1909년 10월 하얼빈에서 추진한 의열 투쟁에서 한국 침략의 원흉 이토오와 그 일행을 향해 백발백중의 총격을 가하던 때 잠시나마 순간적인 혼란에 빠졌다고 한다.

> '저 놈이 아마도 도적의 늙은 괴수 이토오 히로부미일 것이다.' 곧 단총을 뽑아 이토오의 우측 신체를 겨누고 4발을 재빨리 쏘았다. 그러나 갑자기 의아심이 생겼다. 내가 한번도 본적이 없는 이토의 모습을 모르고 있는데, 만일 짐작만으로 내가 잘못 쏜다면 거사가 낭패가 될 수 있을 것이다. …… 그리고 만일 죄 없는 사람을 잘못 쏘았다면 나의 이 일은 반드시 불미스럽게 될 것 아닌가? 잠깐 정지하고 머뭇거리다가 러시아 헌병에게 붙잡혔다.

자서전에 나오는 안중근의 이같은 기록은 실제로 그의 권총에 장전한 7발의 총알 중에서 1발을 그냥 남겨둔 채 러시아 헌병에게 체포됨으로써 인권에 바탕을 둔 그의 치열한 고민이 실재하였음을 입증해준다. 안중근은 생사의 갈림길에 놓였던 소수의 일본 정객들을 대상으로 했던 의열 투쟁에서도 그의 인권사상을 실천에 옮겼던 것이다. 안중근 의사가 수행했던 하얼빈 의거의 정당성은 이처럼 그의 높은 인권의식, 즉 생명존중 의식에서 찾아볼 수 있다고 생각된다. 비록 당대에는 발표자와 같은 평가를 한 이가 없었다고 하더라도 안중근의 의거가 그의 사후 약 120년간 역사책의 한 페이지를 계속해서 장식하는 장구한 세월 동안 안중근의 이같이 의롭고 신중한 행위는 그의 의거에 도덕적 정당성을 부여해주는 동시에 그의 의거가 인권운동의 실천적 결과물이었다고 해석할 여지를 남겨준다. 하얼빈 의거가 끝난 이후 여순 옥중에서 안중근이 동양평화론을 작성하게 된 것도 결국 그가 수행한 의열투쟁과 마찬가지로 인권투쟁의 측면에서 해석하는 것이 자연스럽다. 그는 의병항쟁과 의열투쟁을 통해서 국가와 민족 간의 생존경쟁을 거치면서 희생당하는 자국과 타국 국민들의 비참한 인권 실상을 체험하게 되었고, 그래서 인명의 피해를 최소한으로 줄이면서, 적대국 국민들끼리도 용서와 화해의 정신으로 협력해나갈 수 있는 가능성을 찾고자 노력했던 것이다. 이러한 노력은 동양평화와 나아가 세계평화를 이룰 수 있을 것이란 도덕적 신념이 충만했고, 이를 자신이 믿는 하느님이 적극 지원하고 인도해주실 것이라고 생각했던 것이다. 안중근의 동양평화론은 이같은 배경을 바탕으로 저술되었던 것이다. 안중근이 작성한 미완의 동양평화론은 안중근의 인권사상이 그의 천주교 신앙 안에서 구체화 되는 한편, 일상적인 생활 속에서 실천된 용서와 겸손의 덕행[17]이 계몽운동, 의병항쟁, 의열투쟁 등 일련의 국권 회복 운동에도 자연스럽게 반영된 역사적 경험을 통해서 작성된 것이라고도 할 수 있다.

3. 동양평화론과 살림공동체

1) 동양평화론의 공동체적 분석

안중근이 작성한 동양평화론은 그가 남긴 '동양평화론 목록'에 의하면, 앞부분의 서문[序] 외에 전감(前鑑), 현상(現狀), 복선(伏線), 문답

---

17 원재연, 「안중근의 인권사상과 공동체의식」, 『교회사연구』 제46호(한국교회사연구소, 2015.6.) 참고.

(間答) 등 모두 5부분으로 구성되어 있다. 그러나 그가 서문에 이어 전감을 쓴 무렵에 사형이 집행됨으로써 원고 작성은 강제로 중단되고 미완의 원고만 남게 되었다. 그런데 그가 미처 쓰지 못한 뒷부분의 구체적인 내용은 통역이 남긴 기록인 「청취서(聽取書)」를 통하여 추정할 수 있게 되었다. 안중근은 자신의 동양평화론을 작성하기 전에 그의 구상과 동양평화의 취지에 대해 여순의 일제 고등법원장 히라이시와 가진 면담을 통하여 밝히면서 원고 작성에 필요한 시간을 보장 받으려고 했다.[18] 이 면담의 내용은 통역이 정리하여 「청취서(聽取書)」라는 제목으로 남겼다. 그래서 오늘날의 연구자들은 안중근 동양평화론의 전체 내용을 대략적으로 파악할 수 있게 되었다.[19] 안중근의 하얼빈 의거는 동양평화를 파괴한 이토오를 하얼빈 역두에서 의병의 참모중장으로 사살한 직후에 그 자신은 도주하지 않고 현장에서 러시아 헌병대를 거쳐 일제의 재판에 넘겨지고 여순 감옥에 수감된 후에 전개한 공판투쟁을 통하여 그 목적과 효과가 분명하게 드러났다.[20] 그

---

18 안중근이 동양평화의 비전을 글로 서술하고자 한 경위에 대해서는 황종렬, 앞의 글 (2018), 48-49쪽.

19 동양평화론의 내용 파악에 대해서는 이태진, 「'동양평화론'과 '청취서'」, 『안중근의 동양평화론』(안중근의사기념관, 2018), 14-21쪽 및 황종렬, 『안중근의 동양평화살이』(도서출판 가톨릭동북아평화연구소, 2018), 56-117쪽 등을 참고. 이태진, 황종렬 모두 현재 남아있는 안중근의 동양평화론, 청취서, 옥중 유묵 등을 함께 분석 활용하여 안중근의 동양평화론의 전체 내용을 파악하였다.

20 이는 백범 김구(1876~1949)가 1896년 3월 8일 황해도 안악의 치하포에서 일본군 중위 스치다(土田讓亮)를 국모보수(國母報讎), 일제의 명성왕후 시해사건에 대한 복수)의 대의를 내걸고 살해한 후에 1896년 6월부터 해주감옥을 거쳐 7월 인천감리서 감옥에서 1898년 3월 탈옥하기까지 20개월간 수감되어 있으면서 인천감리서 재판소에서 공판과정을 통하여 국모보수의 대의와 의병전쟁의 정당성을 피력한 것과 유사한 일종의 공판투쟁이었다. 일제는 당시 김구를 외국인 상인의 재물을 노린 강도살인범으로 몰아 처형하려고 했으나, 김구는 공판투쟁을 통하여 오히려 일제가 주도적으로 일으킨 을미사변(명성왕후 시해사건)의 부당성을 설파하고, 이러한 사실을 당시 독립신문, 황성신문 등 국내 언론을 통하여 널리 알림으로써 조선 지식인들로 하여금 일제 침략에 맞서 싸우도록 항일정신을 심어주면서 의병전쟁의 정당성을 홍보하는

가 여순감옥에서 자서전『안응칠역사』와 미완성의『동양평화론』, 약 200점 내외의 유묵(遺墨)[21], 고등법원장 히라이시와 면담, 공판과정에서의 진술 등은 모두 그의 하얼빈 의거의 정당성과 대한독립의 필요성 및 올바른 동양평화의 방법 등을 당대와 후대의 지식인과 국내외 여론에 널리 알리는 중요한 계기가 되었다. 현재 남아있는 안중근의 동양평화론은 1910년 2월 17일 여순에 있었던 일제의 고등법원장 히라이시와 안중근의 담화 때 동양평화와 관련된 원고 작성에 충분한 시간을 보장해준다는 히라이시의 약속이 헌신짝처럼 폐기된 채로 3월 26일 갑작스럽게 사형이 집행됨으로써 미완의 원고로 남아있게 되었다. 본고에서는 미완의「동양평화론」과 통역이 남긴「청취서」의 주요 내용을 토대로 하여 간혹 필요시에 옥중 유묵의 내용도 참고하여 안중근 동양평화론의 골자를 다음과 같이 정리했다.[22]

계기를 만들었다. 1909년 안중근의 하얼빈 의거도 일제에 의해, 이토오에 대한 단순 오해로 인한 충돌적 살인사건으로 만들고자 했으나, 안중근은 수감된 여순감옥과 재판정을 오가면서 오히려 동양평화의 파괴범 일본정객 이토오의 죄과와 아울러 일제가 대한제국에 저지른 침략의 실상을 조목조목 밝힘으로써 대한 독립의 정당성과 의병전쟁의 합법성을 대내외 언론을 통해 홍보할 수 있었다. 백범 김구와 안중근 토마스의 공판투쟁은 그들의 의열투쟁(치하포, 하얼빈 의거)의 목적과 대한독립의 정당성을 대내외에 널리 홍보하는 선전장으로 삼을 수 있었다는 점에서 공통점을 지닌다. 백범 김구의 공판투쟁과 관련해서는 원재연,「동학접주 김구의 세계관 확대와 인천 감리서의 수인공동체」, 원광대학교 익산학연구소가 인천대학교 인천학연구원을 초청하여 개최한 제1회 지역학 학술포럼 "지역공동체에 대한 성찰과 활성화 방안 연구 -동학을 중심으로-"(2021.10.1.)의 발표문 참고.

21 안중근의 동양평화론과 관련된 유묵에 대해서는 황종렬 앞의 책(2018), 51-55쪽, 86-117쪽 참고.

22 이하에서 인용, 서술하는 동양평화론과 관련된 내용들은 앞의 책『안중근의 동양평화론』(안중근의사기념관, 2018.) 및 황종열,『안중근의 동양평화살이』(도서출판 가톨릭동북아평화연구소, 2018.)에 근거한다.

「동양평화론」의 주요 내용

▷ '서(序)'에는 동양평화론을 쓰는 기본취지를 밝혔다. 서세동점의 국제정세 속에서 러시아의 팽창정책의 부당함과 이에 맞서 동양평화를 유지하고 대한독립을 공고히 한다는 러일전쟁 선전포고문의 내용을 지지한다.

▷ 러일전쟁에서 일본이 승리한 것은 동양평화와 대한독립의 취지에 동의한 한국과 중국의 호응과 원조 속에서 가능했음에도 불구하고, 전쟁 후에 일본은 한국을 침략하여 일본 천황의 선전 조칙의 내용을 정면으로 위반했고 동양평화는 파괴되었다. 이에 안중근은 동양평화를 지켜내기 위한 정의로운 전쟁을 하얼빈에서 개전하고, 여순재판소에서 담판(공판투쟁)을 하게 되었다. 이상 두 항목은 '서'의 주요 내용이다.

▷ '전감'에는 1894년 동학농민전쟁, 청일전쟁 이후 조선과 일본의 국내외 정세를 서술하고 러시아, 프랑스, 독일 등이 주도한 삼국간섭(1895)으로 일본이 차지할 뻔한 요동반도가 청국에 반환되고, 러시아 세력이 만주에 진출한 사실이 기록되었다.

▷ 이어지는 '전감'의 주요 내용으로는 러시아, 일본 양국의 만주 출병과 군사적 충돌, 을미사변(=명성왕후 시해사건)으로 인한 한국의 의병봉기, 만국공법의 효력 없음, 한국과 청국의 협조로 러일전쟁에서 일본이 승리함, 그럼에도 불구하고 전쟁 후 고무라 일본외상과 러시아가 미국의 중재로 가진 강화협약에서 한국을 일제가 자신의 보호국으로 강점(침탈)할 것을 인정받은 사실에 대한 강력한 비판, 일본의 침략주의가 계속되면 독부(獨夫)의 환난(국제적 고립무원)을 면하지 못할 것이라는 경고 등이 이어서 서술되어 있다.

「청취서」의 주요 내용[23]

(1) 일본이 차지한 대련(大連, 다롄)과 여순(旅順, 뤼순)을 일단 청국에 돌려준다. 그후 여순을 개방하여 일본, 청, 한국 등 3국이 공동으로 관리하는 군항으로 만들어 이곳에 3국의 대표를 파견하여 '평화회의(=동양평화회의)'를 조직한다. 여순의 반환은 일본에 대한 국제적 신뢰를 얻게 해 준다.

(2) 여순에 조직한 '동양평화회의'는 회원의 회비로 운영하며 회원 1인당 1원씩 모금하되, 동양 3국의 인민들 수억 명이 참여할 것이다. 은행을 설립하여 각국이 공용하는 화폐를 발행하여 신용을 확보한다. 각지에 평화회의의 지부 은행의 지점을 설치하면 금융은 원만해지고 재정도 튼튼해질 것이다.

(3) 여순에 일본 군함 5~6척만 주둔시키되, 서구열강의 침략에 대비한 무장을 한다. 3국에서 파견한 대표로 무장에 관해 논의하게 하고, 3국의 청년들로 군단을 편성하고 각각 2개국 이상의 언어를 배우게 하여 상호 우방, 형제의 관념이 높아지게 한다. 이렇게 하면 일본에 대한 존경심이 높아지고 일본의 수출도 늘어나며 재정도 풍부해질 것이다. 청과 한국도 함께 행복을 누리게 된다.

(4) 일본의 지도하에 청과 한국은 상공업의 발전을 도모한다. 패권이란 말이나 만주철도 분쟁도 사라질 것이며, 인도, 태국, 베트남 등 아시아 각국이 이 평화회의에 가입하게 되어, 일본은 전쟁 없이 동양의 맹주가 될 것이다.

(5) 은주 왕조교체, 나폴레옹의 황제즉위 등을 역사적 교훈으로 삼아, 일본, 청, 한국 세 나라의 황제가 함께 로마교황을 만나 서로 맹

---

23 황종렬, 앞의 책(2018), 71~74쪽의 분류에 따라 원문에 없는 번호를 붙였다.

세하고 황제의 관을 쓴다. 이렇게 하면 세계 인구의 2/3가 천주교 신자이므로 세계적으로 민중들의 신용을 얻게 될 것이다.

　　살림공동체의 관점에서 본 안중근 동양평화론

　　살림공동체의 이론적 기반인 살림인문학은 대체로 유무상통(有無相通), 억강부약(抑强扶弱) 등을 그 내용으로 하는 경제 인문학(經濟人文學), 협동과 포용의 노력으로 형성되는 공동체 인문학(共同體人文學), 사인여천(事人如天, 동학), 애인여기(愛人如己, 천주교), 만물제동(萬物齊同, 도교)을 배경으로 하는 생태 인문학(生態人文學), 정치, 경제, 법, 과학, 교육 등의 다양한 생활세계를 바탕으로 펼쳐지는 생활세계 인문학(生活世界人文學), 주목받지 못한 인간 삶의 의존성과 돌봄의 필연성에 주목한 돌봄 인문학 등을 그 특징으로 한다.[24] 거시적으로 살펴보면 위에 제시한 5가지 인문학의 내용은 가톨릭의 사회교리[25]에도 거의 다 포함되어 있다. 가톨릭 사회교리는 인간 존엄성의 원리를 가장 근본적인 기본원리로 하고, 다른 원리인 공동선의 원리, 보조성의 원리, 연대성의 원리 등이 기초(바탕)를 이룬다. 이러한 4대 기본원리 외에 실천원리로서 재화의 보편 목적의 원리, 책임과 참여의 원리, 가난한 이들을 위한 우선적 선택 등을 그 핵심 내용으로 포함한다. 오늘날 한국사회의 현실과 관련지어 이해해본다면, 인간존중의 원칙에 입각한 노동 교리나 친환경 지속 가능한 개발을 지향하는 환경 교

---

[24]　인천대학교 인천학연구원 편, 『인천의 내발적 공동체 기반 도시회복력 연구』(2019년도 인문사회연구소지원사업 문제해결형 발표자료, 2019.8.14.); 한편 가톨릭 신학자 황종렬은 경제와 살림의 상관성을 어원적으로 고찰하면서 정치도 경제도 하느님의 집안 살림 안에 자리잡고 있다고 보았다. 황종렬, 앞의 책(2018), 79쪽.

[25]　『간추린 사회교리』, 교황청 정의평화위원회 편저, 2004, 한국천주교주교회의 번역, 한국천주교중앙협의회, 2013년 개정판.

리, 감염병 재난의 시기를 맞아 피폐된 지역경제 회복의 밑거름이 되는 서민금융으로서 신용협동조합 가르침 등이 모두 이러한 사회교리의 4대 기본원리와 3대 실천원리를 그 기반으로 하여 전개된다.

이상에서 언급한 살림공동체의 주요 원리를 안중근 동양평화론의 내용에 대비하여 분석해보면 다음과 같이 정리할 수 있다.

첫째, 동양의 평화는 각국의 주권을 보장하고 민족자결의 원칙을 확립한 바탕 위에서[26] 형제적 연대로 가능해진다. 이는 서로 돌봄과 서로 살림의 살림공동체의 원칙에 부합한다.

둘째, 동양의 자위를 위한 군사력을 확보함은 필요한데, 각국의 청년들을 선발하여 군대를 편성하고 상호 소통이 가능하도록 3국의 언어를 학습하도록 장려한다. 이는 살림공동체의 주요한 속성인 공동체 내부의 소통과 협동의 원칙에 부합한다.

셋째, 공동은행, 공동화폐를 발행하고 이를 통용함으로써 한 국가를 초월한 동아시아 경제 공동체를 이룬다. 이는 살림공동체의 주요한 측면인 '한살림'을 꾸리기 위한 중요한 현실적 전제가 된다. 한편 이러한 금융기관을 통한 동아시아 각국 자본과 물자의 자유로운 이동을 통하여 유무상자(有無相資, 有無相通)하는 협동과 돌봄, 소통과 나눔의 공동체 건설이 가능해진다.

넷째, 회원국 중에서 어느 한 나라(일본)의 주도권을 인정하되 그 주도국의 지도와 원조에 힘입어, 주도국이 성취한 문명개화(文明開化)의 결실을 다른 나라도 함께 공유한다. 물질적, 기술적 진보를 지향하면서 그 진보(발전)의 성과를 함께 공유한다는 연대와 협동의 살림

---

26 이와 관련하여 안중근은 1905년경 애국계몽운동을 시작하기에 앞서 상해에서 르각 신부로부터 민족의 주권을 수호하고 민족의 발전을 도모하기 위해서는 교육의 발달, 사회단체들의 확장, 민심의 단합, 실력 양성 등 4가지 원칙에 힘써야 한다는 가르침을 배웠다. 황종렬, 앞의 책, 81쪽에서 재인용.

공동체 속성에 부합된다.

다섯째, 3국에만 그치지 않고 계속해서 아시아에 속한 다른 이웃 나라들도 회원으로 받아들이는 개방적 지역공동체를 지향하면서 장차 인류 공존공영을 목표로 하는 인류공동체로 발전할 가능성을 열어 둔다. 살림공동체는 내부적으로 협동하면서 외부적으로는 포용하는 원칙을 갖고 있다. 따라서 아시아의 열린 지역공동체는 곧 전 세계적 살림공동체의 지향과도 일치한다. 이러한 전 세계적 단일 공동체의 지향은 로마교황과 가톨릭을 매개로 조금씩 실천 가능성을 높여간다.[27] 이를 위해서는 필연적으로 서로 다른 종교간의 연대와 협력이 불가피하게 요청된다. 한국의 살림공동체는 동서문명 화합의 사회개혁적 종교인 동학(천도교)와 서학(천주교)의 상호 연대와 협력을 바탕으로 전개된 역사적 경험이 존재하는데, 현대에 와서 이루어진 대표적인 단체는 원주에서 가톨릭과 천도교의 주요 활동 인사들이 함께 설립한 '한살림협동조합'이다.[28] 그밖에도 현재의 천도교, 원불교 등이 설립한 협동조합, 사회적 기업이나 사회운동 단체의 지도원리 및 앞서 언급한 가톨릭 사회교리의 주요한 내용들이 한국의 살림공동체의 주요한 운영원리와 합치되며, 그중 일부는 살림공동체의 주요 원칙으로 정립되어 가고 있다.

---

27   프란치스코 교황은 2015년에 발표한 회칙 「찬미받으소서」에서 "하느님의 살림 안에서 자연 생태, 인간 생태, 사회 생태가 통합을 이루어 건강한 발전과 보전을 이루려면 시민적 사랑, 정치적 사랑, 사회적 사랑을 실천할 것을 호소했다. 『찬미받으소서』 231항, 황종렬 앞의 책(2018), 74쪽에서 재인용.

28   신진식, 「한살림의 살림운동 역사와 전망 : 한 살림협동조합을 중심으로」, 신진식 등 4인 공저, 앞의 책, 『살림과 돌봄의 공동체, 사상과 실천』(도시공동체연구총서1, 보고사, 2021.6.), 125-157쪽 참고.

2) 동아시아 살림공동체의 구상

1910년 2~3월에 구상되고 작성된 안중근 동양평화론의 주요 내용을 인천학연구원이 정립해가고 있는 살림인문학과 살림공동체의 이론에 기반하고, 아울러 안중근의 모든 민족운동과 동양평화를 위한 제반 활동의 사상적 배경이 되었던 가톨릭의 사회교리의 관점에서 분석하여[29], 안중근이 지향했던 20세기 초 '동아시아 살림공동체'를 재구성해보면 다음과 같다.

(가) 안중근이 구상한 '동아시아 살림공동체'는 그가 주창한 '동양평화론'을 실현할 경우의 결과물로 드러날 것이다. '살림공동체'란 서로 살려주고, 서로에게 이익이 되는 상생(相生, Win-Win)의 공동체이고[30], '동양평화론'은 한국, 중국, 일본 등 동아시아 3국이 서로의 주권을 인정하고 보호하는 바탕 위에서 서로의 국익(國益)을 이끌어주자는 논의이기 때문이다.

(나) 안중근이 구상한 '동아시아 살림공동체'는 정치적으로 회원국은 각각 자신의 사정에 맞는 입헌군주제나 공화제를 유지하면서[31] 동아시아 전체적으로는 하나의 회의체 연방을 지향하는데, 대의제 민주주의를 그 핵심으로 하는 '동양평화회의'가 그 주된 권력기관이기 때문이다.[32]

---

29 이와 관련하여 안중근의 동양평화 비전은 사랑으로서 정치, 사랑으로서 시민 살이, 사랑으로서 사회적 투신에 근거해 있다고 보았다. 황종렬, 앞의 책(2018), 75쪽.

30 이와 관련하여 황종렬은 신앙인 안중근에게 있어서 "살림, 섬김 등은 하느님의 실재에 참여하는 길이며, 이를 통해서 하느님의 복음을 육화하게 된다."고 보았다. 황종렬 앞의 책(2018), 10-12쪽. 또한 안중근은 하느님의 살림에 참여하여 이 세상을 '도덕' 사회로 만듦으로써 인간의 인간됨을 인식했다고 보았다. 같은 책, 22-24쪽. 따라서 "안중근은 하느님의 평화 살림의 증거자였다"고 평가된다. 같은 책, 68쪽.

31 이와 관련해서는 현광호, 「안중근의 한중일 인식」, 『안중근과 동양평화론』(안중근의거 100주년기념 연구논문집4, 안중근의사기념사업회 편, 채륜, 2010.9), 88-90쪽 참고.

(다) 안중근이 구상한 '동아시아 살림공동체'는 경제적으로 개발도 상국에 대한 선진국의 전폭적인 지원과 지도를 통하여 성립되는 회원국 모두가 균등한 경제수준을 영위하는 단일한 경제공동체이다. 단일 은행을 설립하여 단일 화폐를 통용함으로써 회원국 사이의 관세 장벽을 없애고 기술개발과 연구성과의 유무상자(有無相資, 유무상통)를 통해서 회원국 전체의 고른 물질적 성장과 경제적 기술적 발전을 도모하고 경제적 혜택의 균분을 지향하는 공동체였다.

(라) 안중근이 구상한 '동아시아 살림공동체'는 문화적으로 각국의 언어적 문화적 다양성을 존중하고 인정하는 바탕 위에서 출발하지만, 상호간의 교류와 소통에 힘씀으로써 각 회원국 간의 언어와 문화적 장벽을 하나씩 제거해나감으로써 다양성 가운데 일치를 추구하는 '다문화공동체'(多文化共同體, Muticultural Community)를 지향하였다.

(마) 안중근이 구상한 '동아시아 살림공동체'는 무엇보다도 각 개인의 인권(人權)이 존중되고 보호받는 인권공동체(人權共同體)로서 상호 존중과 신뢰, 호혜평등의 원리가 관철되는 공동체였다. 물론 이때의 인권은 제 1, 2, 3세대의 모든 정치적, 사회적, 국제관계적, 생태적 차원을 통합한 '모든 피조물이 함께 조화를 이루며 공존할 수 있는 삶의 권리'를 추구하는 인권으로 규정된다.

---

32 이와 관련하여 안중근의 동양평화론을 유럽 통합의 과정과 비교 검토해본 연구성과가 있다. 노명환, 「유럽통합 사상과 역사에 비추어 본 안중근 동양평화론의 세계사적 의의」, 『안중근과 동양평화론』(안중근기념사업회 편, 채륜 발행, 2010.); 이에 의하면, "안중근의 동양평화론이 21세기에 진정으로 실현되어 남북분단 상황마저 해소되기 위해서는, 동아시아 지역민들이 공히 민족주의가 가질 수 있는 폐해에 대해서 진정으로 인식하고 제국주의 과거사에 대해서 투철하게 반성하고 민주주의와 평화의 절실한 가치를 깨달을 수 있어야 한다. 무엇보다도 전쟁에 대한 절박한 문제인식이 공유되어야 한다."라고 하였다. 노명환 앞의 글(2010.9.), 48-49쪽.

4. 동양평화론의 문명사적 함의와 의의

안중근의 동양평화론은 대한제국의 주권을 수호하고 조선백성을 포함한 중국, 일본 등 동아시아 삼국의 모든 민중들의 인권(人權)을 보호하고 모두가 함께 행복하게 잘 살기 위해 추구해야 할 살림공동체의 원칙이 실현되는 20세기 초반 한국의 애국적 지식인이 꿈꾼 동아시아의 이상향(유토피아)이었다. 그 주된 내용은 정치적으로 대의제 민주주의 연방으로 성립되며, 경제적으로 회원국 상호간의 유무상자(有無相資)를 통해서 호혜균분(互惠均分)의 원칙이 실천되고, 사회문화적으로는 다양성이 인정되는 바탕 위에서 언어와 문자의 활발한 소통을 통하여 구성원 간의 일치와 단합을 도모하는 참된 인권공동체(人權共同體)요, 평화공동체(平和共同體)를 지향하는 것이었다. 이러한 동양평화론은 안중근의 가톨릭 신앙활동에서 비롯되는 소지역주의 영웅주의적 인권투쟁부터 시작하여, 신식교육과 식산흥업을 통한 애국계몽운동, 의병전쟁, 의열투쟁 등을 차례로 거치면서 성립된 민족공동체와 이를 넘어선 동양공동체 의식의 자각을 통해서 성립되었다. 또한 그의 동양평화론은 문명개화(文明開化)를 그 궁극의 지향으로 삼는 이질적 동서문화(東西文化)의 교섭과 융합의 산물이었고, 상호신뢰와 존중을 바탕으로 삼아 내부적으로는 협동(協同)을, 외부적으로는 포용(包容)을 추구하는 '서로 살림'의 공동체를 만들고 이를 살아내기(실천하기) 위한 구체적 방안이 적시된 실천적 공동체 구상이었다.

1945년 일제 식민지에서 해방된 후 독립운동가 백범 김구는 나의 소원을 '완전한 대한독립'과 '문화강국'의 건설로 표현하였다. 이러한 백범의 이상국가(理想國家)는 이보다 약 반세기 전에 형성된 안중근의 동양평화론에 그 논리적 기반을 두고, 그 원칙인 인권존중의 세부적 지침을 정치, 경제, 사회 문화적으로 적극 실천해 나갈 때에 비로소 성취될 수 있는 결과물이 될 것이다. 한류(韓流, Hallyu, Korean Wave)가 전 세계로 퍼져나가고 있는 21세기 초반의 오늘날에 우리 대한민국은 백범 김구가 꿈꾼 세계적인 '문화강국'이 되었다. 그러나 이를 더욱 확산시켜 나가기 위해서는 튼튼한 자위력(국방)과 경제적 성장과 균분, 남북분단의 해소와 평화적 통합, 다문화사회의 보편적 인권의 추구 등 아직도 현실화되지 못한 우리 사회의 제반 현실적 목표들을 차분히 점검하고 구체적으로 실현시켜 갈 방도를 집체적, 체계적 연구를 통해서 찾아야 할 것이다. 이러할 때 120년 전 20세기 초반에 한국인 안중근이 제시했던 동양평화론은 여러 가지 시사점을 제공해 줄 것이다.

한인 디아스포라:
분절된 동화(segmented assimilation)의 여정(문제 제기)

염 나탈리야 보리소브나
강성희 옮김

1. 서론: 한인 4세대의 이동 요소와 방식, 그들 사이의 상호관계

최근 급속도로 전개되어 우리의 현실을 변화시키고 있는 일련의 사건에 비추어 볼 때, 민족 정체성은 현대 카자흐스탄 한인의 당면 문제이다. 이제 카자흐스탄공화국 건국 25주년, 국가 독립 30주년을 맞이하였고, 비옥한 땅 카자흐스탄에 한인이 살기 시작한 지는 80주년의 문턱을 넘어섰다. 한인들은 다른 민족들과 어깨를 나란히 협력하여 그 모든 세월 동안 자신들이 이룩한 중요한 성과 위에서 스스로에 대해 "우리는 카자흐스탄 민족이다"라고 자신 있게 말하고 있다.

전 세계적으로 한인 디아스포라는 한반도 밖에 살고 있는 700만 명 이상의 한국 민족을 말한다. 낯선 민족 환경에서 오랫동안 거주한 결과 다민족 결혼이 늘어났고, 이는 나아가 민족적으로 혼합된 아이들의 탄생으로 이어진다. 이중 민족에 속하는 자녀의 수가 증가하고 있다는 점과 관련하여 그들의 민족 정체성에 대한 문제가 중요해지는데, 이는 특히 결혼 과정에서 가장 두드러지게 나타난다. 결혼 상대를 선택하는 과정은 여러 면에서 배우자의 민족 선택을 직면하게 되는데, 이때 결혼 당사자의 민족 정체성이 중요한 역할을 한다.

많은 학자들이 해외 한인들의 민족 정체성을 연구 주제로 삼았고, 주로 수용된 사회에서의 민족 통합 및 문화화, 적응 이론에 집중했다. 연구는 주로 한인 2세대와 3세대 구성원들의 민족 소속감을 보존하는 문제에 중점을 두고 있다. 민족 정체성의 징후는 민족 소속감에 대한 인정, 민족 전통 및 관습의 유지, 한국어 언어능력 수준, 다음 세대로의 민족 전통(주로 요리와 관습) 전수, 역사적 조국에 대한 긍정적인 태도로 확인되었다.

카자흐스탄의 한인 3세대는 그들의 성인 자녀들, 특히 다문화 가정에서 태어난 자녀들이 이전 세대와는 다른 민족적 행동을 보여주는 시기에 접어들고 있다. 필자는 한인을 소수민족 구성원으로 보는 카자흐스탄의 국가 정책이 카자흐스탄 한인 4세대의 민족적 행태가 전과 다르게 나타나게 된 주도적 이유라고 생각한다. 카자흐스탄 한인의 민족 간 결혼이 많다는 점을 고려하면 (최근 20년 동안 40% 이상) 앞으로 카자흐스탄의 한인의 대다수는 한인 다문화 가정의 4세대, 5세대 자녀가 구성하게 될 것이다.

일본 한인 디아스포라 4세대, 5세대 구성원들의 민족 정체성 상황이 이와 유사한 경향을 보여줄 가능성이 있다. 이와 관련하여 카자흐스탄과 일본 한인의 민족 정체성의 행태가 미국 한인 2세대, 3세대와 다르게 나타나는 이유를 분석할 필요가 있다. 카자흐스탄과 일본 한인 디아스포라와 미국 한인 디아스포라 양쪽의 주요 차이점은 한인을 소수민족으로 보는 국가 정책으로 설명할 수 있을 것으로 기대된다. 핵가족화나 민족적으로 혼합된 가족이라는 조건으로 인해 가족 간 유대는 민족 정체성 전승 부분에서 전보다 덜 강력한 연결고리가 될 것이라 예상된다. 또한 21세기 현실은 새로운 세대를 높은 교육 수준과 전문 기술을 요구하는 더욱 경쟁적인 노동 시장으로 내몰았다. 도시 환경, 높은 수준의 도시 인구 비율 또한 (카자흐스탄 한인과 일본 한인 모두 전체 한인 디아스포라와 크게 다르지 않다) 높은 수준의 능력치를 요구했다. 이는 결국 카자흐스탄에서 한인의 적응과 동화 부문에 반영되었다.

본 연구의 목적은 다음과 같은 질문에 답하는 것이다. 한인 4세대 구성원의 민족 정체성이 변화하였는가? 젊은 세대는 어떤 특성에 의거하여 자신을 동일시하는가? 4세대가 그들의 선조의 길을 따라 "주류 민족"으로의 점진적 통합을 통한 상향 이동 과정을 겪을 때, 고전적인 동화 모델은 한인 젊은 세대에게도 효과가 있는가? 다문화주의 국가 정책이 카자흐스탄의 한인 4세대, 5세대의 민족적 행태와 정체성 변화의 원인인가? 이민자 2세대의 교육적, 경제적 성공 또는 실패를 가져온 요인은 가족 구조, 가족의 사회 경제적 지위, 그리고 다양한 이민자 그룹이 직면한 통합 방식으로 이루어진 것으로 보인다.[1] 이로부터 다음과 같은 문제가 제기된다. (초기 한인들의 대가족에서와 다른) 핵가족 또는 다민족 구성 가족의 조건에서도 가족 차원에서 민족 정보의 계승이 보존되는가? (한인의) 사회적 자본은 경제적 또는 직업적 성공보다는 오히려 그들 사이의 유대감에 달려 있다. 다음과 같은 질문이 제기될 수 있다. 한인 사회단체는 민족 정체성의 수준과 분절된 동화 유형에서 자신의 역할을 하고 있는가? 젊은 한인 세대의 민족 정체성 수준이 카자흐스탄의 사회적 이동성에 영향을 미치는가? 한인 4세대의 교육적, 직업적 성취와 그들의 민족 정체성 사이에 연관성이 있는가? 어떠한 유형의 동화가 카자흐스탄에서 한인

---

1 Alejandro Portes, Patricia Fernández-Kelly & William Haller (2005), Segmented assimilation on the ground: The new second generation in early adulthood, *Ethnic and Racial Studies*, № 28(6).

4세대의 사회 경제적 성취에 영향을 미치는가? 그 동화 유형과 일본 한인들의 상황 사이에는 연관성이 있는가? 그리고 마지막으로 다음과 같은 질문을 하는 것이 합당할 것이다. 한인을 소수민족 구성원으로 대하는 카자흐스탄과 일본의 국가 정책에는 어떠한 유사점이 있는가? 미국의 고전적 이론과 달리 분절된 동화 이론은 해당 국가의 한인 4세대에게 어떻게 작용하는가?

필자는 한인 4세대의 이동 요소와 방식, 그리고 그들 사이의 상호 관계를 연구할 목적으로 인구통계학적 특성, 민족 소속감, 가족 승계 수준, 교육 및 직업적 성취, 언어 구사 능력에 대한 정보를 수집하여 카자흐스탄과 일본의 한인 4세대 구성원의 민족 정체성 연구 문제를 제기하겠다. 또한, 현대 상황에서 위와 같은 요소들을 살펴봄으로써 역사주의 원칙에 입각한 국가의 민족 정책을 분석할 수 있다.

연구 방법론은 주제별 분석을 기반으로 했다. 이 방법은 역사 기록 자료 및 초록에 대한 콘텐츠 분석의 체계화, 조직화를 제공하고, 그 결과로 필자는 개별적 관찰과 인용을 특정 코드로 고정하여 기록하였다. 주제별 분석은 연구 중인 현상이 분석 자료에서 여러 번 반복되었을 때 주제를 찾는 것을 포함한다. 저자는 진행 과정에서 아이디어를 기록했고, 이와 같이 연구가 진행되는 과정과 텍스트 정보를 수집하는 과정에서 아이디어가 떠오를 때 작성된 "메모"는 자료에 주석과 강조를 직접 표시하는 것을 포함하고 있다.

2. 문제 이론: 민족정체성의 형성 과정

민족 정체성 형성의 문제는 현대 이론과 실제에서 전통적으로 원시주의와 구성주의의 관점에서 살펴본다. 민족 정체성은 사회 정체성의 일부이자 한 형태이다. 이는 민족 정체성이 개인의 사회화 과정에 영향을 미친다는 것을 의미한다. 즉, 민족 정체성은 한편으로 처음부터 주어진 것으로써, 우리가 정체성을 가지고 태어나고 또 그와 함께 살아가는 것이다. 다른 한편으로 민족 정체성은 특정 민족 그룹을 형성하거나 여론을 통제하는 도구가 필요한 어떤 엘리트에 의해 형성될 수도 있다.

민족 정체성의 구조에는 인지적 요소와 정서적 요소가 포함된다. 인지적 요소는 민족 정체성에 맞춰 가지고 있는 지식을 의미한다. 정서적 요소는 해당 민족에 소속된 것에 대해 자부심이나 긍지를 느낄 수도 있고, 불편한 상황에 처할 수도 있는데 이에 대한 평가를 뜻한다. 세 번째 요소는, 가장 자주 논란이 되는 것으로, 그가 자신의 민족 전통을 준수하는지 아니면 이를 거부하는 지로 살펴보는 행동적 요소이다. 연구자들이 지적하고 있듯이 청소년들의 경우 자신의 정체성에 대한 평가를 나타내는 정서적 요소가 가장 명확하게 나타난다. 정서적 요소는 자부심, 헌신, 사랑, 믿음, 존엄, 자존감, 수치심, 죄책감, 굴욕, 열등감 등과 같은 민족 감정의 복합체로 결합되어 있다.

우선 가족적 요소가 민족 정체성 형성에 영향을 미친다. 부모 중 특정 권위자가 아이의 민족에 대한 태도 형성에 기여한다. 즉, 가정에서 아버지가 권위자이면 자녀는 그의 발자취를 따르게 되고, 어머니가 권위자이면 그녀의 뒤를 따르게 된다. 두 번째 요소는 언어이다. 언어는 가장 중요한 민족 구분 지표 중 하나이다. 그러나 최근 수십 년 동안 많은 나라의 연구자들은 일부 역사적 상황에서 민족 정체성이 민족 구성원 전체의 실제 언어 사용보다는 공동체와의 친밀감 형성이나 그룹 간 분화 과정에서 드러나는 언어의 상징적 역할과 관련이 있다는 명백한 사실에 점점 더 많은 관심을 기울이고 있다.

세 번째 요소는 외모와 관련이 있다. 외모를 통해 특정 민족으로 연결시킬 수 있지만 이 경우 예외가 존재한다. 예를 들어, 어떤 아이가 특정 민족에 속하는 것처럼 생겼어도 자신을 다른 민족에 더 가깝다고 느낄 수 있기 때문이다.

개인의 사회적 소속감을 매개하는 정체성 체계 형성은 자신이 특정 도시의 주민, 특정 국가나 나라, 민족, 민족 공동체의 성원이라는 생각에서 시작된다. 청소년기부터 시작하여, 다른 민족 환경과 비교하여 자신이 속한 공동체의 민족 문화적, 민족 심리적 특징에 대한 생각과 평가 시스템이 형성된다. 민족학에서는 민족적 자립과 자결에 중점을 둔 목적의식적 활동을 명명하기 위해 "민족 이동"이라는 개념을 사용한다.[2]

민족 이동은 하나의 정체성 구조에서 다른 정체성 구조로 쉽게 이동할 수 있는 것을 전제로 하는데, 정체성의 이동은 상하 방향(수직적 차원)으로 발생할 수도, 동일한 민족적 공간 범위에서 수평적(수평적 차원)으로 발생할 수도 있다. 개인의 사회적 소속감을 매개하는 "수평적" 관계는 민족 정체성 구조에서 위계 시스템의 형태로 나타나는 "수직적" 관계로 보완된다. 민족 소속감의 "수평적" 차원과 "수직적" 차원에 대한 그래픽 형태는 표 1과 2에 나와 있다.[3]

2 *Этнопсихологический словарь* (1999), Под ред. В.Г. Крысько, М.: Московский психолого-социальный институт, 148.

3 Бучек А. А. (2004), Этническое самоопределение в подростковом возрасте (на примере коренных народов Камчатки), *Вестник КРАУНЦ. Гуманитарные науки*, №2. URL: https://cyberleninka.ru/article/n/etnicheskoe-samoopredelenie-v-podrostkovom-vozraste-na-primere-korennyh-narodov-kamchatki (검색일: 2012.03.29).

〈표 1〉 민족 소속감의 "수직적" 차원

- "나는 특정 국가(카자흐스탄) 영토 공동체의 일원이다."
- "나는 이 영토(알마티)에 거주하는 사람이다."
- "나는 내 민족의 일원(한인 민족 공동체 구성원)이다."

〈표 2〉 민족 소속감의 "수평적" 차원

"나와 내가 속한 국민의 구성원들"	"나와 해당 영토에 거주하는 다른 민족 그룹 구성원들"	"나와 지배적 민족 문화 구성원들"

　개인의 사회 정체성("수평적 차원") 시스템 발전의 출발점은 다양한 민족 그룹 구성원들에 대한 인식과 태도를 결정하는 "나" – "타인"의 대조이다. 사회 정체성 시스템의 "수직적 차원"은 원칙적으로 갈등 없이 아주 쉽게 발생하고, 인간의 개인적 규정을 발전시키는 과정에서 조화롭고 진보적인 성격을 가진다. 자신을 인격으로 인식함으로써 자신이 특정 민족 공동체에 속해 있음을 이해하게 된다.

　민족 이동은 한편으로, 개인의 긍정적인 특성으로써 타인에 대한 높은 수준의 포용도, 협력의 자세, 공감, 관용 등을 가져온다. 민족 이동은 다른 한편으로, 민족 경계에 대한 인식을 희미하게 하여 결과적으로 민족 정체성을 무너뜨린다. 자신을 민족 그룹의 성원으로 인식해가는 움직임은 다음과 같이 나타날 수 있다. "나와 나를 닮은 공동체의 다른 구성원들" – "우리" – "공동체 성원으로서의 나".[4]

　민족 자결은 개인과 사회 문화 공동체 사이의 상호 관계를 설명해 주는 다차원적 구조적 형성으로 개인은 그 속에서 자신의 특수성과

4　Ibid. URL: https://cyberleninka.ru/article/n/etnicheskoe-samoopredelenie-v-pod rostkovom-vozraste-na-primere-korennyh-narodov-kamchatki (дата обращения: 29.03.2021).

공동체에 대한 소속감을 동시에 종합적으로 인식한다. 민족적 동일화 과정에서 개인은 자신이 특정 민족에 속한다는 사실을 인식하고, 그 민족 공동체와 자신의 동일함, 그리고 타민족과의 구분을 경험한다. 즉, 민족 정체성이 형성된다.

3. 동화의 이론적 근거: 일반적 동화와 분절된 동화

일반적 동화와 분절된 동화 두 가지 주요 이론이 존재한다. 이 이론들은 2세대 결과의 기반에 근거한 다양한 프로세스를 가리킨다.[5] 동화의 표준 이론은 20세기 초 유럽 이민자들의 1세대와 2세대의 통합에 대해 연구했던 시카고학파를 창시한 사회학자들과 관련이 있다.[6] 일반적 동화를 통해 다음 세대는 교육과 직업 측면에서 상향식 사회 이동을 보여 주고, 더 많이 통합되며, 언어 사용 및 밀집 거주, 다문화 결혼의 영역에서 민족적 특징을 덜 드러내게 되었다.[7]

A. Portes가 제기한 분절된 동화 이론은 1990년대 이 모델의 대안으로 등장했다.[8] 그의 이론은 2세대 이민자들에게 상향 동화, 하향

---

5   Waters M. C., Tran V. C., Kasinitz P., & Mollenkopf J. H. (2010). Segmented assimilation revisited: types of acculturation and socioeconomic mobility in young adulthood, *Ethnic and Racial Studies*, 33(7), 1168-1193. Doi: 10.1080/01419871003624076

6   Park R. E. (1925), *Burgess Ernest*, Chicago, IL: The University of Chicago Press.

7   Warner W L., Srole L. (1945), *The Social Systems of American Ethnic Groups*, New Haven: Yale University Press.

8   Portes Alejandro, Min Zh. (1993), The New Second Generation: Segmented Assimilation and its Variants, *The Annals*, № 530(1), 74-96.

동화, 지속적인 이중문화와 결합된 상향 이동과 같은 완전히 다른 결과가 가능하다는 것을 실질적으로 확인하였다.

이 이론은 이민자의 자녀, 그들의 부모, 그리고 더 넓은 민족 사회 사이의 상호관계 프로세스를 조화, 부조화, 선택적 문화 적응의 세 가지 유형으로 나누고 있다. 조화로운 문화 적응은 자녀와 부모 모두 미국 문화를 학습하여 거의 같은 속도로 모국의 언어와 전통에서 점차적으로 멀어져갈 때 발생한다. 이 아이들이 미국의 주류에 진입하면서 자기 부모의 도움을 얻어 상향 이동을 얻어낸다. 부조화한 문화 적응은 아이들이 자신의 이민자 부모들보다 훨씬 더 빨리 영어를 배우고 미국의 관습을 받아들일 때 발생한다. Portes와 Rumbo[9]는 이 과정 속에서 젊은 사람들이 인종차별이나 이중적인 노동시장에 시달리고, 부모의 강한 권위나 사회적 지원이 없는, 도시 지역 출신의 허무주의적 젊은이들과 어울리면서 하향 동화로 이어질 수 있다고 주장한다. 세 번째 과정인 선택적 문화 적응은 상향 동화와 이중문화로 이어진다. 이는 부모와 자녀가 민족 공동체의 일부로 남아 있으면서 점차적으로 미국의 관습을 익혀 나갈 때 발생한다. 이 경우 "부모의 권위 보존, 세대 갈등의 최소화 내지 완전한 부재, 자녀들의 자유로운 이중 언어 사용"[10]이 특징으로 나타난다. 선택적 문화 적응은 차별에 직면한 그룹에게 특히 중요하다.

분절된 동화 이론은 부모의 인적 자본(부모의 교육 및 소득 수준 포함)과, 통합 방식(이민자 그룹에 대한 국가적 정의, 혜택 받을 권리, 이민자 그룹을 향한 차별과 반감의 정도), 가족 구조의 중요성을 강조한다.[11]

---

9 Portes Alejandro, Rumbaut R. G. (2001), *Legacies: The Story of the Immigrant Second Generation*, Berkeley, CA: University of California Press, 52.

10 Ibid, 52.

4. 논의: 한인들에게 민족 소속감과 민족 정체성의 의미

학자들은 1988년 한인 응답자 1,300명의 답변을 기반으로 CIS 한인들의 민족 정체성에 대해 연구하였다.[12] 언어와 관련하여 다음과 같은 결과를 얻어냈다. 낯선 환경에서의 장기 체류, 적은 인구수, 영토적 자치권이 상실된 부차적 민족 그룹이라는 지위, 소수 민족 강제 동화 정책, 그리고 도시화와 인적 자본에 대한 투자를 통한 사회적 이동의 성취 전략에 기인하여 한인들은 빠르고 완전하게 언어적으로 동화되었다. 1990년대 후반 많은 한인들은 세대를 불문하고 지역 언어를 배울 준비가 되어 있지 않고, 또 배울 의향도 없어 보인다. 그들은 짧은 기간에 교육 및 정부 행정의 수단으로 사용되는 언어를 러시아어에서 지역어로 대체하는 것이 사실상 실용적이지 못할 뿐 아니라 러시아어가 앞으로도 오랫동안 공용어로 남을 것이라 믿는 경향이 있다. 흥미롭게도 한인 3세대와 그 아랫세대의 경우 점점 더 중요해지는 영어를 배우고 싶다고 말한다.

이와 같이 CIS와 같은 다민족 사회에 살고 있는 한인들에게 민족 정체성은 고정된 상수가 아니라 변수이다. 다시 말해, 자신을 한인으로 동일시하는 정도는 모든 한인들에게 동일하지 않고, 다른 사회적 환경에 살고 있는 한인 집단 속에서 다르게 나타난다. 이때 민족 정체성은 원래의 관계가 아니라 상황에 따라 새롭게 부상하는 실체이다. 이것은 민족 집단이 처한 구조적 상황이다. 이미 밝혀졌듯이, 주거 안정성, 분리 정책, 공공 지위, 지역 기관 및 서비스에 대한 의존

---

11 Alejandro Portes, Patricia Fern ndez-Kelly & William Haller (2005), Segmented assimilation on the ground: The new second generation in early adulthood, *Ethnic and Racial Studies*, № 28(6).

12 Yoon I.-J. (2000), Forced Relocation, Language Use, and Ethnic Identity of Koreans in Central Asia, *Asian and Pacific Migration Journal*, 9(1), 35-64.

도와 같은 구조적 조건은 민족 소속감을 강화시킨다.[13]

이 연구의 또 다른 결론은 "응답자들이 자신의 한인 정체성에 대해 심리적, 정서적으로는 강하게 반응했지만 한국 전통과 문화를 보존하여 전수하는 실제 행동에는 소극적"이었다는 것이다. 이 지점에서 태도와 행동의 불일치를 찾아볼 수 있다. 한인이 같은 민족 내 결혼을 강력하게 선호하고 있음에도 불구하고 실제 민족 간 결혼의 수는 증가하고 있다. 알마티와 같은 도시에서는 이 지표가 40%에 달했다. 마찬가지로 집이나 직장에서 한국어를 사용하는 사람은 적지만, 많은 이들은 자신의 자녀들이 한국어를 배우기를 원한다. 이와 같이 중앙아시아와 CIS 한인들의 민족 정체성은 이상적이고 상징적인 민족 소속감의 형태를 취하고 있는 것으로 보인다.[14]

CIS 국가에서 민족 정체성은 엄격하고 객관적이다. 1930년대 국내 여권 시스템이 도입된 이후 소비에트 연방이 붕괴될 때까지 사람들은 출생증명서에 표시된 대로 부모의 민족 소속을 물려받았다. 개인의 민족 소속은 여권에 기록되고 모든 신분증명서에 표시되어, 대학 입학, 취업, 승진, 또는 이민 신청 시 고려 대상이었다. 역설적이게도, 소비에트의 민족 정책은 소수 민족을 동화시키는 것이었지만 실제로는 민족의 경계를 넘어서지 못했다. 이러한 이유로 한인들은 자신이 소속된 민족의 특성에 대해 잘 알고 있었고 일상생활에서 다른 이들에게 지속적으로 자신의 고유한 민족성을 상기시켰다.

도시 지역 한인들의 높은 교육 수준과 직업 이동성, 역사적 경험, 그리고 구조적 조건은 한인을 수용 사회에 동화시키는 데 기여했다. 그럼에도 불구하고 한인들은 높은 수준으로 민족 정체성을 유지해

---

13 Ibid, 35-64.
14 Ibid, 35-64.

왔는데, 이는 무엇보다 민족 소속감이 한인을 다른 사람들과 구분하고 그들의 삶의 기회를 제어하는, 사회적으로 부과되고 인정된 표식이기 때문이다.[15]

한인들에게 민족 소속감의 의미는 언어 사용, 민족 유산과 문화에 대한 지식, 대인관계와 같은 객관적이고 행동적인 측면에서 약하게 나타나는 반면, 민족 정체성과 같은 정서적이고 심리적인 측면에서 강하게 드러난다. 한인들은 결혼 및 전통 음식, 의례에서 민족 소속감을 강하게 유지하고 있다. 한인의 동화 경험은 동화와 민족 소속감의 관계가 상호 배타적인 것이 아니라 상호 보완적임을 보여준다. 다시 말해, 동화는 개인의 자유 의지와 선택에 의해 결정되는 개인적 현상이라기보다는 개인이 속한 사회 환경과 구조에 의해 결정되는 사회적 현상인 것이다. 예를 들어, 도시화가 한인의 러시아화를 촉진한 반면, 콜호즈나 솝호즈는 한인들이 민족 정체성과 문화를 유지할 수 있는 구조적 조건을 만들었다. 이러한 조건에서 한인들의 언어적 동화 및 민족 간 결혼, 기타 형태의 사회문화적 동화가 급속하게 진행되었다.[16]

연구자들은 2015년 현 단계에서 러시아 한인들이 고유한 전통적 가치, 민족 명절 및 의식을 보존하고 있는 일련의 특징을 강조한다. 한인들은 러시아에 거주하면서 고유한 정체성에 대한 생각을 보존할 수 있었다. 그들은 러시아의 어떤 민족 공동체나 조선민주주의인민공화국, 대한민국의 한국인에 속하게 되는 것을 배제한다. 강제이주와 동화 과정에도 불구하고 한인들은 자신의 민족 문화의 중요한 종합체를 보존할 수 있었던 것이다. 오늘날 러시아 한인들에게는 고유

---

15 Ibid, 35-64.
16 Ibid, 35-64.

한 가족적 가치와 정체성에 대한 입장이 있다. 이 지점에서 한인들이 자신의 정신적, 물질적 문화의 많은 요소를 상실했고 앞으로 이러한 과정이 더욱 심화될 것이라는 점을 언급하지 않을 수 없다. 오늘날 한국어를 알고 있는 사람은 주로 구세대 구성원들이다. 한인들 사이에 모국어로 진행되는 교육과정은 없고, 한국어 수업은 러시아 한인 조상들의 언어와는 다른 남한 방언이 주로 전파되고 있다. 러시아 문화의 영향으로 결혼의례, 장례-추도 의례, 종교적 신념도 상당히 변화했다. 한인들은 오래된 전통 중 몇 가지 요소만을 보존하고 있다. 물질문화 및 전통 건축 양식도 단편적으로만 보존되고 있다. 이와 같이 현대 러시아 한인들에게는 모순적인 과정과 추세가 관찰된다. 한편으로 그들은 고유한 정체성과 전통 가치 체계에 대한 관념을 보존하여 전수에 성공했지만, 다른 한편으로 동화 과정과 문화화 과정에서 러시아 한인 민족 문화는 점차적인 "침식"의 길을 걷고 있다.[17]

  2015년 소수민족의 모국어 생활 능력의 양적, 질적 매개변수 측정에 바탕을 둔 종합적인 연구가 수행되었다. 카자흐어, 러시아어 및 모국어 구사에 대한 자체 평가에서 한인들은 우크라이나인, 폴란드인과 마찬가지로 모국어인 한국어에 대한 지식이 부족한 것으로 나타났다(33%). 또한 카자흐어 구사는 14%, 러시아어 구사는 100%로 나타났다. 응답자들이 보여준 이러한 언어적 변화는 "그들이 카자흐스탄에서 태어나 러시아어로 교육하는 학교를 다녔고, 자신의 모국어보다는 러시아어로 더 자주, 더 유창하게 말하고 있다(그들은 일상생활에서 이 언어를 적절하게 연습할 기회가 없다)"는 사실로 설명될 수 있

---

17 Каменских М. С. (2015), Современные аккультурационные процессы и представления о семейном укладе и собственной идентичности у российских корейцев Пермского края, *Вестник Пермского научного центра*, № 4, 76–83.

다. "설문조사 결과는 모국어 개념이 언어 숙달 정도와 강한 상관관계가 있음을 확인시켜 준다. 67%의 한인이 자신의 모국어를 다른 민족의 언어라고 생각한다. 결국 이는 자신의 민족 언어를 모르는 응답자의 비율이다." 압도적 다수의 응답자는 러시아어가 자신의 모국어라 대답했다. 결과적으로 개인의 언어적 정체성과 민족 사이의 상호관계를 받아들이는 여러 측면에 비대칭이 존재한다. 즉, 개인이 선택하거나 선호하는 언어 정체성이 그/그녀의 민족 소속성과 일치하지 않는 경우가 종종 발생한다. 그러나 언어 정체성의 불안정성이 파괴적 성격을 가지지는 않는다. 사실, 응답자의 75%가 모든 사람이 자신의 모국어를 알아야 한다는 데 동의하고 있다. "당신은 자신이 속한 민족 그룹의 언어를 몰라 불편했습니까?"라는 질문에 15.3%의 한인 응답자만이 "드물게"라고 대답했다. 즉, 민족 그룹으로서의 한인은 "언어 환경에 대해서는 관용 정도가 높고, 민족 구성원 및 언어적 소수자로서의 자신에 대해서는 관용 정도가 중간 이하로 나타난다." 이러한 자료를 바탕으로 연구자들은 한인을 모국어 숙달도가 낮고 동화의 위험도가 높은 민족 그룹으로 분류하였다.[18] 2018년도 연구는 카자흐스탄의 젊은 사람들이 자신들을 서로 다른 민족의 구성원으로 생각하는지, 만약 그렇다면 어떠한 기준으로 민족 정체성을 결정하는지에 대해 보여줬다. 연구 결과에 의하면, 응답자가 언급한 민족 소속성은 그가 태어난 장소나 언어 능력, 종교와 상관이 없었다.[19]

---

[18]   Zharkynbekova S., Aimoldina A., Akynova D. (2015), Cultural and language self-identification of ethnic minority groups in Kazakhstan, *Sociolinguistic Studies*, T. 9, №. 2/3, 289.

[19]   Abdramanova S. (2018), Ethnic identity of Kazakhstani young people in relation to language, *Евразийский журнал филологии: Наука и Образование*, № 166(2), 140-147.

 2019년 학자들은 카자흐스탄에 거주하는 한인들의 민족심리학적 특징에 대해 연구했다. 그 결과를 분석해 보면, 한인 대학생들은 그들의 개인적 정체성이 가장 중요하다고 생각한다. 젊은 한인들은 자신의 역사적 과거에 매우 관심이 많고, 다른 민족 구성원들과 소통할 때 그들의 민족 소속성이 아니라 무엇보다 개인의 자질에 주의를 기울여야 한다고 생각한다. 성별, 종교, 시민 정체성, 그리고 가족에 대한 소속감이 자신의 개인적 지위를 결정하는 주요 우선순위 중 하나로 나타났다. 연구에 따르면, 한인 젊은이들은 민족 정체성의 침식, 불확실한 민족 소속성, 민족 소속성에 대한 무관심이라는 특징을 갖는다.[20]

 역사적 조국의 역할과 관련된 정체성 문제를 대한민국으로 이민을 간 사람들과 비교하여 살펴보겠다. 다양한 이유로 대한민국으로 이주한 한인들에 대한 2015년 연구에서 필자는 한국에 사는 CIS 국가 출신의 한인 이주민 대다수의 삶을 다양한 측면에서 연구했다. 응답자들의 한국어 구사 능력이나 역사적 조국의 역사와 문화에 대한 지식수준이 상당히 낮았지만, 그럼에도 불구하고 그들 대부분은 자신이 한국인이라고 느끼고 있었다. 러시아 및 중앙아시아에서 온 많은 한인들이 역사적 조국에 살면서 자신들과 현지 한국인들 사이에 사고방식과 행동양식, 규범에서 차이를 느낀다. 어떤 사람들은 주변으로부터 부정적인 태도나 거부를 경험하기도 한다. 이주 과정, 새로운 환경에의 적응, 역사적 조국에서의 급변하는 상황은 한편으로는 민족적 자의식을 강화하고, 다른 한편으로는 오히려 정체성의 혼동과

---

20 Aimaganbetova O. Kh., Adilova E. T., Baimoldina L. O. (2019), Study of features of ethnic identity of Koreans (core-saram) residing in Kazakhstan, *Вестник КазНУ. Серия психологии и социологии*, № 3(70), 4-13.

조국에 대한 반감을 가져올 수 있다. 이는 동포들과의 접촉이 증가함에도 불구하고 점점 더 그 가능성이 높아진다.[21]

5. 결론: 카자흐스탄 한인 미래 세대의 민족 정체성 유지 방안

저자는 다음과 같은 질문에 대한 대답을 통해 향후 연구의 주요 주제 범주를 정해보겠다. 카자흐스탄의 한인은 자신을 누구라고 생각하는가? 카자흐스탄 한인 미래 세대의 민족 정체성을 보존하기 위해서는 어디로 가야 하는가? 이에 맞춰, 다음과 같은 가정 하에 주요 가설을 세울 것이다.

한인은 **카자흐스탄의 사회 경제적 발전에 기여**해야 한다. 경제적 발전과 정치적 안정이 높은 수준으로 유지되는 사회에서는 구성원 개인의 생각이 그들의 민족, 종교, 언어 정체성과 관계없이 보호된다. 카자흐스탄 한인 젊은 세대는 자신의 조국, 조상들의 조국, 그리고 그들의 후손들이 살아야할 땅이 카자흐스탄이란 사실을 인식해야 한다. 현대 노동 시장의 치열한 경쟁을 견디면서 개인으로서 독립적이고, 질이 좋은 교육을 받고, 해당 분야의 전문가로서 자신을 실현하여야 한다. 즉, 카자흐스탄 사회, 국가, 나라에 필요한 존재가 되는 것이 중요하다는 의미이다. 이전 세대의 한인이 사회주의 건설 발전에 기여하고, 오늘날 거대한 천연 자원 및 인적 자원을 가진, 포스트 소비에트 국가 중 하나인 독립 카자흐스탄의 발전에 최선의 기여

---

21 Ким Хе Чжин (2015), Культурная адаптация и особенности этнического самос ознания русскоязычных корей цев, проживающих в Республике Корея, *Новые тенденции социокультурных изменений в корей ском и россий ском общест вах*, отв. Ред. Р. К. Тангалычева, В. В. Козловский , СПб.: Скифия-принт, 223-232.

를 한 것은 우연이 아니다.

가족의 의미. 개인의 자질 형성은 가정에서 시작되고, 한인의 관습과 전통을 보존하고 유지하는 것은 가족의 책임이다. 오늘날 고려 사람은 이전 세대 한인 유산을 습득할 수 있는 모든 기회를 가지고 있다. 한인 디아스포라의 역사는 전 세계에 알려져 있고 관습은 구세대 덕분에 가족 영역에서 보존되고 있는데 이러한 계승을 유지하는 것이 중요하다. 이를 위해서는 현재 계승된 카자흐스탄공화국 국립 한인 뮤지컬 코미디 극장 및 국립 한인 신문 "고려일보"의 전통을 계승 발전시키는 것이 중요하다. 한인들은 국영 TV 방송에서는 자리를 잃었지만 이제 인터넷 공간에서 카자흐스탄 한인들에 대한 콘텐츠를 배포할 수 있는 엄청난 기회를 가지고 있다. 세월이 흐르면서 고려 사람의 전통적 요리법을 이어가던 구세대 어머니들이 세상을 떠났다. 한옥을 짓는 전통, 한인들의 일상적 요소들이 잊히고 고려 사람의 한국식 교자상 전통은 남한 스타일로 현대화되고 있다.

언어에 대한 문제. 남한과 수교를 체결한 이후 카자흐스탄에는 이른바 "민족 부흥"이 시작되었다. 한국어는 조상들의 언어이자 민족 자격 구분 유형에 따른 모국어로서 젊은 한인들에게 여전히 중요하다. 그러나 한인 디아스포라의 역사를 생각해보고 이를 스스로에게 느껴보면, 한국어 보존은 직업적, 일시적 필요성을 가진 경우가 아니라면 머지않아 순전히 상징적인 의미가 될 것이란 점을 인정해야 한다. 일반적으로 국가 정책을 실행하는 과정이나 인구통계학적 상황의 변화, 정치적 현실의 변화로 인해 카자흐스탄 한인에게 국가 언어를 체계적으로 배우기 시작하는 것은 매우 중요한 일이 되었다. 이제 카자흐어를 완벽하게 구사하기 위한 조건이 모두 갖춰있기 때문에 결정을 내려, 강제적이 아니라 개인의 성공을 위한 필수 요건으로써 언어를 아이들에게 전수할 일만 남아 있다.

한인 디아스포라 단합의 의미. 이는 카자흐스탄 국민회의 후원 하에 카자흐스탄 사회에 합류한 카자흐스탄 한인협회의 활동 덕분에 이루어지고 있다. 한인은 향후 카자흐스탄의 130개 이상의 민족 구성원들 중에 중요한 위치를 차지할 전망을 가지고 있다. 주변의 다민족 사회에서 자신에 대한 긍정적인 인식을 형성하여 그들은 스스로 성공적인 민족 집단이라는 지위 달성에서 의미 있는 결과를 얻을 수 있을 것이다. 동화의 가능성이 있지만 이 과정은 민족 유전자 코드의 관점에서 적어도 100년은 지나야 완료될 수 있을 것이다.

역사적 조국은 카자흐스탄 한인의 경제적 안녕을 건설하는 데 특별한 역할을 한다. 대한민국은 질 높은 교육을 장려하고, 남한 기업인들과의 비즈니스 네트워크를 구축하며, 젊은 세대에게 한국어와 한국 문화 습득의 기회를 제공함으로써 카자흐스탄 한인을 높은 지위로 끌어올릴 수 있는 가능성을 가지고 있다. 현재 대한민국의 외교 공관 및 대형 재단 등은 고려 사람의 학문 및 교육 활동을 지원하기 위해 수많은 작업을 수행하고 있다. 남한 측에서 조직한 단체를 포함하여, CIS 국가 한인 단체, 청년 운동 단체, 직업 공동체 등의 기업인 포럼이 상당한 발전을 이룩했다. 이와 같은 활동은 가능한 많은 카자흐스탄 한인 젊은이들을 참여시켜 지속되어야 한다. 자신의 직업적 전문성과 거리가 먼 직장을 찾아 남한으로 이주하는 카자흐스탄 한인들의 일시적 노동 이민의 증가가 각별히 우려된다. 최근 몇 년 동안 이주한 카자흐스탄 한인들 중에는 고등교육을 받은 사람이 많은데 이는 비록 일시적일지라도 결국 인적자원의 상실을 의미한다.

한인과 카자흐스탄 사회. 한인은 민족 정체성의 "수평적 차원"과 "수직적 차원" 모두를 긍정적으로, 충분히 쉽게 유지해야 한다. 이러한 정체성은 한인 디아스포라 구성원 각각의 발전 과정에서 조화롭고 진보적인 성격을 가질 것이다. 한 개인으로서의 자신에 대한 인식을 통해 자신이 특정 민족 공동체에 속해 있음을 이해하게 된다. 한인이 민족 정체성을 유지하며 "자기 자신"이 될 때, 삶의 다양한 영역에서 그들을 필요로 하는 수요가 높을 때, 카자흐어로 소통하고 카자흐 문화와 한국 문화의 상호 영향을 통해 긍정적으로 인식될 때, 그들은 카자흐스탄 사회에서 훨씬 더 중요한 부분이 될 것이다. 다민족 사회와 **융합**되는 과정에 한국 민족의 **특징**이 더 뚜렷하게 드러날 것이다.

한인과 **세계 공간, 해외 한인들.** 700만 명이 넘는 한인들이 한반도 밖 전 세계 130여 개국에 살고 있다. 카자흐스탄 한인은 중국, 미국, 캐나다, 일본, 그리고 포스트 소비에트 공간의 한인 디아스포라와 우호적 관계를 구축할 기회를 가지고 있다. 교제 및 상호교류의 경험은 고려 사람의 민족 정체성을 강화하고, 공공 기관, 비즈니스 단체, 교육, 학문, 문화 및 언어 소통과 같은 생활 영역에서 협력의 요소를 가져올 수 있다. Scheffer는 디아스포라가 소멸 위기에 처해 있지 않다고 강조한다.[22] 오히려 세계화라는 조건에서 다양한 국가에 새로운 이민자 공동체가 생겨나기 시작할 수도 있고, 기존 공동체의 수가 증가할 수도 있다. 따라서 디아스포라 조직의 확대 및 국경을 초월한 지원 네트워크의 강화를 기대할 수 있고, 디아스포라 리더와 일반 구성원들의 강력한 정치화는 그들이 정착한 국가의 문화, 경제, 정치적 생활에 더욱 적극적으로 참여하는 것을 가능하게 할 것이다.

학술 문헌에서는 **동화와 토착화의 문제**가 논의되고 있다. 이론적

---

22 Scheffer G. (2003), *Diaspora Politics: At Home Abroad*, Cambridge: Cambridge University Press.

으로 카자흐인은 지배적 민족이고, 한인은 소수민족이다. 토착화 과정이 성공하든 아니든 상관없이, 토착 인구의 높은 출생률은 카자흐인화 과정을 받아들이게 만든다. 현재의 민족화 과정은 한인 디아스포라의 운동을 시스템적으로 제한하지 않는다. 소비에트 연방 붕괴 이후 카자흐스탄 한인 디아스포라의 가장 근본적인 의식 변화는 현 국가 이데올로기와 새로운 민족주의 경향에 순응할 수밖에 없다는 사실을 인정한 것이다. 그러나 남기로 결정한 것이 반드시 동화를 의미하는 것은 아니다. 그들은 정착한 국가에서 자신의 전통, 문화, 언어를 부흥시키는 데 그 어느 때보다 바쁘다. 게다가 최근 젊은 세대는 자신의 한인 정체성을 깨닫고 카자흐스탄 한인 협회의 지역 한인 단체에 등록하고 있다. 한인 디아스포라가 활발하게 활동할 수 있는 원동력은 교육 받은 지식인이 많다는 점과 남한 측에서 지속적으로 물질적 지원을 받고 있다는 점일 것이다. 이것은 디아스포라 운동을 지원하고 자금을 조달하는 일의 중요성을 보여준다.[23]

한인 디아스포라의 노력은 역사적 조국과의 연계 체계를 형성하고 정착 국가(카자흐스탄) 영토 내에서 디아스포라의 이해관계를 실현하는 정치적, 법률적 메커니즘을 형성하는 것을 목표로 해야 한다. 이는 디아스포라의 사회적, 민족 문화적 지원을 목표로 하는 국가 당국과의 건설적인 상호작용 및 전체 카자흐스탄 차원의 긍정적인 프로세스로의 통합, 명확한 규제 체제를 통한 상호 작용 보장, 역사적 조국과의 관계 발전 등과 같은 방향에서 이루어져야 한다.

이론적으로, **소수민족 현상**은 차별적인 상황에서도, 민주적인 국

---

23 Oh C. J. (2012), Comparative Analysis of the Ahıska (Meskhetian) Turks and Koreans in Post-soviet Kazakhstan and Uzbekistan: The making of diaspora identity and culture, *Mill Folklor Uluslararası Kültür Araştırmaları Dergis*, № 94, 14-26.

내외 정책 상황에서도, 민족 정책 갈등을 겪을 수 있다. 따라서 갈등 없는 민족적 소수를 계승하기 위해서는 민족 정체성 및 공공 기관의 지원, 시민 정체성, 국민 정체성의 종합적 결과로 이해되는 **긍정적인 정체성 형성**에 특히 주의를 기울여야 한다. 관용과 통합의 노력으로 이러한 정체성 형성이 지원받고 자극받는다.

　이와 같은 문제 범위가 현대 카자흐스탄 사회 현실에서 중요성이 증가하고 있는 당면 연구의 경계를 규정한다.

엔클레이브 이론에서 사회자본 이론으로

—CIS 지역 신세대 고려인 기업가를 중심으로

토노무라 마사루·나탈리야 염
김연수 옮김

1. 서론

민족기업이라는 용어와 그 기본 이론이 많은 저자들에 의해 연구되었다(Volery T., 2007). 민족기업에 대한 연구는 막스 베버(Weber V., 1930), 베르너 좀바르트(Sombar, W., 1914), 게오르그 짐멜(Simmel G., 1950)의 고전적 저술에 기반을 두었다. '낯선 것을 판매하는 상인'에 대한 이 학자들의 개념은 이후의 모든 민족기업에 대한 연구에 영향을 주었다. 가장 인기 있는 것은 '엔클레이브 이론'이다. 기업가가 민족공동체의 다른 구성원에게 서비스를 제공하기 시작하고 그들의 구체적인 민족적 수요를 충족시킬 때 민족 비즈니스가 생긴다. 더 큰 규모의 민족집단이 지리적으로 집중된 지역에 살고 있을 때 이 과정은 용이해진다(Greene P., Owen M., 2004). 엔클레이브 이론은 기업활동을 노동시장 문제의 결과로 설명한다(Nee V., Nee B., 1986).

사회학적 '결핍 이론'도 있다. 언어 능력, 직업 숙련도, 교육과 같은 '인적자본의 결핍으로 인해 이주민들은 기대 일자리를 잃어버려 새로운 곳에 거주하는 것이 어려워진다(Fregetto E., 2004). '중개자 이론'은 민족기업을 상업행위와 협상 과정에서 중개자로서의 소수민족의 활동으로 설명했다(Zenner W., 1991). 이주 이론은 민족 비즈니스 모델을 민족의 이익을 위한 이주민들의 네트워크 구축의 결과로 설명한다(Muller T., 1993).

사회자본 이론은 '민족기업 내의 집단 구성원 자원의 현저한 중요성'으로 연구되었다(Butler J. S., Greene P. G., 1997). 소수민족의 사업 성공을 위해 중요한 것은 민족 비즈니스를 '전체 궤도'에 올려놓기 원하는 민족 기업가들의 특수성이다(Deakins D., 1999). 사회자본의 개념과 민족 비즈니스의 이해에 있어서 소셜 네트워크의 역할은 국제 이주 경제 차원에서 연구된다(Bankston C. L., 2014). 캐나다의 민족 집단들에 있어서 민족 기업가들의 개인적 및 사업적 특징이 사회자본 이론에 근거하여 분석되었다. 그 결과는 비즈니스에서 '민족 참여 지수'가 교육, 직업 경력, 소수민족의 지위, 사업을 하는 부모의 지위 등과 관련이 있다는 것을 보여준다(Menzies T. V., Filion L. J., Brenner G. A., Elgie S., 2003).

저자는 CIS 지역 고려인의 경우 민족기업의 활동 문제에 사회자본 이론이 유효하다고 생각한다. 교육, 직업 경험, 개인적 및 사업적 자질이 포스트소비에트 공간의 고려인 기업활동에 대한 새로운 혁신적 접근에 있어서 중요한 원동력이 된다.

민족기업이 주위의 사회·경제 상황의 특수성과 밀접한 관계에 있다는 것이 이론적으로 정의되었다. 라다예프의 견해에 따르면 이주민 민족기업가들은 일반적으로 시장에서 네 가지 틈새분야를 찾아낸다. 첫 번째는 비정기적이고 우연적인 성격을 갖는 산발적인 이주를 기반으로 민족공동체 내부의 수요를 위한 민족 소비 상품들을 공급, 생산, 실현하는 것이다. 두 번째 틈새시장은 원주민들을 위해 민족 상품을 공급하는 것과 관련되는 것으로, 현지 시장에 '이국적인 것'

을 소개하는 것이다. 이것은 몇몇 다른 국가나 지역의 반복이주 또는 순환이주를 기반으로 한다. 세 번째 틈새시장은 영구적 이주 상황에서 소비자에게 필요한 다양한 종류의 서비스 수요를 현지에서 충족시키는 것이다. 네 번째 틈새시장은 취약하고 불안정한 시장을 메우는 것, 그리고 원주민의 점유율이 낮은 경제 분야를 점하는 것이다. 이 경우 이주민 기업가들 중에는 계절성 이주자와 강제 이주자의 수가 많다(Радаев В. В., 1995).

카자흐스탄 교육과학부 철학·정치학 연구소는 2011년에 알마티의 비즈니스협회를 대상으로 카자흐스탄의 민족기업 현황에 대한 조사를 실시했다. 카자흐스탄의 중소기업 상황과 문제와 발전 경향이 분석되었다. 카자흐스탄의 경제 및 사회·정치 현대화 전략 과제를 해결하는 정당한 주체로서의 카자흐스탄 비즈니스협회의 형성 요인들이 밝혀진다(Нысанбаев А. Н., Курганская В. Д., 2011).

'기업문화론'에 기반한 약간의 연구들이 있다. 우크라인스키와 치미트도르지예프가 '민족화된 기업'이라는 저서에서 민족기업을 연구했다. 외식업과 소매업을 하는 '민족'기업을 소유하고 있는 극동지역 고려인의 기업활동을 바탕으로 극동지역 고려인 기업가들의 실제를 연구했다. 기업의 특별한, '민족화된' 성격에 대한 가정이 제시된다. 고려인 민족 비즈니스는 러시아 고려인 공동체와는 관련이 없다. 외식기업(한식당, 한식 식료품 도매상)은 고려인을 포함한 대중적인 소비자를 타켓으로 한다. 자본과 사업 파트너를 구할 때나 직원을 고용할 때 '자기' 민족을 엄격히 고집하지 않는다. 저자들은 고려인 민족기업을 '저강도 민족성'이 발휘되는 '민족화된' 기업으로 정의했다. 이경우 고려인 기업가들의 '가족주의'는 직원관리에서 가장 잘 드러난다(Украинский В. Н., Чимитдоржиев Ж. Ж., 2016).

사다예바는 '이민족 사회에서 소수민족의 이주 과정과 적응 결과로서의 민족기업 현상 : 노보시비르스크의 고려인 디아스포라를 중심으로'라는 논문에서 노보시비르스크의 고려인 디아스포라 엘리트 사업가를 대상으로 다민족 사회에서의 행동 전략 선택에 대해 민족 사회적 관점에서 연구했다. 연구 결과 얻어진 명제는 민족기업은 어떤 극단적 상황에서 개별 사회 (민족) 집단의 생존 방식일 뿐이고, 상황이 좋은 방향으로 변화함에 따라 민족 비즈니스 현상은 저절로 사라진다는 것이다. 민족적 자아정체성은 노보시비르스크의 고려인 사업가들의 삶에서 매우 중요한 요소이다. 그러나 그것이 비즈니스를 추진하고 발전시키는 데 핵심적인 역할을 하는 것은 아니다. 고려인의 노보시비르스크 이주가 주로 사회·경제적 성격을 띠기 때문에 적응 초기 단계에 비해 결속도가 낮다. 응답자들은 그들이 노보시비르스크에 와서 가장 의지한 것은 민족 자원이 아니라 자기 자신이었다고 말한다. 위기의 시기는 한 민족 차원이 아닌 전국가적 규모로 일어났다. 그러므로 상황에서 벗어나는 방법도 국가 전체의 방법과 거의 비슷했다. 그러나 노보시비르스크 고려인에 대해 '대도약 현상'이라는 정의를 사용하는 것은 타당하다. 즉, 러시아 고려인은 높은 적응력과 근면함으로 전통적으로 농업적 마인드를 가진 민족이 초단기간에 은행이나 대기업의 대표, 권력기구의 대표, 학문과 스포츠 분야의 유명한 인물들로 대표되는 민족으로 변모할 수 있었다(Садаева О. А., 2007).

랴잔체프는 '이주민의 적응 형태로서의 민족기업'이라는 논문에서 아르메니아 디아스포라의 민족기업을 연구했다. 그 결과 다음과 같은 일련의 결과를 얻었다. 민족기업의 특징은 '민족적 결속성'이다. 아르메니아인의 민족 이주는 디아스포라의 후원 하에 진행되고, 이

주민들에 대한 재정적, 정신적 지원이 이루어진다. 아르메니아 이주민들이 새로운 거주지에서 기업을 일구고 발전시키는 데 있어서 기본적인 지원금의 출처는 결코 정부가 아니라 친척이나 친구들의 자금이다. 이 경우 북카프카스 지역에서 아르메니아인의 기업 활동은 소규모 비즈니스에 국한되지 않는다. 아르메니아인 디아스포라는 북카프카스 도시들에서 가장 큰 시장들과 많은 대규모 상점들을 관리한다. 민족기업의 급격한 발전은 민족별 소득수준 격차를 심화시킨다. 아르메니아인 디아스포라를 대표하는 사람들이 러시아인보다 훨씬 더 부유하고 결속력이 강하다. 민족기업은 개별 소수민족의 다양한 활동 경향과 낯선 사회문화 환경에 대한 성공적인 적응이 결합된 결과이다(Рязанцев С. В., 2000).

페슈코바는 '러시아 내의 이주민 기업 : 구조적 가능성'이라는 논문에서 러시아 내 이주민의 기업활동을 결정하는 핵심적인 구조적 요인들을 검토한다. 러시아의 통계 자료와 러시아 전체의 기업 현황에 대한 국제적 연구 결과들, 그리고 러시아 전체 기업 현황에서 구소련 국가(아제르바이잔과 키르기스스탄)를 대표하는 이주민 기업가의 지위와 역할을 분석했다. 모니터링 결과 기업가 활동에 성비의 불균형이 있다는 것이 확인되었다. 이들 국가에서 남성이 기업활동에 더 많이 참여하고 있다. 사업가 중에는 고등교육을 받은(미수료 또는 졸업) 사람들이 압도적으로 많다. 러시아 내의 신생기업의 섹터별 분포를 보면 소비 섹터가 압도적이다. 친척이나 동향인, 친구나 지인으로부터의 지원이 기업가 활동의 원동력 중 하나이다(Пешкова В. М., 2018).

우즈베키스탄의 민족 집단들을 대상으로 중앙아시아의 디아스포라 기업에 대한 연구가 이루어졌다. 저자들은 이 지역에서 수집한 양질의 정보를 기반으로 인터뷰 자료를 분석했다. 민간기업 영역에서 제한적인 기회를 갖는 포스트소비에트 경제체제 국가들에서 민족 비즈니스의 동인을 연구했다. 실업과 '강제적 기업활동'에서부터 삶의 질 향상을 가져오는 기회의 증가, 발전, 성공까지 다양한 요인들이 동기가 될 수 있다. 과도기 경제에 있고 민족 집단들이 있는 국가들처럼 우즈베키스탄의 경우도 민족 음식과 의복과 같은 분야에서 기업활동의 기회가 있다. 결과적으로 '독자적인 분야를 점하고 유지'할 수 있는 독특한 하부구조가 만들어진다(Jenssen JI, Kristiansen S (2004) Sub-cultures and entrepreneurship : the value of social capital in Tanzanian business. Journal Entrep 13(1): 1-27.). 그러한 하부구조는 일부 민족 집단들이 '핏줄 속에 기업가의 혈관을 가진' 것 같은 스테레오타입을 만들어 내며 더 진취적이 되도록 고무한다(Elo, V., 2016).

2. 방법론

기업활동 연구는 신생 학문 분야로, 학제간 접근법의 이론적 기반과 방법론적 기반을 동시에 적용하는 취약성을 특징으로 한다 (Ireland R. D., Webb, J. W., Joseph E. Coombs, J. E., 2005).

민족기업 연구의 범위는 주로 인식론적 방법론에 기반한 양적인 증거의 이점을 보여준다(Waldinger R., Aldrich H., Ward R. (eds), 1990; Jones, T., Ram M., 1998; Light, I. and Gold S., 2000; Schaper, M. and Volery T., 2004).

학자들은 질적인 분석 방법론에 주목하고 대안적 연구 전략의 중요성을 보여주었다. 기업 연구에 있어서 질적 자료의 축적, 체계화, 해설은 때로는 양적인 분석이 할 수 없는 중대한 기여를 할 수 있다. 민속학적, 현상학적 연구방법이 사용된다. 주제별 연구는 하나의 사건 또는 연구자에 의해 정해진 분석 단위를 기술하는 연구 유형이다. 주제별 연구들의 종합은 하나의 관찰 단위를 규정할 수 있고, 출판물의 일부일 수 있으며, 몇몇 출판물 자료로 구성될 수 있다. 유사한 방법으로 주제별 연구는 개별 기업가, 회사, 조직이나 몇몇의 기업 활동 분야(예를 들면, 클러스터나 비즈니스 인큐베이터, 또는 지역)에 집중될 수 있다(Rauch A., Doorn R. V., Hulsink W., 2014).

본 논문에서는 주제별 연구와 민속학적 방법론을 결합한 질적인 접근법이 사용될 것이다. 그 이유는 연구가 실제적인 맥락에서 현상황을 연구하기 때문이다. 이러한 방법의 생산성은 확인된 바 있다(Re S., 1995). 구소련 영토 전역에 약 50만명의 고려인이 거주하고 있다. 우즈베키스탄에 176,000명, 러시아에 148,556명, 카자흐스탄에 100,000명, 키르기스에 19,000명, 우크라이나에 13,000명, 타지키스탄에 6,000명, 투르크메니스탄에 3,000명이 있다. 본 논문에서는 고려인 민족기업의 활동성 정도를 기준으로 고려인 비즈니스계의 사회적 민족적 네트워크에 참여하고 있는 국가별로 결론을 도출할 것이다. 다른 국가들의 고려인 디아스포라에 대한 결론 도출에는 특별히 신중을 기할 것이다.

이 연구의 중요성은 연구의 결과가 CIS 지역의 고려인 디아스포라에 대해 '민족기업'이라는 용어를 개념화할 수 있게 해줄 것이라는 데에 있다. 이것은 민족 집단 활동의 정책과 실제의 문제에 대한 이해의 폭을 넓힐 것이다.

3. 엔클레이브 이론과 소비에트 시대 고려인의 민족 비즈니스

기존의 연구에서 소련의 고려인의 사회·경제적 지위와 민족기업은 충분히 검토되지 못했다. 데이터는 1989년 소연방 인구조사 자료에 따른 기술적인 특징을 갖는다. 주요 한국학 학자들은 그 원인으로 데이터의 부재를 들었다. "카자흐스탄 고려인 주민의 사회구조 분석은 대표적인, 체계화된 경험론적 자료의 부재라는 객관적인 어려움이 있다. 왜냐하면 정부의 통계 보고서 양식에 고려인은 '기타'란에 들어가 있었고, 이것에 관해 전문적인 민족사회학적 연구가 수행되지 않았기 때문이다"(Ким Г. Н., 2004a). 많은 학자들의 연구에 특징적인 것은 사회적 지위를 기술하는 경향이 있다는 것이다. 저자들은 주로 정치기구와 학문 교육 지식인 계층, 문화와 스포츠 분야의 고려인 대표들에 대한 정보를 이용한다. 소비에트 사회의 발전에 기여한 공로로 소비에트 정부로부터 고려인이 받은 상에 대한 자료가 폭넓게 제시된다.

김 게르만 니콜라예비치는 소비에트 시대의 고려인에 대해 기술하며 다음과 같이 언급했다. "고려사람은 오랜 시간동안 정부의 대표자들이 최정상에 위치한 사회적 계층 사상을 신봉했다. 70년 이상 공산당 서열이 정부 권력 서열보다 더 중요했다. 학자와 문화와 교육계 종사자가 세 번째 위치를 차지했다. 그러므로 고려인 디아스포라 중에는 학위를 가진 학자들이 많다. 시장경제로의 이행은 전통적인 고려인 사회의 가치체계뿐만이 아니라 소비에트 시대의 가치체계에도 급격한 변화를 초래했다. 자본이 사회적 계급의 결정 벡터가 되었고, 이에 따라 새로운 경제 상황에 적응하는 데 성공하느냐의 여부에 의해 사회적 지위가 평가된다. 고려인들은 전통적으로 농업에 종사했으며, 따라서 그들이 러시아제국으로 이주한 순간부터 1970년대까지도 주로 농업에 종사했다. 그럼에도 불구하고 많은 고려인들이, 특히 고등교육을 받은 많은 고려인들이 대기업의 대표가 되었다. 소비에트 시대에 고려인 지식인 계층은 주로 학문, 교육, 문화, 예술 분야에 참여했다. 소비에트 연방의 해체 및 시장경제로의 이행과 함께 많은 고려인들이 비즈니스에서 성공을 거두었다. 카자흐스탄, 우즈베키스탄, 러시아의 고려인 중에는 중소기업의 범위를 넘어선 사람들이 있다. 한국 기업들과의 협력이 어느정도 그들의 성공을 촉진했다. 류보미르 장 회장이 이끄는 니즈니노브고로드의 린덱스그룹과 같은 일련의 고려인 회사들은 가족·족벌경영을 기반으로 한다. 유리 최가 대표로 있는 카자흐스탄의 도스타르그룹은 법인경영체제로, 하나의 강한 회사를 설립하기 위하여 자본과 자산을 공동출자한 몇 명의 고려인이 동참했다. 그러나 대부분의 고려인들은 주로 2~5인부터 10~15인까지의 노동력을 갖는 상업과 같은 소규모 비즈니스에 종사했다."(Kim G., 2004b)

고려인 인구수에 영향을 준 것은 공화국 간의 이주, 즉 소비에트 연방의 다른 공화국으로의 인구 유출이었다. 인구조사 비교 자료가 이를 증명해준다. 1959~1970년의 인구조사 기간에 카자흐스탄의 고려인 인구 증가는 연방 평균보다 낮았다. 반면 키르기스 공화국의 고려인 수는 2.5배 증가했고, 타지크 공화국은 3.5배, 투르크멘 공화국은 거의 2배 증가했다. 이것은 카자흐와 우즈베크 공화국에서 이주한 고려인 이주민의 집중적인 유입으로 설명된다. 이 기간동안 우크라이나와 몰다비아 등의 다른 연방 공화국에서 계절노동자 이주민의 정착이 시작되었다. 1979년 인구조사에 따르면 우즈베크 공화국에 6천명 이상의 고려인이 상주했다. 포스트소비에트 시기 고려인의 사회·경제적 상황의 특징을 기술하며 김 게르만은 다음과 같은 변화

경향을 제시했다. 그들 중에는 학생 청년층의 비중이 높고, 지적 노동에 종사하는 사회 계층이 넓고, 산업과 농업 분야의 숙련된 노동자의 비중이 낮고, 도시와 농촌 지역에서 고려인은 공무원, 문화, 교육, 보건 분야의 노동자, 농학 전문가 계층을 대표했으며, 계절적 농업활동에 종사했다(코본지). 이 연구의 중요한 결과는 '사회주의적 계획경제에서 시장경제로 이행하는 시기에 고려인 주민의 가속화된 사회적 역동성'이 언급되었다는 사실이다. 중소기업인 계층의 양적 및 질적인 성장이 나타났다. 이와 동시에 고려인 중에서 공무원, 공공기관의 직원수 감소 경향이 지속적으로 나타났다는 것도 언급되었다(Ким Г. Н., 2004a).

2000년대 초부터 소비에트 국가 발전에 있어서 고려인의 업적과 그들의 기여에 대한 문제가 현실화된다. 김 게르만은 인구통계학적 상황을 분석하고 카자흐스탄에서 노동가능 연령의 고려인 1000명 중 252명이 고등교육을 받았다고 언급했다. 덧붙이자면 오늘날 고려인은 카자흐스탄의 모든 민족들 중에서 교육수준이 가장 높다. 고려인들은 정치, 학문, 교육, 의료 분야의 직업에 종사하고 있으며, 엔지니어, 경제인, 법률가, 문화 종사자, 그 밖의 다른 직업적 전문가의 수가 증가했다. 최초의 '카자흐스탄 고려인' 편람이 편찬되고, 거기에 카자흐스탄 공화국의 최고위원회와 정부부처, 대통령기구, 권력기관 등에서 고위직을 차지한 고려인이 열거된다. 저자들이 쓴 논문에는 학문과 창작 지식인 계층의 걸출한 인물들의 이름이 일일이 나열된다. 카자흐스탄에만 약 400명의 고려인 박사가 대학 및 그 밖의 고등교육기관과 학술 기관에서 일했다. 이 경우, 고려인 디아스포라의 큰 성공은 "고려인의 유전적, 문화적 유산에 기인한 것으로, 이것은 일에 대한 애정, 끈기, 학구열과 같은 자질의 발달을 촉진했다."(Kim G., 2003).

   고려인 기업에 대한 정보는 사실상 없었다. 새로 생긴 국가들의 사회·경제적, 정치적 상황의 새로운 변화와 고려인 인텔리겐치아의 수감소에 대한 학자들의 실망감이 존재했다. 경제 자유화 도입과 CIS 국가들에서 각 국가의 공식어 도입 이후에 고려인들이 공적경제 부문에서 민간비즈니스 부문으로 유출되는 문제가 현실화되면서 이와 관련하여 중소기업 대표들에 대한 최초의 정보가 생긴다. 주요 신사업 부문 중에는 상업, 요식업, 건설과 보수업, 컴퓨터 비즈니스, 의료, 은행업과 그 밖의 많은 분야들이 나타나기 시작했다. 연구자들의 데이터에 따르면 고려인에게 가장 인기있는 개인사업 업종은 상업이다. 포스트소비에트 국가들에서 비자제도가 간소화됨에 따라 '소매'업, 특별한 자격이나 경험이 필요치 않은 소규모 도매업이 발전했다. 연구자들은 다른 두가지 유형의 고려인 비즈니스도 언급했는데, 요식업, 건축, 보수업, 자동차서비스 등과 같은 특정한 자격이 필요한 업종과 단순한 유형의 다양한 소규모 생산업이다. 1990년대에는 높은 수준의 자격을 기반으로 하는 세 번째 유형의 비즈니스가 가장 큰 발전을 이루었는데, 프로그래머나 의사 등의 직업이다. 그들은 자국의 노동시장에서 전문 사업 분야에서 선도적인 지위를 차지할 수 있었다(Han V. S., 2014).

   우즈베키스탄의 소규모 상업 현상을 기술하며 연구자들은 고려인의 소규모 비즈니스의 민족 구조를 보여주었다. 타슈켄트에 수입품을 파는 노천 시장이 두 개 있다. '이포드롬'과 '소츠고로드'라는 이름의 두 시장은 1990년대에 생겼으며 자유로운 '대량 거래'가 가능하다. '이포드롬' 시장은 도매시장으로 이 시장을 통해 대량의 상품이 유통되고 이곳에서 상당한 금액의 거래가 이루어진다. 타슈켄트 주민들 사이에는 이 시장이 범죄의 온상이자 마피아가 횡포를 일삼는

활동무대라는 생각이 널리 퍼져있다. 그럼에도 불구하고 대다수의 중하위 소득계층 주민들이 도시의 상점보다 더 싸게 상품을 사기 위해 이 시장을 이용한다. 시장은 고려인 시장과 중국인 시장으로 나뉜다. 고려인 시장에서는 유럽, 한국, 일본에서 수입된 비교적 고급 상품이 판매된다. 이 시장이 고려인 시장으로 불리는 이유는 여기에 고려인 소상인이 집중되어 있기 때문이다. 그들의 22%가 자신이 고려인 혈통임을, 즉, 부모 중의 한쪽이라도 고려인임을 분명히 밝힌다. (참고로, 타슈켄트 전체 인구에서 고려인은 총 4~5%를 차지한다.) 모든 소상인들은 그들이 극복해야 했던 첫 번째 난관이 초기자본금 마련과 장사에 접근하는 것이었다고 말했다(Kayzer M., 2000). 그들은 민족 네트워크를 이용했다. 심화되는 경기 침체로 인해 공동체 내부의 관계가 강화되었다. 이런식으로 민족 자원은 민족적 공통성에 기반한 민족 집단 범위 내의 사회적, 문화적 특징으로 정의된다. 고려인은 민족기업 성향이 높은 집단으로 여겨진다.

김 게르만은 고려인 기업에 대한 논문 'Formation and Development of Ethnic Entrepreneurship of Koryo saram in Kazakhstan'에서 '민족경제론'에 근거하여 '민족기업'을 '자신의 민족 소속, 그리고 함께 일하는 사람들의 민족 소속에 기반을 둔 자신의 경제 활동을 주관적으로 인식하는 사람들이 참여하는 경제'로 설명한다. 저자는 해외 학자들의 연구의 이론적인 문제와 결과들을 논의하며 카자흐스탄의 고려인 민족기업의 특수성과 카자흐스탄 사회 내에서 그들의 특별한 지위에 근거를 부여한다.

저자는 카자흐스탄의 기업가와 사업가라는 새로운 계층의 형성과 경제체제 개혁 단계를 기술한다. 모든 구소련 공화국들처럼 카자흐스탄에서 첫 10년동안 경제 위기의 시대가 시작되고, 포스트소비에트 시대에 디아스포라의 사회·정치적 상황이 변했음에도 불구하고, 카자흐스탄의 고려인은 카자흐스탄 땅에서 '발아'하는 길을 선택했다. 고려인의 사회·직업적, 경제적 지위 연구에 대한 체계화된 통계자료는 없지만 저자는 1989년 카자흐 소비에트 사회주의 공화국 인구조사 자료와 1999년 카자흐스탄 최초의 인구조사에 근거를 두고 있다. 고려인에 대한 사회·경제적 데이터의 특징을 설명하고 그들의 직업적 특성, 거의 모든 활동 분야에서 가장 성공한 고려인들의 사회적 지위를 기술하며 저자는 카자흐스탄의 고려인 디아스포라의 사회적 지위를 높이 평가한다.

김 게르만은 카자흐스탄 고려인이 비즈니스 분야에서 큰 성공을 거둔 원인들 중에서 교육과 직업 경험, 소비에트 시대의 농업활동을 기반으로 조성된 초기자본금, 공직에 있으면서 기업 사유화 과정에 참여할 기회, 합작기업 설립에서 한국의 역할, 기업활동의 기반으로서의 도시화된 생활양식 등을 주요인으로 정의했다.

1990년대 초에 알마티에서 고려인 디아스포라 기업가들에 의해 설립된 회사의 수는 약 천개 정도였다. 2000년대에 1,178개의 기업과 공공부문 기관과 민간기업 중 고려인이 소유한 개인회사가 940개, 전체 대표직의 78.7%가 고려인이었다. 272명의 고려인 여성이 폭넓은 분야에서 최고관리자 직책을 맡고 있으며, 이것은 카자흐스탄 전체의 최고관리자 수의 23%에 해당한다. 16~60세의 인구 중 활동하는 인구수는 총 6만명, 전체 인구의 60%에 달한다. 고려인의 기업활동은 금융 및 은행업, 건설업, 도매 및 소매업, 가전제품과 전자제품 생산과 판매, 의료, 법률, 컨설팅 서비스 제공, 레저 서비스 등의 비즈니스 분야를 포괄한다. 소규모 비즈니스는 현대 카자흐스탄 경제 발전에서 강력한 섹터이다. 고려인은 주도적인 지위를 차지하고 있는 소수민족들 중의 하나이다. 저자는 카자흐스탄에서 고려인 기업이 계획경제에서 시장경제로 이행하는 과도기의 기업 특징을 가졌다는 결론을 내린다. 고려인 사업가들은 자신의 틈새 경제분야를 정하고 안정적인 경쟁력을 갖출 수 있었다(Kim G. N., 2009). 소연방 해체 이후의 고려인에 관한 연구에서 김 게르만은 '고려인 농업 기업활동의 독특한 형태'에 대해 '고본지라는 이름을 얻은 채소와 참외류 재배 분야의 계절성 농업 활동'을 언급했다(Kim G. N., 2010). 소비에트 시대에 고려인의 틈새 노동시장은 경쟁 상대가 없었다. 가족과 가문을 기반으로 조직된 고려인들은 포볼지예, 우크라이나, 몰다비아, 시베리아, 카프카스, 우랄 지역에서 농작물을 재배했다.

'고본지' 활동이 중앙아시아 고려인 민족기업에 유용한 사업 중의 하나가 되었다. 김 게르만은 한국의 김영진 교수와 공동으로 '소비에트 제2경제에서 고려인의 민족기업 현상으로서의 고본지(German N. Kim and Young Jin Kim. Gobonji as a phenomenon of Ethnic Entrepreneurship among the Koryo-saram in the Soviet Second Economy)'라는 논문을 발표했다. 저자들은 고본지의 개념을 '소비에트 고려인에 의해 처음 시행되었으며, 집단적 토지임대를 기반으로 작업반 반장의 통솔 하에 채소(양파)와 과일(수박)을 재배하는 어느정도는 반(半)합법적인 농업활동으로 계절성 지역 이주와 관련된 일종의 민족기업'으로 정의했다. 이러한 유형의 활동이 그림자경제에 속하고 불법 활동이기 때문에 소비에트 시대의 문헌에는 1960년대부터 나타난 고본지에 관한 연구가 없었다. 이런 유형의 기업활동은 한국과 극동지역에서도 생겼으나 중앙아시아의 고려인에 의해 처음으로 행해지기 시작한 것으로 여겨진다. 저자들은 다음과 같은 결론을 내렸다. 고려인은 고본지를 통해 기업활동 분야의 첫 경험을 얻었고, 이 경험이 포스트소비에트 시대의 시장경제로 활발히 통합되기 위한 물질적, 재정적 출발 기반을 만들었다. 또한 고본지는 고려인이 전통문화와 모국어를 비롯한 민족 특성을 보존하는 데 일정한 역할을 했다(Kim G. N., Kim Y. J., 2016). 저자들은 고본지 활동의 조직 구조와 원칙을 상세히 기술하고 고려인이 과도기 경제 상황에서 조직화된 기업활동의 중요한 경험을 얻은 상황을 설명했다. 이러한 활동은 민족적 유대감에 기반을 두고 있었고, 민족 네트워크가 노동 작업반 조직에 일차적인 역할을 했다. 바로 그러한 일시적 계절성 엔클레이브에서 고본지 활동은 많은 점에 있어서 고려인 전통 문화와 언어 보존에 기여했다. 처음에는 불법적인 활동에서 성공을 얻은 후 고려인들은 경제적 지위를 향상시킬 수 있는 재정상태를 확보할 수 있었다. 그러나 일반적으로 이런 유형의 기업활동에 종사한 것은 농촌 지역에서 성장해 주로 계절적 밭일에 종사하고 고등교육을 받지 못한 고려인 이주민들이었다. 이것은 '기업문화론'의 근거가 될 수 있을 것이다. 이 경우 고려인의 사회적 유동성은 이러한 유형의 일시적 계절성 기업활동의 특성처럼 일시적인 성공 상황에서만 '위쪽으로 작용'했다.

연구자들은 고려인 주민의 사회적, 직업적 구조 변화의 특징을 기술했다. 1990년대 말경에 많은 고려인 지도자들이 개인 중소기업의 소유주이거나, 또는 정부부처와 공공시설을 이끌고 있었다. 김 게르만은 "전체적으로 지도자와 주요 전문가들의 비중을 종합하면 노동자의 3분의 2 이상이 자신의 일자리에서 지도적인 지위를 차지한다. 종사하는 업종에 따라 나눠본다면 고려인 중 가장 많은 수를 차지하는 것은 서비스업, 주택 및 공동설비업, 상업 분야로 17.5%를 차지하고, 농업 12.2%, 공업과 건설업 및 교통·통신 분야가 7.6%이다"라고 분석했다.

결과적으로 계획경제에서 시장경제로의 이행은 포스트소비에트

시대에 민간기업에 새로운 기회를 만들어주었다. 단기간에 '소위 상
업용 키오스크와 소규모 소매업에서부터 대기업, 금융산업 그룹에
이르기까지 자기 사업 경험'을 얻은 사업가 계층이 형성되기 시작했
다(Kim G. N., 2010).

소비에트 연방 해체 이후 신생 국가들에서 시장경제가 형성되기 시
작했다. 시장경제는 고려인을 비롯한 민족 비즈니스에 새로운 여건을
만들어주었다. 점차 민족 경제는 엔클레이브의 범위를 넘어서서 고려
인 기업인의 상품과 서비스를 소비하는 폭넓은 계층을 겨냥했다. 극동
지역의 민족기업을 연구하며 연구자들은 "극동에서 폐쇄적인 민족 제
품과 서비스의 창출은 좁은 판매시장으로 인해 어려워진다"고 분석했
다. 극동의 고려인은 상당히 분산되어 거주하고 있으며, 이것 또한
해당 '민족 수요'만을 대상으로 할 가능성을 주지 않는다. 이 경우 비즈
니스 조직에 있어서 재정적 지원은 사회적 자본(민족 노동 자원), 조직화
문제의 해결 지원에 관련되었다(Мищук С. Н., 2013).

4. 신세대 기업인의 초상 : CIS 고려인 사업가들

한 국가의 예를 들어 기업활동 참여도와 창업 동기에 대한 조사가
이루어질 것이다. 2017년 카자흐스탄의 글로벌 기업 모니터링 데이터
에 따르면 응답자의 약 75%가 기업활동이 카자흐스탄에서 좋은 직업
선택이라고 대답했다. 훨씬 더 많은 사람들이(82%) 기업활동이 사회에
서 높은 지위를 갖는다고 여긴다는 점에 주목할 만하다. 민족 집단별
민족기업은 통계에 포함되지 않고, 제시된 데이터를 이용한 개별적인
학문적 연구도 없다. 그럼에도 불구하고 최근 기업가 지수가 현저히
감소되고 있는 상황에서 고려인 사이에서 민족기업의 존재는 동일한

의미를 갖는다. 카자흐스탄의 창업동기 지수는 상당히 낮아져 3년동안 1.2(2014)에서 0.8(2016)까지 내려갔다. 이것은 카자흐스탄에는 상황 개선 가능성에 의해 움직이는 기업인보다 필요에 의해 움직이는 기업인이 더 많다는 것을 의미한다. 카자흐스탄의 창업동기 지수는 러시아(1.3), 브라질(1.0), 인도(1.2), 중국(1.5)보다 낮다.

현대의 기업인의 초상은 다음과 같다. 카자흐스탄에서 기업인의 연령별 구조는 25세부터 34세의 연령대 사람들이 가장 많다(16.5%). 자기 사업 창업을 희망하는 사람은 45~54세 연령대에서 더 많다(9.6%)는 점에 주목할 만하다. 카자흐스탄의 잠재적 기업가 중에 남자와 여자의 수가 거의 동일하다. 이것은 국가 노동력에서 여성의 비중이 상당히 높다는 것으로 설명될 수 있다(Globalnyiy monitoring, 2017).

현대의 학술 문헌에는 기업가의 주요 특성들 중에 직업 활동과 관련된 전문적 능력뿐 아니라 의지, 집중력, 결단력, 책임감, 위기대처 능력, 의사소통 능력, 설득력 등의 많은 개인적인 자질들도 언급된다. 2000년대의 고려인 사업가 세대는 새로운 포맷의 민족기업 세대이다. 본 논문은 CIS 전역의 비즈니스 과정 관리의 혁신적 접근 모델로서 고려인 비즈니스클럽 협의회(ОКБК; АКВС)를 분석대상으로 한다.

포스트소비에트 지역에 분산되어 있는 고려인 기업가 비즈니스클럽들이 고려인 출신 기업가의 비즈니스 활동을 지원하기 위해 하나의 사회적 공간으로 통합되기 시작했다. 이 협회의 역사는 2016년에 시작되었다. 창립 당시의 명칭은 카자흐스탄 고려인협회 비즈니스클럽이었다. 2016년 6월 17일 카자흐스탄 고려인협회 정기회의에서 카자흐스탄 고려인 비즈니스클럽과 한국 간의 커뮤니케이션을 위한 통합 플랫폼을 구축하자는 의견이 나왔다. 카자흐스탄 고려인협회의 구세대 대표들과 지도부, 그리고 카자흐스탄 주재 한국외교위원회 대표들이 이 발의를 지지했다(Ким K., 2016).

   그 결과 2016년 7월 8일에 제1회 한국-카자흐스탄 협력 포럼이 개최되었다. 카자흐스탄 비즈니스클럽이 조직자로 나섰다. 카자흐스탄과 한국, 그리고 외국의 사업가 100여명이 포럼에 참가했다. 이 포럼의 역사적 순간은 CIS 국가들의 고려인 비즈니스대표 분과회의이다. 여기에서 처음으로 '협력 플랫폼 구축' 의견이 나왔다. 조정위원회 설립이 결정되고, 2016년 9월 17일에 키르기스스탄의 수도 비슈케크에서 첫 회의가 열렸다. 고려인 비즈니스클럽 협의회 창립에 관한 양해각서가 키르기스스탄, 카자흐스탄, 우즈베키스탄, 러시아연방의 비즈니스클럽 대표들에 의해 조인되었다(Sin G., 2016a). 두 달 후에 우즈베키스탄 타슈켄트에서 고려인 비즈니스클럽 협의회 조정위원회 2차 회의가 열렸다. 여기에서 명칭, 목표와 과제, 그 밖의 조직 문제들이 가결되었다. 공식적으로 위원회를 대표하는 것은 참여국의 비즈니스클럽들이다. 카자흐스탄(카자흐스탄 고려인협회 비즈니스클럽), 우즈베키스탄(우즈베키스탄 고려인 기업가클럽 'Koryoin.uz'), 키르기스스탄의 두 개의 조직, 비즈니스클럽 '비슈케크 포럼'과 기업가연맹 '프로그레스'이다. 상트페테르부르크의 김치클럽이 신규 회원으로 참가했다.

   상황은 급격하게 발전했다. 일치된 사상으로 고무된 고려인 기업가들이 2017년 4월 21~23일 상트페테르부르크에 모였다. 여기에서 CIS 신세대 고려인 비즈니스 포럼이 개최되었다. 이 포럼에는 러시아, 카자흐스탄, 키르기스스탄, 우즈베키스탄의 비즈니스협회 대표자, 기업가, 최고관리자 200여명이 참석했다.

   고려인 비즈니스클럽 협의회 3차 회의에서 우크라이나 고려인협회 비즈니스클럽이 새 회원으로 가입하고, 2016년 12월에 키예프에서 고려인 비즈니스클럽 협의회의 전회원이 모여 우크라이나 기업인 포럼을 개최했다(Sin G., 2016b).

그 다음 회의는 2017년 7월 20일에 카자흐스탄의 아스타나에서 열렸다. 여기에서 카자흐스탄 고려인 정주 80주년과 대한민국과 카자흐스탄 공화국 간의 외교관계 수립 25주년을 기념하여 한국-카자흐스탄 협력 포럼이 개최되었다. 이 기간에 열린 국제엑스포 '엑스포 2017'의 틀 안에서 포럼은 카자흐스탄과 재외 한인 기업가들을 통합하고(재외 한인 경제인 네트워크 Young Business Leaders Network 'YBLN'), 카자흐스탄, 키르기스스탄, 러시아, 우즈베키스탄, 우크라이나의 기업가 200여 명을 동시에 결속시켰다.

고려인 기업가들이 2017년 10월 6~8일 키르기스스탄의 이식쿨 호수에 다시 모여 협의회 창립 이후 1년간의 활동 결과를 결산했다. 여기에서 CIS 고려인 비즈니스클럽 협의회 지역 포럼이 개최되었다. 협의회에 신규 회원이 충원되어 70명 이상의 8개 클럽이 모였다. 모스크바 비즈니스클럽 '선봉'과 연해주 지역의 비즈니스클럽 '원동'이 새 회원으로 가입했다. 고려인 비즈니스클럽 협의회 초대회장으로 선출된 고바르드 신 키르기스스탄 대표는 협의회 깃발과 트로피를 차기 회장인 콘스탄틴 주 우즈베키스탄 대표에게 전달했다. 회장 취임식은 협의회 선서와 협회가 제창으로 거행되었다.

2018년 5월에 카자흐스탄 고려인협회는 카자흐스탄 3세대 고려인 포럼을 개최했다. 여기에서 포럼 개최 결과에 따라 향후의 커뮤니케이션과 협력을 위해 카자흐스탄 고려인협회 산하 비즈니스클럽을 모델로 다양한 직업 협의회로 통합하자는 의견이 참가자들에게 제안되었다.

이것이 카자흐스탄과 한국의 기업인들과 그 밖의 파트너 국가들 사이의 효율적인 협력을 위한 연례 대화 플랫폼 창설의 역사이다. 이것은 지금도 계속되고 있다.

5. CIS 고려인 민족 비즈니스의 공통점과 특수성 : 혁신, 국제화, 민족 문화 보존

이렇게하여 오늘날 CIS 지역의 민족기업은 8개국의 고려인 기업가들을 연합시키고, 고려인 디아스포라가 거주하는 모든 CIS 국가들의 협력 확대를 비전으로 갖는 조직화된 구조로 대표된다.

역사적 사건으로 인해 강제추방되어 포스트소비에트 국가들에 거주하게 된 1세대 이주민의 후손들은 통일된 목표를 추구한다. 1세대, 2세대 고려인과는 달리 고려인 3세대는 기업에 대한 혁신적 접근법의 도입과 비즈니스의 국제화 요소로 외국자본 유치라는 두 가지 기본적인 우선순위를 고려하여 민족기업을 설립했다. 이러한 기업활동 노선은 사회자본론에 기반한 고려인 리더들의 민족적 소셜 네트워크의 구축을 규정한다. 인적자본은 높은 교육수준, 직업 자격과 활동 경험, 도덕적인 리더 자질, 민족적 기반으로 기업인들을 통합하려는 노력과 같은 것들에 기반을 두었다. 협력과 커뮤니케이션은 전통문화와 민족 정체성 보존, 그리고 기업활동에서 형성된 커뮤니케이션 표준을 CIS 지역 고려인 후속 세대에 전수하는 것을 고려한다.

고려인 비즈니스클럽 협의회의 주요 사명은 '클럽 회원들의 개인적 성장을 통한 고려인 디아스포라의 삶의 질 향상'이다. 고려인 기업가들은 '커뮤니케이션과 우호적 교류, 비즈니스 정보와 경험 교환, 공동협력, 사업 발전, 새로운 프로젝트 추진을 위한 CIS 지역의 전문적, 도덕적 비즈니스 리더들의 통합 플랫폼' 구축을 위해 노력하고 있다. 최우선 과제들 중의 하나는 '국제기금과 함께 하는 비전있는 프로젝트의 추진과 실현'이다.

이런식으로 '평등, 신뢰, 관용, 사회적 책임감, 지속적인 발전과 교육'을 통해 신세대 고려인 대표들은 국제 조직 및 기구와의 관계를 구축하고 있으며, 그 중의 하나가 한국의 비즈니스 기구들이다. 대한민국의 정부조직 및 민간조직은 CIS 고려인 기업가들을 전폭적으로 지원하고 있다. 국가간의 '살아있는 다리' 사상이 고려인 민족의 협조로 국가간 경제협력의 경계를 확장하고 있다. 새로운 제3세대 리더들이 주로 활동하고 있다. 이들은 청소년기에 소련 해체 이후의 '민족 부흥'과 한국과의 외교관계 수립을 경험한 젊은이들이다. 이들은 포스트소비에트의 공간에 새로운 독립국가들이 수립되고 새로운 국가 정치체제와 새로운 시장경제체제가 확립되는 것을 목격한 청년들이다. 고려인 3세대는 한국어를 거의 구사하지 못하지만 자기 민족의 전통을 존중하고 지킨다. 고려인 3세대는 많은 점에 있어서 구세대의 개인사업 창업 경험과 자국의 사회·경제적, 정치적 상황을 고려한 비즈니스 지원시스템의 경험을 이어받았다. 그들은 한국의 기업가들과 회담을 갖고 합작사업을 시작하고 혁신을 지향한다. "어떤 이유로 개인사업을 시작하게 되었는가?"라는 질문에 대한 주요 답변들 중 하나는 '발전 동기부여'였다. 3세대 고려인 포럼 참가자 선발 기준은 '사회적으로 인정받고 공직, 의료, 교육, 학문, 스포츠, 농업 등 자신의 직업 분야에서 존경을 받는 30세 이상의 고려인들'이었다(Kim K., 2018).

민족 단결 사상이 민족 기업가의 활동 프리즘을 관통한다. 카자흐스탄 고려인협회 산하 비즈니스클럽의 부회장이자 카자흐스탄 고려인협회 간부인 빅토르 김은 인터뷰에서 "카자흐스탄 고려인 1세대와 2세대에서 적지 않은 훌륭한 학자들, 대지주, 생산자, 운동선수 등이 배출되었습니다. 그들은 국가 발전에 큰 기여를 했고, 고려인 사회 운동을 조직했습니다. 이것은 우리에게 모국문화와 전통과 풍습을 보존할뿐 아니라 발전시킬 수 있도록 해주었습니다. 오늘날에도 매우 다양한 분야에서 자신을 당당히 드러내고 있는 청년과 중년의 우리 동포들이 적지 않습니다. 그들은 직업적으로 성공을 이루었고, 존경과 인정을 받았으며, 사회와 국가에 유익한 사람이 되려고 노력하고 있습니다. 그래서 우리는 우리 나라 전역에 있는 그런 사람들을 드러내고 그들을 서로에게 소개하고 협력 매커니즘을 만들고 향후 그들을 지원하고 공동의 목표를 달성하기 위한 우리의 노력을 함께 하기로 결정했습니다"라고 말했다(Kim K., 2018).

'김치 비즈니스클럽'의 코디네이터 베라 한은 "최근 러시아에서 고려인 비즈니스협회와 고려인 기업가들의 상호작용이 전체적으로 매우 약하고, 몇몇 지역에는 전혀 없다는 것은 비밀이 아닙니다. 상당히 강하고 발전된 고려인 기업가 및 비즈니스협회 연합 플랫폼인 CIS 고려인 비즈니스클럽 협의회 3차 회의를 기회로 삼아 우리는 러시아의 다른 지역 출신의 고려인 기업가들에게 협의회의 구상을 전하기로 결정했습니다"라고 했다(Kim A., 2017).

'리더 컨설트' 그룹의 대표 드미트리 김은 2017 CIS 신세대 고려인 비즈니스 포럼에서 '현대의 거시경제 현실에서의 우리의 사명'이라는 보고서로 연설을 했다. 그가 일차적 과제로 제시한 것은 현대의 고려인들이 거주하는 국가들의 문화적 가치체계 내에서 한민족 문화와 전통과 언어의 보존, 미래에 요구되는 실질적인 교육, 젊은 고려인 사이에 강한 리더 운동 전개, 차 세대 고려인을 위한 기회와 커뮤니케이션 창출, 시장에서의 선도적 지위를 통한 현대의 거시경제 현실의 '빛과 소금'으로서의 고려인 공동체의 정체성 확립, 모든 포럼 참가국의 회원 가입이다. 드미트리 김은 "민족 단결이 개인 번영의 담보입니다"라는 말로 자신의 연설을 마쳤다(Edinstvo natsii, 2017).

외국 파트너의 가입은 CIS 고려인 민족기업의 활동 범위를 확장시켰다. 예를 들면, 상트페테르부르크 포럼 참가자 명단에는 러시아, 카자흐스탄, 우즈베키스탄, 키르기스, 우크라이나, 한국, 중국, 유럽 출신의 성공한 기업가 250명이 있었다. 러시아와 한국 및 포럼 참가국들의 정부와 투자기관, 대외경제기구의 대표들이 포럼에 참가했다. 그 외에도 한국의 대기업(현대, 삼성, LG, 대한항공, 롯데, CJ 등)과 한국의 투자기금(피델리스 에셋 매니지먼트, 삼성물산, 한국투자증권, NH투자증권, 미래에셋 글로벌 인베스트먼트 등), 한국의 은행(KEB하나은행, KB국민은행, 우리은행, 신한은행 등)이 대화 플랫폼에 참여했다(Biznes-forum, 2018).

혁신적 발전은 투자유치, 지속적인 비즈니스 발전 전략, 현대 정보기술, 금융상품, 한국시장의 가능성과 수출활동의 특수성뿐 아니라, 기업가의 개인적 발전 등과 같은 분야에서도 이루어진다. 혁신적 발전 분야에서 고려인 기업가들에게 가장 매력적인 것은 관광업, 외식업, 컨설팅, 농업, 기계공학 분야, 부동산, IT, 식품생산, 금융 분야이다.

이런식으로 신세대 고려인 기업가에게 민족기업은 '민족 비즈니스의 혁신과 국제화를 통한 새로운 상품과 서비스의 개발'을 바탕으로 하고 있다. 민족층이 없는 상황에서, 또한 글로벌화와 국제화의 상황에서 신세대 고려인이 민족 경제의 전통을 지키며 인적자본의 특성(개인적 특징, 비즈니스 특성 등)에 기반한 소셜 네트워크를 구축하는 방법으로 민족 비즈니스 모델을 보여준다. 그 외에도 이러한 형태의 기업활동은 민족 단결을 도와주고 고려인의 전통문화를 보존할 수 있도록 해준다.

제2부
·
문화예술 논단

한국 에로영화와 일본 성인영화의 관계성

— 〈애마부인〉을 중심으로 본 양국의 1970~80년대 극장용 성인영화 제작관행

이윤종

1. 서론 : '에로'에 대하여

1980년대 한국영화의 가장 큰 특징은 '에로영화'라고 불리는, 에로 티시즘을 표방한 극장용 성인영화의 전성기였다는 점이다. 에로영화에서의 '에로'(ero)라는 단어의 정확한 유래는 알 수 없다. 그 근원이 그리스 신화에서 미의 여신인 아프로디테(Aphrodite)의 아들이자 사랑의 신인 에로스(eros)인지, 에로스 신(神)의 이름을 '성적 충동'(sexual drive)이나 '성적 본능'(sexual instinct)에서 더 나아가 죽음과 파괴의 본능과 대치되는 삶의 본능 전반으로 확대시킨 개념어로서의 '에로스'로 전유한 프로이트(Sigmund Freud)적 용어인지,[1] 그리스어 에로스에서 유래해 성애(性愛)를 뜻하는 영어 단어가 된 형용사형 '에로틱'(erotic)이나 명사형 '에로티시즘'(eroticism)인지 명확하지 않다. 확실한 것은 ero가 포함된 원래의 서양어 단어를 일본에서 일본식 두음절 단어로 축약하여 20세기 초반부터 사용하기 시작했다는 것이다. 특히 다이쇼(大正) 천황 시대(1912~1926)의 대표적 예술양식으로

---

1 다음을 참조할 것. Sigmund Freud, *Beyond the Pleasure Principle* (New York: W. W. Norton, 1989).

식민지 조선에서도 1930년대부터 유행했던 '에로 그로 넌센스'(ero-gro-nonsense, エログロナンセンス)에서부터 그 용례의 시발점을 찾을 수 있을 것 같다.[2]

홍미로운 점은 일본식 두 음절 단어로 상용화되어 일본과 한국에서 현재에도 활발하게 사용되고 있는 '에로'라는 단어는 프로이트적 에로스나 영어 단어 에로티시즘이 표방하는 인간의 기본적 욕구로서의 성애와 관련된 느낌보다 뭔가 훨씬 더 외설적이고, 선정적이며, 음란한 요소를 내포하고 있다는 것이다. 다시 말해, '에로스'나 '에로티시즘'으로부터 축약된 '에로'는 본딧말과 비교하면 뭔가 기묘하게 음탕하고 코믹하며 안쓰럽기까지 한 느낌을 풍긴다. 물론 20세기 초반에 사용되던 '에로'와 21세기 초반 현재의 '에로'는 시대적·지정학적 변화로 인해 그 쓰임새가 다를 것임은 분명하다. 그러나 '에로'가 에로스나 에로티시즘과 달라지는 지점은, 그것이 20세기 초반부터 영어 단어인 그로테스크(grotesque) 및 넌센스(nonsense)와 결합되어 색정적이고 기괴하며 논리적으로 말이 안 되는 엽기성의 요소를 두루두루 포함하고 있는 '에로 그로 넌센스'라는 일본의 대중 문화 양식이 유행한 시점부터 형성된 것으로 보인다.

에로 그로 넌센스는 일본의 문학이나 미술은 물론 패션과 잡지 문화에 있어서도 광범위한 영향력을 발휘하여 식민지 조선에도 거의 동질적으로 전파되었음은 물론 다이쇼 시대 이후 쇼와(昭和) 천황 통치기(1926~1989)와 그 이후에도 지속적으로 일본문화에 그 파급력을 발휘했다. 실버버그(Miriam Silverberg)는 일본 근대화가 서구의 근대성을

---

2 다음을 참조할 것. Miriam Silverberg, *Erotic Grotesque Nonsense: The Mass Culture of Japanese Modern Times* (Berkeley: University of California Press, 2009). 소래섭, 『에로 그로 넌센스 - 근대적 자극의 탄생』, 살림, 2005.

모방하며 서구화/미국화하는 것이 아니라 "일본에 특수한 역사적 과정(a historical process specific to Japan)"[3]으로서 서구 문물과 이미지를 전유하는 과정으로 보는데, 그 일례를 '에로 그로 넌센스'에서 찾고 있다. '모가'라 불리던 '모던 걸'이나 '모보'로 지칭되던 '모던 보이' 등의 일본화된 양식(洋式) 복장을 소비하는 근대적 주체나 20년대의 글로벌 아이콘이었던 찰리 채플린(Charles Chaplin)과 그의 영화에 열광하는 일본 소비 주체의 정동이 일본영화 제작에 일조하는 방식이 흡사 당대의 소비에트 몽타주(montage) 영화처럼 연관성이 없어 보이는 요소와 이미지들을 뒤섞어 편집·배치하며 혁명적 효과를 내는 것과도 같아 그것이 에로 그로 넌센스의 효과와 유사하다는 것이다.

'에로'가 그로테스크 및 넌센스와 결합해 기괴하고 말도 안 되는 에로티시즘으로 변형된 에로 그로 넌센스의 문화는 1920년대 일본과 1930년대 식민지 조선에서 선풍적 인기를 끌었을 뿐 아니라, 반세기가 지난 후에도 잔존하여 본격적인 극장용 성인영화의 시기인 1960년대와 70년대의 일본 영화계와 1980년대의 한국 영화계에도 그 영향을 미쳤다. 20세기 후반에 제작된 양국의 성애영화에서 20세기 전반의 에로 그로 넌센스의 잔존치나 변화도를 수치로 환산할 수는 없지만, 연속적이든 불연속적이든 그 파급효과는 지속적으로 남아있는 것으로 보인다. 따라서 다소 진지하고 감각적이며 에로틱한 서구의 성인영화와 달리, 1980년대 한국 에로영화는 에로티시즘을 기괴한 그로테스크성과 웃음을 유발하는 넌센스적 요소와 결합시켜 기묘한 에로성(性)을 형성한다. 그 에로성은 한국 관객들, 특히 80년대 이후에 사후적으로 영화를 보는 이들에게는 낯익으면서도 낯선 어떤 것,

---

3 Miriam Silverberg, *Erotic Grotesque Nonsense*, p.9.

흔히 왜색성이라고 특징지어지는, 일본에서 유래한 듯하면서도 이미
너무나 한국화되어 이질적이면서도 동질적인 어떤 것으로 받아들여
지게 만든다.⁴ 그러한 기묘한 에로성이 한국 영화인들에 의해 의도적
으로 탄생한 것은 아니었겠지만, 1980년대라는 기괴한 시대가 에로
영화를 과장된 에로티시즘과 선정성이 결합된 장르인 듯하면서도 너
무나 윤리적이고 교훈적이어서 배우의 신체적 노출을 최소화할 정도
로 은폐적이며, 코믹한 동시에 슬프기까지 한 기괴한 장르로 특성화
시킨 듯하다. 즉, 20 여 년간의 군부독재에서 잠시 해방된 듯하다가
같은 체제로 다시 회귀하며 정치적으로는 더할 나위 없이 억압적이
지만 문화적으로는 다소 숨통이 트인 것 같은 시대를 살면서, 80년대
의 영화인들은 이전의 유신 정권이 철저하게 금기시했던 문화적 자
유와 소비문화의 부분적 허용 하에서, 정권이 허락하는 만큼의 에로
티시즘을 영화 속에 표출하며 끊임없는 자기검열에 더해 대본과 편
집본의 이중적인 공식적 검열을 통과하기 위한 사투를 벌이며 '틈새'
적인 에로성을 구현한 것이다. 본론에서 '에로 그로 넌센스'가 20세
기 후반의 일본영화, 특히 성인영화에 어떤 영향을 미쳤고 그것이 한
국 에로영화와 어떤 연관성을 갖는지 언급할 것이지만, 본 논문은
'에로 그로 넌센스'가 아니라 일본적 '에로'가 한국의 에로영화에 미
친 파급력을 추적하는 데 주안점을 두고 있으므로 에로 그로 넌센스
에 대한 언급은 이 정도로 각설하려 한다.

특히, 본 논문은 서구에서 넘어와 일본화된 용어인 '에로'가 한국적

---

4 필자는 학부와 대학원의 수업 시간이나 교외 상영회를 통해 1980년대나 1990년대
이후에 태어난 세대와 에로영화를 함께 보고 토론하는 시간을 자주 가져 왔는데,
80년대에 태어나지도 않았던 세대에게 있어 에로영화의 에로틱한 장면들은 말도
안 되는 기묘한 코믹함으로 인해 자주 웃음을 유발할 뿐 아니라 선정적으로 느껴지
도 않는 기괴함이 느껴진다는 반응이 대다수였다.

으로 착종되어 탄생한 에로영화라는 장르와 맺는 관계설정 구도를 밝히기 위해 최초의 에로영화로 꼽히는 〈애마부인〉(1982)에 주목하고자 한다. 에로영화에서의 '에로'라는 단어도 그렇지만, 〈애마부인〉의 부인도 일본적 용례, 특히 성인영화에서의 제목 짓기 관행을 따르고 있는 것으로 보이기 때문이다. 물론 한국영화사에서 '부인'이 영화제목에 최초로 등장한 것은 정비석 원작소설인 『자유부인』의 1956년작 동명영화로까지 거슬러 올라갈 수 있다. 한 대학교수 부인의 결혼제도로부터의 일탈과 상품 소비에의 욕망 추구를 그리고 있는 원작 소설과 영화, 〈자유부인〉은 6·25 직후의 시대적 배경을 고려할 때 성애 코드를 전혀 사용할 수 없는 영화였다. 그럼에도 불구하고 가정과 남편으로부터의 꿈같은 일탈을 실행하는 여주인공의 모습은 남한 사회 전반에 논란의 불씨를 지피기에는 충분했다. 〈자유부인〉은 에로티시즘의 요소보다 플로베르(Gustave Flaubert)가 집필한 프랑스 고전소설, 『보바리 부인(Madame Bovary)』(1857)이나 푸치니(Giacomo Piccini)의 오페라(1904)로 더 유명한, 존 루터 롱(John Luther Long)의 소설 『나비부인(Madame Butterfly)』(1898)에 등장하는 전근대적인 순종적 여성상과 성적·실존적 욕망에 충실한 근대적 여성상의 전환점에 놓인 여성들의 갈등을 표면화하는 문학적 관습에 더 가까워 보인다. 그러나 이러한 관습은 일본여성이 이국적 성적 대상으로 등장하는 오페라 〈나비부인〉의 대중화와 함께 다시 기묘한 일본적 전통을 형성한 듯하다. 산업 근대화와 대량소비사회화의 심화와 함께 영화의 대중화, 영화장르의 세분화와 맞물리면서 20세기 후반의 일본에서 성인영화의 대중화와 함께 성적 일탈을 추구하는 '부인'물이 등장했고,[5] 에로 그로 넌센스

---

5   재스퍼 샤프(Jasper Sharpe)에 따르면 일본 극장용 성인영화의 전통은 1950년대 후반부터 훈도시만 입고 거의 전라로 바다에서 해산물을 캐는 일본식 해녀인 '아

처럼 일본화된 부인물 제목짓기의 관행이 한국에도 상륙했음을 유추할 수 있다. 본고에서는 이러한 성인영화에서의 부인 시리즈의 시발점이자 최초의 에로영화인 〈애마부인〉을 중심으로 한국 에로영화가 일본 및 서구영화와 맺는 관계성이나 그 잔존하는 영향력 속에서 어떻게 한국화된 영화장르로 변화되었는지 추적해 보고자 한다.

2. 한국 에로영화의 초국가적 지점들

1) 서구와의 연결고리

한국 영화 속 에로티시즘의 역사를 추적하게 되면, 1950년대까지 거슬러 올라가 한국 최초의 키스 장면이 등장하는 〈운명의 손〉(1954)에까지 다다르게 된다. 그러나 〈운명의 손〉의 키스신은 서사의 맥락상 성(性)스럽기보다 성(聖)스러운 느낌에 가까운 데다 키스라기보다는 입맞춤이라는 단어가 적합한 입술의 부딪힘만을 선보이므로 그것을 에로티시즘과 연결시키기는 사실상 어렵다. 엄밀하게 말하자면, 한국영화 속의 에로티시즘이 본격적으로 추구되기 시작한 것은 1960년대 중반부터라고 보는 것이 타당할 것이다. 일본의 핑크영화인 〈백일몽〉의 대본을 번역해서 한국판으로 리메이크한 유현목 감독의 〈춘몽〉(1965)과 당대의 궁중사극으로서는 이례적이고 파격적인 에로티시즘을 표방한 신상옥 감독의 〈내시〉(1968), 순결 이데올로기에 사

마'(the *ama*, Japanese girl diver)가 등장하는 아마물로부터 유래했다고 한다. 본격적인 일본의 극장용 성인영화는 1960년대부터 저예산 독립 성인영화인 핑크영화와 함께 등장해 핑크영화적 요소가 서서히 대중장르로 변용돼 대형 제작사에서 만들어지기 시작했는데, 샤프의 책에서 언급되는 영화의 제목들을 보면 심심치 않게 ○○부인을 마주치게 된다. 다음을 참조할 것. Jasper Sharpe, *Behind the Pink Curtain: The Complete History of Japanese Sex Cinema* (Surrey, U.K.: FAB Press, 2008).

로잡히지 않은 여대생의 성적 행보를 그리는 박종호 감독의 〈벽 속의 여자〉(1969)에 이르러 시각적 에로티시즘이 활성화되기 시작했다. 각각의 영화로 유현목, 신상옥, 박종호 감독 모두 '음화(음란영화)제조'라는 죄목으로 검찰에 기소됨으로써 많은 영화인들을 당혹스럽게 했으며, '한국영화의 전성기'로 꼽히던 60년대에 영화 창작욕이 한풀 꺾이는 계기가 되기도 했다.[6] 유현목은 유죄 선고를 받고 벌금을 물었고 신상옥과 박종호의 수사는 유야무야됐지만, 세 사건은 영국의 빅토리아 조만큼이나 성적으로 억압적이던 박정희 정권 하에서 영화 속 에로티시즘이 금기시되던 현실을 적나라하게 보여주는 일례라 할 수 있다.

그러나 한 편으로 영화에서의 성적 표현의 금지는 유현목이나 신상옥 같은 1960년대의 거물급 감독이나 박종호 등의 중견감독에게만 적용된 것으로 보이기도 한다. 60년대 후반에 음화제조죄로 기소된 영화들의 영향도 있겠지만, 1970년대에 들어서 몇몇 호스티스 영화를 위시해 일반 드라마 장르의 영화에서도 21세기의 관점에서 봐도 깜짝 놀랄만한 성적 표현이 엿보인다는 점에서 정권의 이중성을 엿볼 수 있다. 〈바보들의 행진〉(1975)으로 유명한 하길종 감독은 미국 유학 후 귀국해 데뷔작인 〈화분〉(1972)으로 동성애 코드까지 섞은 네 남녀의 성적 엇갈림을 그려 평단의 주목을 받은 바 있지만, 영화 때문에 기소를 당하거나 검찰의 조사를 받았다는 기록은 없다.[7] 게다가

---

6   김수용, 『나의 사랑 씨네마 - 김수용 감독의 한국영화 이야기』, 씨네 21, 2005, 65–66쪽.

7   〈화분〉은 검찰보다는 몇몇 영화 평론가들이 영화가 이탈리아 감독, 파졸리니(Pier Paolo Pasolni)의 〈테오레마〉(*Theorem*, 1968)와 서사와 캐릭터 전개에서 유사성을 보인다고 지적하면서 청룡영화제 수상작 후보선정과정에서 탈락하면서 논란의 중심에 선 것으로 더 유명하다. 다음 책의 신문기사들을 참조할 것. 하길종, 『하길종 전집 3 자료편 - 스크립트·서한·기사』, 2009, 한국영상자료원, 174–181쪽.

그는 〈화분〉 이후 판타지 사극이라 할 수 있는 〈수절〉(1973)과 〈한네의 승천〉(1977)에서도 당대로서는 상상도 할 수 없을 정도 수위의 파격적 에로티시즘을 선보였다. 물론 두 편의 영화는 〈화분〉이나 〈바보들의 행진〉만큼 유명세를 떨치지 못 해서 검열 당국이 영화의 제작 전이건 후건 특별히 이의를 제기하지 않았을지도 모른다. 어찌 됐건, 하길종은 호스티스 영화로 분류되지 않는 영화들 속에서 당대로서는 매우 과감한 시각적 에로티시즘을 구현함으로써 한국 영화계에서 선구자적 위치를 점했다고 할 수 있고, 이는 그의 동생이며 영화배우이자 감독인 하명중에게도 영향을 미친 듯하다. 이후에 다시 언급하겠지만, 흥미로운 점은 하명중이 〈애마부인〉에서 애마의 전 애인으로 등장해 왜색적인 성적 일탈을 연기한다는 사실이다.

하길종의 크게 알려지지 않은 영화적 에로티시즘의 추구는 한국영화계의 기인, 김기영 감독과도 일맥상통하는 면이 있다. 일찍이 〈하녀〉(1960)로 독특한 여성 섹슈얼리티를 구축한 김기영은 1970년대에도 〈화녀〉(1971), 〈충녀〉(1972), 〈이어도〉(1977), 〈살인나비를 쫓는 여자〉(1978), 〈수녀〉(1979) 등의 영화에 좀 더 농도 짙은 시각적 에로티시즘을 안배하면서 여성의 성적, 사회적 욕망을 교차시키며 특유의 여성 시리즈를 심화시켰다. 하길종과 김기영의 섹슈얼리티와 에로티시즘의 탐구는 1970년대 중반에 등장하기 시작한 호스티스 영화보다 좀 더 시간적으로 앞서 있었으며 웬만한 호스티스 장르보다 과감하게 성애를 시각적으로 표현했다. 그러나 하길종과 마찬가지로 김기영도 검찰이나 검열 당국의 블랙리스트에 올라있는 감독은 아니었으며, 본인의 사비와 치과의사인 부인의 수입으로 영화 제작비를 충당하는 과정에서 재정적 어려움은 겪었을지언정 비교적 자유롭게 자신의 작품 세계를 형성해 나갈 수 있었다.

하길종이나 김기영처럼 1970년대의 작가주의 감독이 영화 속에서 예술과 외설의 경계를 오가며 작품 활동을 한 것은 프랑스의 68혁명의 영향과도 무관하지 않아 보인다. 공교롭게도 서울대 출신인 두 감독은 연출 초기부터 서구영화, 특히 유럽영화의 영향을 받아 자신들만의 스타일을 계발하기 시작했고,[8] 하길종은 60년대 후반에 미국에서 영화 공부를 하며 68혁명의 미국에서의 파급 효과를 직접 목도했으리라 짐작할 수 있다. 비록 68혁명은 실패했지만, 유럽 젊은이들의 부패한 정권에 대한 저항과 사회 변혁의 의지는 다양한 예술 장르, 특히 영화에 크게 각인되어, 유럽과 미국, 일본의 감독들은 성적 일탈과 저항을 정치적 혁명과 동일시하는 작품들을 다수 연출했다. 파졸리니(Pier Paolo Pasolini)와 베르톨루치(Bernardo Bertolucci), 오시마 나기사(大島渚)등 1960년대와 70년대에 활발하게 활동했던 이탈리아와 일본의 감독들이 그 대표적인 예라 할 수 있다. 그러나 주류 영화에서 에로티시즘이 본격적으로 활용되기 시작한 것은 68혁명보다 10 여 년쯤 전인 1950년대 후반부터 감지되어, 베르히만(Ingmar Bergman)이나 부뉘엘(Luis Buñuel), 고다르(Jean-Luc Godard), 샤브롤(Claude Chabrol), 루이 말(Louis Malle) 등 소위 '유럽 예술영화' 감독들과 프랑스 누벨바그의 기수들의 작품에서 이미 그러한 흔적을 발견할 수 있다. 베르히만의 〈모니카와의 여름〉(1953), 로제 바딤(Reger Vadim)의 〈그리고 신은 여자를 창조했다〉(Et Dieu …… Crea la Femme, 1956), 말의 〈연인들〉(Les Amants, 1958)부터 이어진 성과 금기에 대한 저항은 고다르의 〈네 멋대로 해라〉(A Bout de Souffle, 1960), 부뉘엘의 〈세브린느〉(Belle de Jour,

---

8   김기영은 1940년 서울 의대에 지원했다가 낙방한 후 등록금을 벌기 위해 일본으로 건너가 1년간 일을 하며 수많은 연극과 영화를 접했다고 하는데, 프리츠 랑(Fritz Lang)과 조세프 폰 스턴버그(Josef Von Sternberg)의 영화가 그에게 특히 큰 감화를 주었다고 알려져 있다.

1967), 파졸리니의 〈테오라마〉(1968)를 거쳐 베르톨루치의 〈파리에서의 마지막 탱고〉(*Last Tango in Paris*, 1972)와 파졸리니의 〈살로 소돔의 120일〉(*Salo o le 120 Giornate de Sodoma*, 1975)에 이르러 본격적인 사도마조히즘적 성 묘사의 정치적 알레고리에의 연결로 확장되기에 이르렀다.

　20세기 중후반의 유럽 영화의 한 편에서는 이렇게 에로티시즘을 장르적 특성으로 내세우지 않은 채 '고급 모더니즘' 예술의 외피를 두르고 관객의 성적 자극을 목적으로 하지 않는다는 명분하에 남녀 배우들을 반라 혹은 전라로 등장시키거나 실제에 가까운 성 행위를 모사하도록 했다. 다른 한 편, 1970년대 중반에 이르러 유럽 영화인들은 '에로티카(erotica)'라 지칭되는 "하드코어 포르노에 대한 고급문화적 대안(high-culture alternative to hard core)"[9]으로서의 에로틱한 장르영화도 개발하기에 이른다. 프랑스의 쥐스트 자캥(Just Jaeckin)은 네덜란드 출신의 육감적인 미모의 여배우 실비아 크리스텔(Sylvia Kristel)을 발굴해 그녀의 눈부신 나신과 영화 속 동명 캐릭터의 자유분방한 성적 여정을 소프트포커스(soft-focus) 기법으로 촬영한 〈엠마뉴엘〉(*Emmanuelle*, 1974)을 공개했다. 영화는 현재까지 전 세계 30억 명이 관람한 영화로 기록되어 프랑스 영화사상 가장 흥행에 성공한 영화 중 한 편으로 공식 기록되어 있다.[10] 영화의 흐릿하면서도 아련한 감각적인 화면 구성과 서정적인 음악 사용, 나이 차이가 많이 나는 연상의 남편과의 관계에 지루함을 느낀 어린 신부의 성적 모험을 다룬 서사는 유럽 뿐 아니라 미국과 아시아 지역으로까지 그 파급

9　Nina K. Martin, *Sexy Thrills: Undressing the Erotic Thriller* (Urbana: University of Illinois Press, 2007), p.22.

10　2007년에 미국에서 DVD로 출시된 *Emmanuelle*에 수록된 메이킹 필름 참조.

효과가 어마어마했다. 〈엠마뉴엘〉의 소프트 포커스 기법은 즉시 각 국의 성인영화 제작 관행에 흡수되기 시작해 미학적인 화면 구성과 관객의 흥미를 끌기에 충분한 서사를 지닌 소프트포르노 영화 제작 붐이 일기 시작했다. 미국의 한 소프트포르노 장르 연구자는 〈엠마 뉴엘〉 이후로 수없이 많이 등장한, 특히 80년대 비디오 시장의 확산 과 함께 생겨난 그러한 영화들 중 소프트포커스 기법을 차용하고 여 성 관객에게 소구될만한 서사 전개를 구성하며 "작품성을 지향한 (aspirational)" 영화들을 '고급(highbrow)' 영화와 '저급(lowbrow)' 영화 사이의 중간에 위치한 "중급(middlebrow)" 영화산업의 산물이라고 규 정하기도 한다.[11]

어찌 됐든, 〈엠마뉴엘〉이 전 세계 성인영화 산업에 미친 영향은 막 대했으며, 한국에서의 반응도 폭발적이었으므로 영화의 이러한 후광 효과를 입기 위해 〈애마부인〉의 제작자도 엠마뉴엘을 연상시키는 애 마라는 여성을 주인공으로 등장시키고 영화의 제목을 〈애마부인〉으 로 정했다고 한다. 애마라는 이름의 뜻은 "처음에는 '말을 사랑하는 부인'이라는 뜻에서 '애마(愛馬)'로 신청했으나 어감이 나쁘다고 바꾸 라는 명령을 받고 엉뚱하게도 '애마(愛麻)부인'으로 이름을 바[꿔] 결 국 무슨 의미인지도 모를 영화제목이 되고 [말]"았다고 한다.[12] 의도 치 않게 마, 즉 삼베를 사랑하는 여인이라는 의미를 부여받은 애마의 성적 여정을 다루는 〈애마부인〉이 유럽의 "작품성을 지향한" 성인영 화로부터 영향을 받았음을 예상할 수 있는 대목이다.

유럽과 유사한 듯하면서도 언제나 다른 노선을 추구하는 미국에서

---

11 David Andrews, *Soft in the Middle: The Contemporary Softcore Feature in Its Contexts* (Columbus: Ohio State University Press, 2006), pp.5–10.

12 호현찬, 『한국영화 100년 (개장 증보판)』, 문학사상사, 2003, 245쪽.

68혁명의 여파는 1966년에 샌프란시스코에서 발생해 미국 전역으로
확산되기 시작한 히피(hippie) 문화의 반체제주의적·반물질문명주의
적·자연친화주의적 삶의 추구 경향과 결합해 정치적 저항과 금기에
대한 반항으로서의 성 해방을 동일시하는 경향으로 이어졌다. "Make
Love, Not War"라는 기치 하에 히피족들은 베트남전 반대 운동과 프
리 섹스(free sex) 운동을 벌였으며, 이런 움직임은 영화에도 반영되어
1970년대 미국은 포르노 영화의 전성기를 구가하기도 했다. 1970년대
초에 개봉된 〈목구멍 깊숙이〉(Deep Throat, 1972)는 단순히 여성의 나
체를 활동사진으로 전시하는데 불과하던 '스태그 필름(stag film)'에서
비약적인 진화를 거듭한 하드코어 포르노 영화로서, 플롯과 캐릭터,
서사가 갖춰진 최초의 장편 포르노그래피의 형태를 띠고[13] 여주인공
인 린다 러브레이스(Linda Lovelace)를 일약 스타로 만들었을 뿐 아니
라 미국 사회를 발칵 뒤집어놓을 만큼의 놀라운 흥행 성적을 기록하게
되었다. 〈목구멍 깊숙이〉의 대성공은 최초의 극장상영용 포르노영화
라는 점 뿐 아니라 영화의 외설성이 문제시돼 영화의 배급과 상영을
일임한 '머추어 엔터프라이즈(Mature Enterprise)' 사(社)가 검찰에 기
소되어 미국 내 몇 개 주에서는 유죄 판정과 벌금형을 받으면서 더욱
가속화되었다. 1976년에는 영화의 연출자인 제라드 다미아노(Gerard
Damiano)와 여주인공을 연기한 러브레이스가 기소되면서 최초로 흥
행업자가 아닌 배우가 음란물 재판 현장에 소환돼 패소하는 기록을
세우기도 했다. 어찌 됐든, 영화를 둘러싸고 수년간에 걸친 미국 내의
수많은 논란과 사건들은 〈목구멍 깊숙이〉를 1970년대에 가장 흥행에

---

13 다음을 참조할 것. Linda Williams, *Hard Core: Power, Pleasure, and the "Frenzy
of the Visible"*, expanded edition (Berkeley: University of California Press,
1989, 1999), pp.58-92, 153-183.; Linda Williams, *Screening Sex* (Durham:
Duke University Press, 2008), pp.69-112.

성공한 미국 영화로 등극하게 하였고, 미국에서는 70년대를 통틀어 수없이 많은 극장용 포르노그래피 영화가 제작·개봉되었다. 물론 실제 성 행위와 성기를 노출하는 하드코어 포르노영화들은 서서히 음지의 성인전용 극장으로 밀려나게 되었지만, 성 행위를 모사하는 소프트코어 포르노의 관행은 〈엠마뉴엘〉의 성공과 에로티카의 보급화에 힘입어 서서히 할리우드에도 스며들게 되었다.[14] 따라서 1970년대 후반과 1980년대 중반 사이에 할리우드에서는 〈미스터 굿바를 찾아서〉(*Looking for Mr. Goodbar*, 1977), 〈보디 히트〉(*Body Heat*, 1981), 〈나인 하프 위크〉(*Nine 1/2 Weeks*, 1986) 등의 대담하고 노골적인 에로티시즘을 표방하는 영화들이 흥행과 평단, 양측에서의 성공이라는 두 마리 토끼를 잡는데 성공하기도 했다.

2) 일본 성인영화의 영향

유럽과 미국에서 68혁명을 전후해서 영화적 에로티시즘이 작가주의 영화와 에로틱한 장르영화, 즉 소프트코어 포르노와 하드코어 포르노를 오가며 제작비와 작품성의 측면에서 상·중·하급을 골고루 오가며 만들어지는 동안, 일본도 서구와 동시적인 전개 양상을 보인다. 유럽의 고급 모더니즘 영화들이 1950년대부터 섹슈얼리티와 에로티시즘을 활용한 것처럼, 일본에서도 1950년대 후반부터 엘리트 영화인들이 3대 메이저 영화사인 쇼치쿠(松竹), 니카츠(日活), 다이에이(大映)에서 에로티시즘의 정치적 가능성을 실험하기 시작했다. 엘

---

14 하드코어 및 소프트코어 포르노그래피에 대한 장르적 정의와 포르노그래피 논쟁에 대해서는 다음을 참조할 것. 이윤종, 「포르노그래피, 바디 장르, 그리고 페미니즘: 1980년대 한국 에로영화에 대한 페미니즘 논의를 중심으로」, 『문화/과학』 75호, 2013 가을, 244–271쪽.

리트 영화인과 에로티시즘의 조우라는 측면에서 볼 때, 동경대를 졸업하고 1950년대에 네오리얼리즘이 한참 꽃피던 이탈리아에서 영화 연출을 공부하고 일본으로 돌아온 다이에이의 스타 감독, 마스무라 야스조(增村保造)의 작품들이 주목을 요한다.

1957년작 〈입맞춤〉으로 일본 영화사상 최초의 키스신을 선보인 마스무라는 1950년대부터 작품 속에 성적, 사회적 욕망에 충실한 여성 캐릭터들을 등장시켜 점차 더 농염해지는 여성의 에로티시즘을 가시화한다. 그가 60년대에 연출한 많은 영화들이 그러했지만, 특히 일본 미스테리 문학의 아버지이자 대표적 에로 그로 넌센스물의 창작자로도 유명한 에도가와 란포(江戶川 亂步)의 동명소설을 영화화한 〈눈먼 짐승〉(盲獸, 1969)은 당시로서는 파격적인 성애의 행보를 보인다. 영화에는 폐쇄적 공간 안에서 성적 쾌락과 육체의 피·가학적 고통을 동일시하며 극한의 성적 황홀감을 맛보기 위해 서로의 사지를 잘라주며 고통과 쾌락 속에서 죽어가는 남녀 커플이 등장한다. 미국 작가, 에드가 앨런 포우(Edgar Allen Poe)를 존경해 포우의 일본식 발음인 에도가와 란포로 필명을 정한 에도가와의 에로틱하며 그로테스크한 작품 세계도 혁신적이지만, 이를 영상화한 마스무라의 시각적 연출력도 돋보이는 수준 높은 성애물, 즉 그야말로 '에로티카'라 할 수 있다.

패전 후에도 지속적으로 이어지는 일본 에로 그로 넌센스의 또 다른 한 분파로 분류될 수 있을 만한 문화적 향방은 당시 패배감에 젖은 일본인들이 카즈토리 소주를 마시고 과감하고 대담해졌다는 데서 유래한 '카즈토리 문화'와 타니자키 준이치로(谷崎潤一郎)나 가와바타 야스나리(川端康成) 등의 일본 문학계의 대부들이 탐닉하게 된 퇴폐적 에로티시즘에서도 찾을 수 있다.[15] 카즈토리 문화는 2000년대 초반

에 한국에서도 유행했던 '엽기성'과 유사한 형태로 표출되며 성의 상
업화와 결합하여 기묘하고 엽기적인 에로티시즘의 형태로 대중문화
전반에 스며들었다. 카츠토리 문화가 대중문화적이라면, 고급스러운
퇴폐적 에로티시즘은 일본적 미학과 결합해 노벨 상을 수상한 가와
바타의 문학작품이나 에로 그로 넌센스 문화의 엘리트 적자로도 보
이는 타니자키의 원작소설을 영화화한 작품들, 특히 이치카와 콘(市
川崑)이 영화화하여 칸 영화제에서 수상한 〈열쇠〉(鍵, 1960) 등에서도
찾을 수 있다. 또한 전후에 각광받았던 퇴폐적 에로티시즘의 다른 조
류로 미군정 하 미군 상대 집장촌 여성들의 생명력과 애환을 그린
'육체문학'도 빠뜨릴 수 없다. 육체문학의 대표주자라 할 수 있는 타
무라 타이지로(田村泰次郞)의 『육체의 문』(肉體の門, 1947)과 『춘부전』
(春婦傳, 1947)은 발표 이후 각각 네 차례와 두 차례 영화화될 정도로
각광받았다. 그 중에서도 니카츠에서 활동하던 스즈키 세이준(鈴木清
順) 감독이 1964년과 1965년에 두 작품을 각각 영화화한 판본이 많은
주목을 받아 왔는데, 특히 〈춘부전〉은 2차 대전 당시 만주를 배경으
로 일본과 한국, 중국 출신의 전쟁 위안부들의 사랑과 욕망을 그렸다
는 점에서 특이하다고 할 수 있다. 스즈키는 1950년대부터 액션물과
청춘물을 오가면서 자신만의 독특한 영화 스타일을 구축해 왔으나,
그의 〈육체의 문〉은 섹슈얼리티와 정치를 연계시킨 작품으로서 1960
년대의 대표적 에로티카로 분류될 수 있을 만한 작품이다.

　쇼치쿠는 1950년대와 1960년대의 전환기에 프랑스에서 등장해 전
세계 젊은 영화관객들의 지지를 받으며 초국가적인 영향력을 발휘한
누벨바그(nourvelle vague) 영화인들의 동향에 주목해, 의도적으로 젊

15　다음을 참조할 것. John Dower, "Cultures of Defeat" in *Embracing Defeat: Japan
　　in the Wake of World War II* (New York: W. W. Norton, 1999), pp.121–167.

은 관객을 흡수하기 위해 사회비판적이고 정치적으로는 좌파에 속하는 약관의 젊은 엘리트들, 즉 오시마 나기사, 요시다 키주(吉田喜重), 시노다 마사히로(篠田正浩), 이마무라 쇼헤이(今村昌平) 등을 도제 과정을 생략한 채 입봉시키는 혁신을 꾀했다. 장기간의 도제 실습 기간을 거쳐 감독으로 데뷔하는 것이 오랜 관행이었던 일본 영화계에서, 그것도 메이저 스튜디오에서 이를 대폭 축소·생략하는 극약 처방을 한 것이다. 1950년대 일본의 인기영화 장르였던 청춘영화의 관습에 자신들의 관심사인 섹스와 폭력, 영화의 형식적 실험을 결부시킨 이들 감독들은 데뷔 초부터 매우 도발적이고 획기적인 영화들을 만들기 시작했으나, 50년대의 황금기를 뒤로 한 채 관객이 급감한 일본 영화계의 현실을 되돌리기는 역부족이었다. 이들 감독들은 곧 지속적인 상업적 성공의 압박을 가하는 쇼치쿠를 떠나 독립적인 제작사를 차리거나 거대 제작사와 제휴해 지속적으로 금기에 대한 정치적 저항으로서 에로티시즘을 효과적으로 활용해 나가기 시작했다. 특히, 끊임없이 성애와 정치의 연관성에 천착해오던 오시마는 1970년대에 프랑스 제작자와 손잡고 포르노그래피 제작이 금지된 일본의 영해를 벗어나 프랑스에서 일본 배우들을 기용해 본격적인 하드코어 포르노영화인 〈감각의 제국〉(愛のコリダ, 1976)을 연출하기에 이른다. 영화는 프랑스 자본으로 프랑스에서 제작되었지만 일본배우가 일본어로 연기하는 영화라는 이유로 일본 내 극장 상영이 금지되었을 뿐 아니라 많은 나라에서 극장 개봉이나 비디오 출시가 무기한적으로 연기되는 등 세계 각국에서 논란의 중심에 서게 되었다.

  일본 주류 영화계에서는 기존의 메이저 영화 스튜디오를 중심으로 서서히 에로티시즘이 영화 전반으로 확산되기 시작했지만, 1950년대 후반부터 저예산으로 에로티시즘을 통한 시각적 자극을 목적으로 하

는 영화들을 제작하는 '에로덕션(ero-duction)'[16]들이 생겨났고 이들
은 메이저 영화사들이 소유하지 않은 작은 극장들에서 영화를 상영
하면서 관객몰이를 하며 1960년대부터 '핑크영화'라는 새로운 장르
를 형성하게 되었다. 핑크영화라는 용어는 일본의 한 스포츠 신문 기
자가 주류 영화계에서 제작된 우수한 영화를 매해 선정하고 시상하
는 '블루리본 영화상'에 대항적으로 핑크리본 영화상이 만들어져야
한다는 우스갯소리를 한 것에서 유래했다고 한다.[17] 그러나 저예산
독립 에로물을 지칭하는 핑크영화가 큰 의미를 갖게 된 것은 오시마
와 마찬가지로 영화적 에로티시즘을 통해 금기에 저항하고 정치적
변혁을 꿈꾸는 영화인들 때문이었다. 앞서 언급했던, 한국 최초의 음
화로 기록된 유현목의 〈춘몽〉의 원작인 〈백일몽〉을 연출한 타케치
테츠지(武智鉄二) 감독은 가부키 연출자로 출발해 1964년에 〈백일몽〉
으로 영화계에 입봉하며 저예산이 아니라 제법 큰 예산으로 만들어
진 일본 최초의 주류 핑크영화를 연출한 인물이 되었다. 독일의 표현
주의와 프랑스의 상징주의 영화의 영향을 받아 한국영화사에서 드물
게 유럽풍 아방가르드 영화로 완성된 〈춘몽〉과 달리, 〈백일몽〉은 가
부키 연출자 출신의 감독이 만든 영화답게 일본의 전통 음악과 전통
가옥구조를 활용해 특별한 서사전개 없이 한 여자와 두 남자 사이의
사도마조히즘적 관계를 영상으로 보여주는 영화이다. 이듬해 제작된
타케치의 두 번째 연출영화인 〈흑설〉(黑い雪, 1965)은 눈밭 위에 전라
로 누워있는 여배우의 모습을 문제 삼은 일본 정부가 감독을 기소하

---

16 다음을 참조할 것. Donald Richie, "The Japanese Eroduction," in *A Lateral View: Essays on Culture and Style in Contemporary Japan* (Berkeley: Stone Bridges Press, 1987, 2001), pp.156-169.

17 Jasper Sharpe, *Behnd the Pink Curtain*, p.53.

고 최초의 음란물 재판에 회부한 문제작이 되었다. 재판정에서 타케치는 영화에 누드 장면이 많이 등장하지만, 그 누드 장면들은 미 군정 하에서 "미국의 침략에 저항하지 못 하는 일본인들을 상징하는 상징적 누드"라고 항변했다.[18] 유현목과 달리, 타케치는 당대 일본의 반미주의 정서와 오시마를 포함한 일본 지식인들의 탄원에 힘입어 무죄를 선고받을 수 있었다. '〈흑설〉판례'는 핑크영화가 저예산 독립영화 혹은 작품성이 없는 상업적 성애영화인 '섹스플로이테이션(sexploitation)'이라는 오명을 벗게 해 주는 사건이 되었다.

같은 해에 타케치의 재판 사건과 함께, 핑크영화의 대부라 할 수 있는 와카마츠 코지(若松孝二) 감독의 〈벽 속의 비사〉(壁の中の秘事, 1965)가 베를린 국제영화제에 초청되면서 핑크영화의 이미지는 더욱 쇄신되기 시작했다. 급진적 좌파인 와카마츠는 1965년에 자신의 독립영화사인 '와카마츠 프로'를 창립하기 전까지 니카츠에서 63년과 65년 사이에 20여편이 넘는 핑크영화를 연출했는데, 그의 영화는 기존의 모든 영화적 규칙과 규범에 대해 전복적이어서 서사와 스타일에 있어 실험적일 뿐 아니라 현실 변혁의 열망을 품은 혁명적인 기운을 품고 있는 것으로 유명하다. 〈벽 속의 비사〉는 재수생이 집에서 망원경으로 건너편 집을 훔쳐보다 그 집의 주부와 사랑에 빠져 연인으로 발전하지만 결국 파국적 결말로 치닫게 되는 과정을 그리는 영화로, 일본의 대학입시와 교육제도의 암울한 현실 속에서 가정주부와 재수생이 우울하고도 반복적인 일상 속에서 일탈을 꿈꿀 수 밖에 없는 사회적 상황을 비판한다. 니카츠 사는 일본 정부가 영화의 장르적 특수성 때문에 외국 영화제 진출을 반대하리라 예상하고 영화윤리위원회와 상의하

---

18 David Desser, *Eros Plus Massacre: An Introduction to the Japanese New Wave Cinema* (Bloomington: Indiana University Press, 1988), p.99.

지 않고 독단적으로 영화를 베를린에 출품했다. 뒤늦게 사실을 알게 된 영화윤리위원회는 영화가 일본의 국가 이미지에 먹칠을 할 것이라 우려했지만, 오히려 베를린에서 호의적인 반응과 관심을 받게 되었고 이는 핑크영화에 대한 고정 관념을 깨기에 충분한 것이었다. 영화의 성공으로 와카마츠는 자신의 제작사를 설립할 수 있었고, 2012년에 갑작스런 교통사고로 유명을 달리하기 전까지 끊임없이 정력적으로 좌파적이고 혁명적인 핑크영화를 만들어왔다.

니카츠는 1960년대까지 소극적으로 에로티시즘을 표방하는 영화들을 제작하다가, 1971년에 니카츠 로망 포르노라는 고급형 핑크영화 브랜드를 출범하고 본격적인 소프트포르노 제작에 착수했다. 로망 포르노는 이전의 영화들에 비해 성적 표현의 수위가 훨씬 높지만, 여성 친화적인 내용과 화면으로 남녀 관객을 골고루 포섭할 수 있었다. 또한, 로망 포르노의 3대 천황으로 일컬어지는 소네 추세이(曾根中生), 쿠마시로 타츠미(神代辰巳), 타나카 노보루(田中登) 등의 감독은 평단의 호평을 받은 영화들을 연출하며 고급화된 작가주의 에로티카를 보급화시키는데 기여하기도 했다. 로망포르노는 80년대까지 꾸준히 만들어졌으나 일본영화산업의 약화와 관객의 지속적인 감소, 비디오 시장의 확대로 인한 AV 영화의 확산으로 1988년에 니카츠사가 도산하면서 결국 제작이 중단되었다.

3. 한국 에로영화와 〈애마부인〉

1980년대 초반에 등장한 한국 에로영화는 서구와 일본에서 1970년대부터 서서히 그 강도를 높여가며 다양하게 확산된 극장용 성인영화 제작 트렌드의 초국가적 흐름 속에서 한국적 문맥을 형성하며 등장한

한국적 영화장르이다. 앞서 언급했듯 1950년대 후반부터 일본과 서구
에서는 주류 영화, 특히 소위 예술영화라 지칭되는 엘리트 출신 작가
주의 감독들의 영화들 속에서 도발적 섹슈얼리티의 실험이 먼저 이루
어지기 시작했고, 1960년대 이후 저예산 독립영화계와 대중영화계가
그러한 예술적 실험을 상업적인 맥락에서 흡수하기 시작하면서 활성
화될 수 있었다. 따라서 비주류 영화가 아닌 주류영화로서 포르노적
인 기능을 수행하기도 한 1980년대의 에로영화 제작 관행은 3S 정책
이라는 한국적 특수성 하에서만 파악되어서는 안 되고 초국가적 흐름
과 국내적 여건이 결합된 결과물로 이해될 필요가 있다.

   한국영화 연구에서 에로영화는 보통 섹스, 스크린, 스포츠의 3S를
권장함으로써 12.12 사태와 광주민주화 운동에 대한 국민의 관심 등
을 약화시키고 전환하기 위한 전두환 정권의 문화정책의 산물로만
인식되는 경향이 있다. 물론, 박정희 정권 하의 18년간, 특히 1970년
대의 유신 체제하에서 더 극심해진 정치적·문화적 통제를 고려하면,
에로영화가 3S 정책과의 연관성 속에서 논의되는 것은 당연한 귀결
이다. 야간 통행이 금지돼 한밤중에 영화를 본다거나, 한국 배우가
등장하는 성인영화를 본다는 것은 상상도 할 수 없던 환경 속에서 갑
자기 통금 제도가 폐지되고 심야영화 상영이 허가됨으로써 수많은
성인 관객들, 특히 젊은 남성 관객들이 3S 정책의 본보기로 등장한
에로영화에 열광하는 것은 당연한 수순이었기 때문이다.

   실제로 1982년 서울 극장에서 심야에 〈애마부인〉을 개봉한 첫날
전국에서 수많은 인파가 몰려 극장의 유리창이 깨지는 등의 폭발적
인 반응을 불러일으켰다고 하며, 이에 힘입어 영화는 4개월 동안 장
기 상영되어 당시로서는 이례적으로 31만 명의 관객을 동원할 수 있
었다.[19] 그러나 〈애마부인〉의 성공으로 촉발된 에로영화 제작 붐은

단순히 3S 정책의 효과만으로 나타날 수 있는 것이 아니라 영화에 대한 관객의 긍정적, 아니 폭발적 반응이 없었다면 불가능한 현상으로 보인다. 단순히 관객의 성적 호기심을 상업적으로 이용하는 전략만으로 〈애마부인〉이 우연히 성공해서 1995년까지 제작된 시리즈물의 12편까지 나온다는 것은 불가능하다는 말이다. 또한 영화가 애마를 연기한 안소영의 훌륭한 몸매 덕에 남성 관객의 단순한 성적 치기에 기대에 성공했다고 보기에는 중년여성 관객의 티켓 파워가 매우 크게 작용했다는 점도 간과할 수 없다.[20] 물론 안소영은 애마부인의 성공으로 말 그대로 하룻밤 만에 일약 스타가 될 수 있었다. 그러나 많은 중년여성들이 〈애마부인〉을 보게 된 이유는 그 이전까지의 한국 성인영화에서 여배우들이 예외 없이 연기했던 호스티스가 아닌 중년의 중산층 여성이 남편의 외도로 외로워하다가 경험하게 되는 성적 모험의 여정, 특히 순수하고 풋풋한 연하남과의 사랑에 크게 기인했으리라는 것을 짐작할 수 있다.[21]

1970년대에 전성기를 구가했던 호스티스 영화의 존재를 떠올리면, 왜 애마부인이 최초의 에로영화인지 반신반의하는 이들도 상당수 있을 것이다. 그러나 호스티스 영화의 시초라 할 수 있는 〈별들의 고향〉(1974)이나 〈영자의 전성시대〉(1975)는 애초에 여공이나 가정부, 후처 등을 거쳐 윤락업계로 흘러들어오게 된 여주인공이 급속한 고도 산업화의 진통을 겪는 한국사회 속에서 경험하게 되는 냉혹한 사회 현실을 그림으로써 청춘영화로 분류된 이력이 있는 영화들이다.

19 강소원, 「1980년대 한국영화」, 유지나 외 한국영상자료원 편, 『한국영화사 공부 1980-1997』, 이채, 2005, 18쪽.

20 호현찬, 『한국영화 100년』, 246쪽.

21 애마와 연하남과의 사랑에 대한 좀 더 자세한 여성주의적 해석은 앞서 언급한 필자의 「포르노그래피, 바디 장르, 그리고 페미니즘」을 참조할 것.

두 영화의 폭발적 흥행으로 인해 1970년대 후반에 사회 비판보다는 당대 최고의 여배우들이 반라의 모습으로 불운한 여주인공의 성적 여정을 연기한 본격 호스티스물들이 한국영화산업 전반을 지배했다고 해도 과언은 아니다. 그러나 70년대 후반과 80년대 초반 사이에 상당수 제작된 호스티스 영화 속 비운의 하층민 여성들이 에로티시즘의 객체로 묘사되는 것과 달리, 〈애마부인〉은 호스티스가 아닌 중산층, 아니 중상층의 주부가 성적 욕구의 주체로서 화폐를 매개로 하지 않은 성적 관계를 지향하는 여성으로 등장함으로써 본격 에로물 출범의 신호탄을 쏘아올린 작품이라고 할 수 있다. 〈애마부인〉 이후로 한국영화는 윤락업계에 종사하지 않는 여성들까지 에로티시즘의 주체이자 객체로 등장시킬 수 있는 물꼬를 튼 셈이다.

〈애마부인〉은 여성화된 에로티시즘에 대한 여성 관객의 보편적 갈구와 더불어 한국적 특수성에 힘입어 80년대 에로영화 제작 트렌드의 기폭제가 될 수 있었다. 영화는 갑작스럽게 남편이 수감된 후, 부유한 시부모가 손녀를 양육하게 되어, 세 가족이 살던 으리으리한 단독주택에서 강남의 한강변 고급 아파트에 가정부를 두고 홀로 독립해 살게 된 상류층 주부의 자유롭고 파격적인 삶을 설정한다. 그러나 〈애마부인〉은 여성의 순결 이데올로기에 집착하는 한국적 정서를 매우 세심하게 고려해 제작된 영화다. 에로영화의 전신이자 전범이라 할 수 있는 호스티스 영화는 가진 것이라곤 몸밖에 없는 하층계급 여성, 특히 농촌 출신의 여성이 가난한 식구들을 먹여 살리기 위해 상경해 온갖 직종의 노동을 전전하다 당시의 모든 여성에게 강요된 순결이라는 이데올로기적 주물(呪物)을 상실한 후 겪게 되는 불운을 묘사하는 경우가 대다수다. 순결을 상실한 여성들이 결혼을 통해 남편으로부터 얻을 수 있는 경제적 지원의 가능성이 차단된 상태에서 그녀들이 스스로 살아남기 위해 택할 수 있는 길은 윤락업 밖에 없는 사회적 환경을 비판하는 동시에 그 과정을 시각적 에로티시즘으로 활용하는 전략을 쓰는 것이다. 호스티스 영화로 분류되지 않거나 에로티시즘이 강조된 영화가 전혀 아니더라도, 〈순결〉(1970)이나 〈성숙〉(1974)같은 영화들처럼 70년대 영화들의 대다수는, 물론 예외도 있지만, 순결 이데올로기에 매우 충실해 순결을 잃은 여성은 결혼할 수 없다거나 그에 상응하는 벌을 받을 수밖에 없다는 묘한 교훈마저 주고 있는데, 이는 국가적 차원에서 선전되고 지향되는 윤리적 프로파간다의 성격마저도 띠고 있다. 이런 측면에서 70년대 한국의 멜로드라마 영화들은 순결을 잃고 자살 혹은 자살 시도를 하는 여성을 그리거나(〈성숙〉), 아내가 과거에 순결을 잃었다는 것을 알고 방황하는 남편을 다루거나(〈순결〉), 순결을 잃고 매매춘에 종사하게 되는 여성을 그리는데 여념이 없었다고 할 수 있다. 이러한 한국영화 속 순결 이데올로기의 전통은 당연히 80년대에도, 또한 에로영화 속에도 지속적으로 이어진다.

그러나 본 연구자가 앞서 잠깐 언급했고 다른 글에서도 논한 바 있지만, 70년대 호스티스 영화와 80년대 에로영화의 가장 큰 차이점은 에로티시즘의 주요 주체이자 객체인 여주인공의 사회적 계층이나 계급의 변화이다.[22] 호스티스 영화는 에로영화보다 먼저 등장해 여공이나 가정부로 일하다가 가정주부로 정착하지 못 하고 매춘업계에 발을 들이게 되는 하층민 여성들을 통해 영화적 에로티시즘을 상업적으로 활용하기 시작했다. 그러나 호스티스 영화는 80년대에 여주인공의 계급이나 젠더와 함께 장르적 다양성마저 에로티시즘이라는 공

---

22   다음을 참조할 것. Yun-Jong Lee, *Cinema of Retreat: Examining South Korean Erotic Films of the 1980s*, Ph.D. Diss., University of California, Irvine, 2012.

통분모 하에 광범위하게 포진시킴으로써 상부 장르가 된 에로영화의 하부 장르로 흡수돼 꾸준히 제작되는 경향을 보인다. 80년대 한국 영화산업 전반의 이러한 '에로화'(eroticization) 경향은 앞서 언급한 자캥의 〈엠마뉴엘〉처럼 고급화된 소프트포르노 제작 붐이나 핑크영화나 로망포르노와 같은 일본의 극장용 성인영화 장르의 대중화된 제작 관행에 발맞추어 일어난 움직임이었다고 볼 수 있다.

따라서 3S 정책의 여파도 간과할 수 없겠지만, 80년대 한국 영화산업의 에로영화에의 쏠림 현상은 서구와 일본에서 먼저 시작된 초국가적 영화 제작경향의 전지구적 확산의 한 흐름으로 볼 필요가 있다. 실제로 70년대 대만에서는 '블랙 무비'(black movie)라 불리는 성인영화가 유행했었고, 80년대 홍콩에서도 카테고리 Ⅲ로 분류되는 성인영화가 성황리에 제작되었으며, 80년대 중반부터 시작된 중국의 제 5세대 영화만 해도, 레이 초우(Rey Chow)의 표현을 빌자면, "원시적 열정(primitive passions)"을 분출시키는 모더니즘적 에로티시즘에 상당히 기대고 있다.[23] 그러나 서론에서 언급했듯 '에로'라는 단어가 한국사회에서 상용화되며 영화장르로 등극하기 시작한 출발점의 위치에서 제작된 〈애마부인〉은 한국적 특수성 위에 성인영화의 국제적·보편적 관행 뿐 아니라 일본적으로 상용화된 특수한 관행마저도 표출하는 특이점을 지니고 있다. 에로 그로 넌센스의 요소가 발견되는 기묘한 에로티시즘과 함께 '부인 시리즈' 성인영화의 신호탄으로 자리매김하면서 일본 성인영화의 관행에 조응한다는 매우 기괴한 왜색성이 감지되기 때문이다.

---

23 다음을 참조할 것. Rey Chow, *Primitive Passions: Visuality, Sexuality, Ethnography, and Contemporary Chinese Cinema* (New York: Columbia University Press, 1995).

  물론, 〈애마부인〉의 왜색성이 일본의 성인영화 전통이나 에로 그로 넌센스의 성향을 그대로 모방하거나 그것을 한국사회에 무작위적으로 적용하는 방식을 통해 이루어진 것은 아니다. 〈엠마뉴엘〉을 연상시키기 위해 지은 제목이라지만 일본 성인영화의 전통, 즉 부인 시리즈의 연장선상에 있는 것 같은 제목이나, '에로'라는 단어에서 촉발되는 기괴하고 기묘한 에로티시즘이 미묘하게 감지되는 국적불명의 혼종성이 영화의 특징이기도 하다. 1980년대에 당대를 휩쓴 민중 민족주의의 영향으로 일본 식민통치의 잔재를 부인하고 한국적인 전통을 강조하는 흐름이 학계와 뿐 아니라 문화·예술 분야에서도 강했던 점을 감안하면, 이러한 미묘한 왜색성은 국제적 조류를 따라간다기보다 무의식적으로 식민지기 내지의 전통으로 회귀하는 듯한 느낌마저도 준다. 따라서 〈애마부인〉은 한국적 순결 이데올로기에 충실하면서도 서구와 일본의 주류 소프트포르노적 관행, 특히 후자를 적극적으로 포용하고 있는데, 아마도 통금 해지 이후 최초로 심야극장에서 상영되는 본격 성인영화라는 부담감이 정인엽 감독에게 외국의 성인영화 관습, 특히 일본적 관행을 활용하도록 부추긴 듯하다. 영화의 왜색성은 크게 두 가지 장면에서 드러나는데, 하나는 애마와 절친한 친구 간의 레즈비언적 성 행위를 연상시키는 미묘한 눈빛 교환 장면이고, 다른 하나는 애마의 과거 애인, 문호의 매우 기괴한 행적이다.

  영화의 도입부에서 여주인공 애마는 사업가 남편을 둔 부유한 중상층 가정의 주부로 등장한다. 그러나 유부녀임에도 불구하고 그녀는 매일 밤 외로이 잠 못 이루고 침대에서 혼자 뒤척인다. 애마의 남편은 사업상의 목적으로 매일 밤 접대부를 끼고 고객을 접대하느라 바빠 새벽에 집에 돌아와 아내의 손길을 거부하기 일쑤다. 그러나 아내를 사랑하는 데다, 유부남으로서의 양심마저 상실하지는 않은 애마의 남편은 자신의 이러한 이중적 생활에 회의를 느끼고 괴로워하다 어느 날 밤 혼자 술을 마시다 취객과 싸움이 붙어 상대방에게 상해를 가하고 구속된다. 수감된 상태에서 남편은 애마를 자유롭게 해주기 위해 이혼을 제안하고 심지어 부부의 외동딸인 지현마저 자신의 양친에게 키워달라고 부탁한다. 물론, 애마는 이혼을 거부하고 남편이 수감된 8년 동안 초기의 3년간은 매주 한 번도 빠짐없이 남편의 면회를 가는 열부 내지는 수절녀의 모습을 보인다. 이렇듯 다소 케케묵은 유교적 관습을 따르고 있다고는 해도, 애마는 영화의 초반 30분도 채 지나지 않아 가정주부 아닌 가정주부로서 혼자 자유롭게 살게되어, 이후 이혼도 하지 않은 상태에서 당시로서는 매우 파격적으로 남편 이외의 남성 두 명과 성적으로 연루된다. 애마가 미혼녀였다면 이 모든 설정이 불가능했겠지만, 그녀가 애까지 딸린 유부녀, 즉 처녀가 아닌 데다 남편이 죄질을 떠나 범죄자, 게다가 수감자이기 때문에 당시의 관객들, 특히 여성 관객들은 이 모든 서사적 상황에 대해 반감을 갖지 않고 수용하게 된 듯하다. 이러한 설정은 순결 이데올로기를 위반하지 않는 한도 내에서의 한국적 타협이라 할 수 있다. 그러나 앞서 언급했듯, 영화 속에서 애마와 그녀의 절친한 친구, 에리카의 관계는 동성연대적(homosocial) 관계를 초월한 동성애적(homo-erotic) 연대성을 암시하고 있는 데다, 그러한 간접적 동성애성의 매개가 침술이라는 점은 일본 성인영화의 기괴함을 연상시킨다. 한자 표기가 가능하지만 매우 이국적인 이름의 소유자, 애마와 더불어 그녀의 친구인 에리카도 심상치 않은 이름과 성향을 지니고 있다. 애마와 달리 한자 표기가 불가능해 보이는 이름을 가진 에리카는 애마의 남편이 수감되기 전부터 습관적 외도를 저지르는 그와 결별하기를 애마에게 종용한다. 김애경이 연기하고 깊고 중후한 저음의 보이스로 유명한 연극배우 박정자가 목소리 더빙을 한, 영화 속 에리카는 어느 날 새벽 아파서 잠 못 이루는 애마의 전화를 받고 자다 깨서 한달음에 친구에게 달려간다. 결혼해서 가정이 있는 여성이 아무리 절친한 친구라고는 해도 한밤중에 전화를 받고 바로 달려간다는 것은 상식적으로 쉬운 일은 아니지만, 에리카는 옆에서 자는 남편의 허락도 구하지 않고 아무런 망설임도 없이 애마를 찾아간다. 집으로 한의사를 불러 침을 맞기로 한 애마는 굳이 에리카가 지켜보는 가운데 전라로 엎드린 상태에서 허리와 엉덩이 부위만 붉은 천으로 가리고 온몸에 가늘고 기다란 침을 골고루 맞으며 선정적으로 눈을 감고 입을 벌리면서 고통 속의 쾌락을 음미한다. 이를 지켜보는 에리카도 붉게 칠한 입술 사이에 연방 새끼 손가락을 집어넣으며 성적으로 자극 받은 표정을 짓고 앉아 있다. 시간적으로는 매우 짧은 장면이지만, 침을 맞는 환자나 이를 지켜보는 보호자가 성적으로 자극을 받는다는 설정은 있음직하기는 하지만 약간은 비상식적이고 과도하게 보인다. 이러한 사도마조히즘적 레즈비언 성애 장면은 남성 관객을 보다 성적으로 자극하기 위해 이미 1970년대부터 서구와 일본의 소프트포르노에서 관행으로 자리 잡은 레즈비언 판타지의 요소가 활용된 것으로 볼 수 있다. 그러나 침술이라는 동양적 기법을 그로테스크한 성애의 도구로 활용하는 영화의 전략은 육체적 고통 속에서 성적 쾌락을 느끼는 여성과 이에 자극받는 관찰자를 함께 전시하는 일본 성인영화의 기괴한 성애 장면들을 연상시킨다.

　에리카의 캐릭터 자체는 특별히 일본적이거나 비한국적이라기 보다 시대와 공간을 초월한 자유로운 여성 영혼으로 파악 가능하지만, 하명중이 연기하는 문호는 그의 행동도 그렇지만 캐릭터 자체가 에로틱하다기보다는 그로테스크하고 넌센스적이기까지 하다. 우연한

조우를 통해 애마가 혼자 살게 된 것과 자신이 그녀의 바로 위층에 살고 있음을 알게 된 문호는 애마가 자발적으로 자신을 만나려 하지 않자 그녀를 은밀히 만나기 위해 몇 날 며칠을 고민한다. 어느 날밤 코믹할 정도로 매우 비장한 표정으로 밧줄을 엮어서 사다리를 만든 문호는 마침내 한밤중에 그것을 타고 내려가 베란다를 통해 애마의 집에 난입해 애마를 반강제적으로 범한다. 문호가 밧줄을 엮는 장면부터 시작해 애마를 겁탈하기까지 시퀀스 전체가 주택 침입이라는 불법 행위와 외간 남자가 잠들어 있는 여자를 건드려 강간하면서 그것을 여자의 적극적 응대로 바꾸는 화간이라는 남성의 변태적 판타지를 반영하고 있다. 하늘에서 내려뜨린 밧줄을 타고 하강해 아무런 거리낌 없이 여성에게 성 폭력을 자행하고 이를 반복하는 문호의 행보는 서양의 악마를 연상시키기도 하지만 그에게는 날개가 없는 데다 에로틱하다기엔 그 행위가 극심하게 그로테스크하고 그것이 너무 희한하고 상식을 벗어난 행위여서 웃음까지 유발하는 에로 그로 넌센스적 요소를 두루두루 지니고 있다. 가택 침입을 통한 반강제적 성적 접근을 시도하는 남성과 이를 수용하는 여성의 모습은 앞서 언급했던 핑크영화의 대부인 와카마츠 코지 감독이 베를린 영화제에 출품해 초청받았던 〈벽 속의 비사〉에서도 목격되고, 니카츠 로망 포르노의 대표작이자 장르의 대표적 엘리트 감독인 타나카 노보루가 에도가와 란포의 소설을 영화화한 〈지붕 밑의 산보자〉(屋根裏の散歩者, 1976)에서의 주요 테마이기도 하다. 흔히 우리가 왜색적이라고 말하는 일본적 성향, 특히 성적인 영역에서의 그러한 특성이 〈애마부인〉에 반영된 것은 개인적으로 영화의 옥의 티라고 생각되지만, 한국에서 중산층 여성의 성적 일탈을 최초로 영화화한 작품이 7, 80년대에 일본의 주류 영화계를 강타한 로망 포르노의 장르적 영향력과 부인

시리즈의 전통을 완전히 무시하고 만들어 질 수는 없었으리라는 짐작 또한 가능하다. 물론 핑크영화나 로망 포르노에 비해 에로영화는 에로틱하다는 표현이 무색할 정도로 성적 표현에 있어 싱겁기 그지없는 수준에 불과하고 〈애마부인〉도 예외는 아니다. 그러나 영화는 관음증적 레즈비언 판타지 장면과 애마의 전 애인이 사도마조히즘적이며 폭력적인 성적 접근을 구가하는 장면을 넣음으로써, 에로 그로 넌센스의 영향으로 사도마조히즘이 거의 빠지지 않고 등장하는 일본의 소프트 포르노적 감수성을 미묘하게 수입하고 있다.

　국적을 불문하고 대다수의 에로티카나 포르노물에서 남편으로부터 성적 만족을 얻지 못 하는 유부녀가 우연찮은 만남을 통해 성적 쾌락을 주는 남성을 만나게 되고 이후 또 다른 남성을 찾아가는 여정이 펼쳐지는 경우가 많은데, 애마의 경우는 한국적 순결 이데올로기에 대한 강박 관념에 부응해 남편이 수감된 후에 비자발적으로 혼외정사에 발을 들이게 된다. 애마를 통해 여성의 성적 욕망을 적극적으로 표현하는 데다 순수하고 매력적인 연하남까지 등장시켜 여성 판타지를 충족시키는 영화지만, 애마가 자발적으로 성적 여정을 시작하는 것으로 그리기에는 당시의 시대적 여건이 여의치 않았던 것이다. 때문에 무리수를 둔 과거 애인의 그로테스크한 무단 주거 침입에 뒤이어 잠들어 있는 상태에서 그에게 농락당하고 심지어 이를 즐기기까지 하는 애마의 (남성 판타지에 근거한) 성적 수동성도 잇따른다. 애마는 반강제적으로 이러한 변태적 만남을 반복하고 지속하다가, 매주 남편을 면회하며 알게 된 연하의 미술학도와 사랑에 빠지며 드디어 자발적으로 문호와의 관계를 정리한다. 중년 여성과 연하남의 사랑은 21세기 한국 텔레비전 드라마에서도 단골소재로 등장하는 중년여성 판타지의 요체라고 할 수 있어 〈애마부인〉은 에로영화로서는 드물게 시대를 앞서간 로맨스 서사까지도 전개하는 또 다른 파격성을 선보인다.

  그러나 밑도 끝도 없이 시작되어 갑작스럽게 공중분해된 애마와 전 애인의 관계는 외설적이고 왜색적인 소프트포르노적 장치 이상도 이하도 아니다. 일본의 에로 그로 넌센스물이나 성인영화에서는 이유 없는 변태성이나 그로테스크함이 거의 등장하지 않고 모든 것이 나중에 한꺼번에 설명되는 데 비해, 〈애마부인〉에서 문호의 도구적 존재감은 서사 구조에 취약한 1990년대 중반 이전의 한국영화의 최대 단점을 그대로 노출한다. 한국영화 속에 강간이나 성 폭력이 난무하는 것은 나름의 오랜 전통이라고 할 수도 있지만, 옛 애인이 옛정을 생각해서 분위기에 취해 하룻밤 실수를 저지르는 것도 아니고, 서열이나 계급 관계에 있어 상층에 있는 남성이 하층에 있는 여성에게 폭력을 가하는 형태도 아닌, 반복적인 한밤중의 무단 가택 침입은 에로성의 확보와 순결 이데올로기에 사로잡힌 한국의 정서를 감안해 내려진 무작위적인 처방으로 밖에는 설명할 수가 없다. 다시 말해, 초기 한국 에로영화가 별다른 의도나 맥락 없이 일본적인 에로 그로 넌센스의 요소를 모방하고 수용했다는 것 외에는 해석할 방법이 없다. 다른 한 편으로는 왜색 에로문화에 무의식적으로 노출된 정인엽 감독 혹은 이문웅 작가의 의도치 않은 선택이 아니었을까 싶기도 하다. 여성 관객의 열띤 지지를 받았던 영화임에도 불구하고, 중년 여성관객의 지지를 얻기에 밧줄 장면은 너무나 억지스럽고 불쾌하기 이를 데 없으니 말이다. 이러한 측면에서 볼 때, 〈애마부인〉은 완전히 한국화된 장르로 고착화하기 이전 단계의 초기 에로영화로서 한국적 특수성(3S 정책과 순결 이데올로기)과 국제적 성인영화의 관행(레즈비언 판타지, 관음증적 장면, 소프트 포커스) 및 일본 성인영화의 영향

(에로 그로 넌센스의 흔적으로서의 에로성, 변태성, 부인 시리즈 제목)을 골고루 포섭하고 있는 실험장의 역할을 수행한 영화라고 결론내릴 수 있다.

4. 결론 : 한국 에로영화의 미묘한 왜색성에 대해

본고는 한국 최초의 에로영화인 〈애마부인〉에서 감지되는 왜색성의 근원을 찾기 위해 한국의 에로영화가 한국적 특수성 속에서만 뜬금없이 나타난 장르가 아니라 7, 80년대 전세계의 영화제작 트렌드였던 성인영화의 대중화 열풍 속에서 등장했고 다양한 국제적 관행과 결합해서 형성된 장르였음을 밝혔다. 애마의 전 애인으로 등장하는 하명중의 영화 속 기이한 행보도 그렇지만, 〈애마부인〉 이후에 수없이 양산된 다양한 에로영화 속에서 간간히 일본 성인영화의 그로테스크한 면모가 감지되는 경우는 적지 않다. 물론 에로영화는 당대의 전지구적 시대적 배경을 타고 한국적으로 특화되고 토착화된 장르이므로, 서구와 일본의 에로티카나 소프트포르노와 매우 밀접한 영향을 맺고 있음에도 불구하고 그들의 직접적인 파생물이라기 보기에는 무리가 따른다. 전두환 정권이 아무리 3S 정책을 통해 섹스와 스크린을 장려했다고는 해도 외국에 비해 상대적으로 보수적인 정권의 검열제도 하에서 묘사될 수 있는 성적 표현의 수위는 매우 제한적이고 피상적인 수준에 불과했기 때문이다.

대표적인 예가 〈애마부인 1,2,3〉과 〈파리애마〉의 정인엽 감독의 작품들이라고 할 수 있는데, 그는 한국 중상층 가정의 피상적인 부르주아적 우아함을 영상화하려고 노력했고 그런 면은 그의 불륜물인 〈김마리라는 부인〉(1983)에서도 고스란히 드러난다. 쥐스트 자캥 식의 프랑스

적 소프트 포커스 기법을 전유해 한국화된 은은한 에로티시즘을 추구
한 감독이지만, 호스티스물에서 에로물로 전향하면서 더 많은 에로
시퀀스를 만들어내기 위해 〈애마부인〉에서의 베란다 난입 장면이라는
다소 왜색적인 요소를 포함시키지 않았나 싶다. 이미 60년대에 일본
핑크영화인 〈백일몽〉을 불법 리메이크하면서 시작된 한국의 영화적
에로티시즘의 전통은 일본 문화의 자장으로부터 완전히 자유로웠다고
말할 수 없다. 일본의 전후 육체 문학처럼 한국의 호스티스 영화도
윤락업계에 종사하는 여성들의 명과 암을 다루고 있는 데다, 한국 에로
영화의 강한 전통인 부인 시리즈도 그 성인영화적 관용화의 기원은
사실 일본 핑크영화와 로망 포르노에서 찾을 수 있기 때문이다.

　게다가 강간에서 화간으로 자주 전환되는 일본적 사도마조히즘의
묘사는 이장호 감독의 〈무릎과 무릎 사이〉(1984)같은 영화에서도 매
우 빈번하게 등장하는데, 이는 감독이 일본의 핑크영화 감독들과 개
인적 친분과 교류를 갖고 본인의 80년대 영화의 겉포장은 에로티시
즘이요, 내용은 (민중) 정치라고 공공연하게 밝히고 다닌 것과도 무관
하지 않아 보인다. 개인적으로 이장호의 에로영화들이 80년대에 제
작된 영화들 중 성적인 표현에 있어 가장 과감하고 노골적이며 유려
한 영상을 뽐내기까지 한다고 생각하는데, 그런 영향은 어느 정도 이
감독의 일본 성인영화 감독들과의 교류를 통해서 성립된 듯하다. 성
적 금기에 대한 저항을 통해 정치적 변혁을 꿈꾼 유럽과 일본의 작가
주의 감독들의 작품 제작 성향과도 어느 정도 연속선상에 위치하는
것으로 보이기도 한다. 그러나 그런 가운데 그로테스크함을 추구한
것은 일본의 정치적 성인영화가 추구한 일종의 전통으로 보이고, 그
러한 그로테스크한 왜색성은 1980년대 한국 에로영화 속에서 강렬하
게는 아니지만 다소 미약하게 찾아볼 수 있다.

현대 사회에서의 중국 전통 건축 스타일의 가치 관한 연구

— 중국 전통휘스타일 건축을 중심으로

진좡(金壯, Jin Zhuang)·마차오(马超, Ma Chao)

1. 중국 전통 건축 스타일의 발전

1) 중국 6대 전통 건축스타일의 유형

옛날부터 지금까지, 서로 다른 지역 사람들의 서로 다른 생활 습관으로 인해, 중국에서는 지역의 차이에 따라 서로 다른 풍격의 건축을 가지고 있다. 대체로 6대 스타일로 나눌 수 있다. 휘스타일, 민스타일, 경스타일, 소스타일, 진스타일, 천스타일서로 다른 풍격의 건축은 형식이 각기 다른 표현적 특징, 조적특징, 장식적특징, 평면적특징을 가지고 있다.

첫째, 경스타일 건축은 700여년 동안 변천해 온 사합원에 있다. 사합원 가옥은 독립적이고 모든 조각 장식, 채색, 그림은 값을 매길 수 없는 보물이다. 경스타일 건축에서 사합원이 가장 전형적인데 사합원은 베이징 지역 내지 화북 지역의 전통 주택이다. 사합원 외에 궁전 건축도 경스타일 건축의 대표인데, 그 중 고궁은 궁전 건축의 최고의 작품이자 전통 건축 예술의 최고 수준을 대표한다. 고궁은 사실 하나의 거대한 사합원으로 볼 수 있는데, 기능이 더욱 광범위하고 분업이 더욱 명확하여 황실의 위엄을 느끼게 한다.

둘째, 소스타일 건축. 소스타일 건축은 강소성, 절강성 일대의 건축 양식으로서 남북 건축 양식의 집대성자이며 원림식배치는 그 뚜렷한 특징의 하나이다. 춘추전국시대부터 사람들은 척추가 높이 솟은 지붕, 강남의 운치 있는 문루, 구불구불하고 숨어 있지만 드러나지 않는, 새를 사육하고 물고기를 기르며 돌을 겹치는 경치는 원림배치의 예술 본보기라고 할 수 있다.

셋째, 민스타일 건축. 민스타일 건축의 유행과 중국민남 지역의 건축 풍격으로, 그 중 '토루'가 가장 뚜렷한 대표이다. 집족이 모여 살고 방어적인 민가 건물이다. 흔히 볼 수 있는 유형으로는 원루, 방루, 오봉루, 궁전식 건물 등이 있으며 건물 내의 생산, 생활, 방위시설이 완비되어 있으며 중국 전통 민스타일 건축의 독특한 유형으로 건축학, 인류학 등 학과의 연구에 귀중한 실물 자료를 제공하였다.

넷째, 진스타일 건축. 진파 건축은 대체로 두 종류로 나뉜다. 하나는 산시의 도시 건축인데, 이것은 협의상의 진파 건축이다. 진파 건축은 진상의 품격을 크게 반영하였다. 진중하고, 대기가 있고, 엄밀하며, 깊다. 두공비처마, 채색 장식, 금장, 벽돌과 기와가 잘 어울리고, 정교하고 세밀하며, 그것이 내포한 문화와 정신은 비길 데 없는 재산이다. 산시성 북부와 주변 지역의 토굴 건축도 서북지역에서 가장 널리 분포된 건축물이다. 또 다른 종류는 산시성 주변 지역의 토굴 건축물이다. 이 또한 서북지역에서 가장 널리 분포된 건축 양식이다. 황토 고원의 조상들은 바로 토굴에서 생존하고 번식하며 성장하였다. 천백 년 동안, 사회가 어떻게 변혁되든, 토굴이 산시성 북부에서 주도적인 지위를 흔들지 못했다.

다섯째, 천스타일 건축. 사천성, 윈난성, 구이저우성 등지역에서 유행하는 건축 양식은 현지 소술민족 특유의 건축 양식이다. 천스타일 건축에서 다이족 죽루, 동족 고루, 천서 조각루는 가장 뚜렷한 특색을 가지고 있다.

여섯째, 휘스타일 건축. 천년의 휘스타일 건축은 검은기와, 흰색 벽, 벽돌조각문루, 휘스타일 건축 양식은 민가, 사당과 패방으로 명성이 자자하며 휘주 산천 풍경의 영기를 모아 풍속문화의 정화를 융합한다. 휘파 건축은 6대 건축 파벌에서 가장 두드러진 건축 양식 중의 하나이며, 중경 남방 민가의 대표이다.

〈표 1〉 중국 전통 건축 스타일 유형

건축이름	기원지	출현시기	주요 특징
경스타일	허베이 성, 산 동성, 베이징, 천진	원나라	대칭적으로 분포하고, 뜻대로 되고 상서롭다.
소스타일	강소성, 절강성, 상해	춘추전국	산수가 둘러싸고, 구불구불한 길이 그윽한 곳으로 통하다.
민스타일	복건성, 광동성	송나라	방어, 대칭, 밀폐
진스타일	산시성, 샨시성	하나라	토굴, 진상문화
천스타일	쓰촨성, 윈난성, 구이저우성	명나라	소수민족의 특색
휘스타일	안휘성	명나라	검은 기와, 흰색 벽, 나무등

2) 중국 전통 건축 디자인 이념이 현대 사회에서의 응용

건축은 도시 문화의 대표로서 현대 각종 풍격의 건축군으로 이루어져 있다. 현대 건축 디자인에서 전통 민족 특색을 구현하려면, 여러 가지 다른 방식을 통해 전통 건축 특색을 충분히 드러내야 하며, 단순히 양식의 갱신과 도안의 접합에 의존하는 것이 아니다. 현대 건축이 전통 건축 양식을 구현하려면, 반드시 서로 다른 지역 풍격과 특색 문화에 근거하여, 여러 층면에서 탐구 분석을 진행해야 하며, 지나치게 표면 색채를 중시해서는 안 된다. 오직 이렇게 해야만 현대 건축의 양식을 충분히 구현할 수 있고, 전통 건축의 설계 이념을 그 속에 융합시킬 수 있다. 중국의 기존 건축물에는 고대 전통 건축 양

식을 현대 건축 디자인에 융합한 디자인이 많이 있는데, 그중 소주박
물관이 바로 그 대표이다. 현대 건축 디자인에서 전통적인 건축스타
일을 융합하면 현대 건축 설계에 사로를 넓히고 건축문화소양를 높
이며 새 시대의 발전특색을 구현할수 있다.

3) 중국 전통 건축 설계 이념이 현대 사회에서의 구현

중국의 전통적인 건축 디자인 이념은 자연을 숭상하고 인간과 자
연의 조화를 주장한다. 전통적인 건축 설계 이념은 생태 균형을 유지
하고, 인간과 자연의 조화를 촉진하며, 건축 업계의 지속 가능한 발
전을 실현하는 등 깊은 의의를 지니고 있다. 그러므로 디자인너는 건
축경관 디자인에서 생태환경에 관심을 가지고 전통 건축의 디자인이
념을 충분히 이해하고 현존하는 자연자원을 충분히 이용하여 자연환
경에 대한 파괴를 줄여야 한다.

2. 중국 전통 휘스타일 건축

1) 휘스타일 건축의 개념

중국 안휘성(安徽省)은 두 개의 세계문화유산을 가지고 있다. 그중
하나는 중국의 전통적인 휘스타일(徽派風格) 건축 양식의 촌락이다.
휘스타일의 기원은 중국 한나라시대 기원전 202년에서 시작 됐다.
중국 휘주(徽州)의 건축은 정신적인 안락함과 물질적인 안전을 지
키기 위해 건물이 크고 견고하며 아름답게 장식 된 정원주택, 벽돌
돌담, 스쿠먼(石庫門)과 스쿠창(石庫窓)을 설치하여 천정(天井)을 통해
채광과 통풍을 하며 화재의 번짐과 도둑의 침입을 막을 수 있도록 하

였다. 이것은 현지의 특수한 지리적 환경과 휘문화(徽文化)에 의해 형성된 건축스타일이며 건물의 위치는 풍수학(風水學)을 이념으로 현지 주변 환경에서 쉽게 접할 수 있는 물에 따라 건축되고 공동생활을 위해 건물이 밀집되어 있다.[1]

건축재료는 벽돌, 나무 및 석재로 만들어졌고 장식으로는 정교하게 장식되었으며 독특한 아르데코 스타일과 독창적인 공예를 표현하였다.[2]

2) 휘스타일 건축디자인의 특성

(1) 표현적 특징

휘스타일 건축의 표현적 특징은 검은색의 기와(黑瓦), 흰색 벽(白墻), 마두장(馬頭墻)이며 이는 독특한 지형 풍경을 기반으로 한 장식 요소를 만드는 방법에 이용되었다. 엇갈린 배열로 이루어진 마두장은 단순한 벽에 물이 흐르는 듯한 아름다움을 표현하였고 건물의 거대함을 표현하였다. 또한 멀리서 바라보면 천군만마가 달리는 듯한 모습으로 건물의 정취함과 아름다움을 갖는다.[3]

이러한 마두장은 더불어 가족의 번성함을 의미하기도 한다. 기와, 벽 및 마두장은 흑백의 색상이 반영되어 민족의 문화 및 건축의 미학적 감각을 느끼게 하며 오랜 역사를 거쳐 독특한 휘스타일 건축이 형성되었다.

중국 강남(江南)의 전통적인 민가 건물 벽에 마두장이 설치되어진

1 劉紅景, 入徽派建筑[J], 北京: 城市建設理論研究, 2012, p.2.
2 毛仲羽, 李靜, 論中國傳統建筑裝飾在現代景觀設計中的應用[J], 合肥工業大學學報, 2013, p.2.
3 劉甦, 傳統民居與地域文化[J], 城市建築, 2011, p.10.

이유는 지역의 많은 인원이 공동체로 함께 생활함으로써 마을의 건물 밀도가 상대적으로 높아 화재가 발생하면 불길이 쉽게 번지기 때문에 피해가 커지는 것을 방지하기 위해 주택의 양쪽 지붕 끝에 지붕보다 높은 마두장이 설치되어 있다. 이는 마을 주택에서의 집중적인 화재예방 및 풍압보호의 필요성을 충족시킬 수 있으며 인접 주택에서 화재가 발생되면 화재를 격리하는 작용을 한다. 이러한 특징은 오랜 시간을 거쳐 독창적인 스타일을 형성하게 되었다.

또한 과거에는 휘주의 남성들은 12~13세가 되면 장사를 위해 고향을 떠나게 되어 마두장 벽은 떠난 가족들이 다시 돌아오기를 기대하는 상징을 지닌다.[4]

이러한 마두장은 엇갈린 배치로 배열되어 사람들에게 우아하면서도 기능성으로 구조화된 역동적인 아름다움을 선사한다.

[그림 1] 흰색벽   [그림 2] 검은색의 기와   [그림 3] 마두장

(2) 조형적 특징

휘스타일 건축은 주로 고재(高宅), 천정(天井), 사수귀당(四水歸堂)의 특징을 지니고 있다.

휘스타일 건축은 외벽이 높고 작은 창문이 없으므로 주로 천정을 통해 채광한다. 따라서 천정은 휘스타일 건축의 디자인에서 가장 중

4　謝海濤, 徽派建筑設計中生態觀探微[J], 2010, p.8.

요한 특징을 지닌다.[5] 천정을 통해 충분히 빛을 받을 수 있으며 집안 내부까지 통풍이 되어 은은하고 자연스러운 분위기를 자아낸다.

천정의 디자인은 휘주 상인 문화에 기반을 두고 있으며, 이는 휘주의 상인들이 재물(財物)이 밖으로 새나가는 것을 막고 천정의 빗물이 정원에 들어옴으로써 재물이 쌓이는 길함을 의미한다.[6] 사수귀당은 안휘성의 강남 민가의 독특한 평면으로 자연과 인간의 조화를 계승하는 유교 철학에서 비롯된 것이다. 특징으로는 정원의 면적이 작고 인구밀도가 높은 농지면적 요구를 충족시킨다. 집의 대문은 대부분 중심에서 개방되고 전면에 로비가 보이며 마당 후면에 2층 구조의 건물을 짓는 것이 일반적이다. 사합원(四合院)으로 둘러싸인 정원은 천정이라 부르며 채광과 배수용으로 사용된다.[7] 비가 지붕의 안쪽 경사면을 통해 천정으로 흘러내려 물이 하늘을 모은다는 뜻으로 사수귀당이라 불린다.

[그림 4] 고재   [그림 5] 사수귀당   [그림 6] 천정

(3) 장식적 특징

휘스타일 건축의 중요한 장식적 요소는 벽돌 조각, 석 조각 및 나무 조각의 세가지 유형이며(三雕), 주로 주택, 정원, 도어 커버, 지붕,

5   趙新良, 詩意栖居[M], 北京: 中國建筑工業出版社, 2014, p.217.

6   王暉, 徽派建筑元素在服裝圖案設計中的應用探析, 2013, p.2.

7   王一煒, 孫 楠, 鄭仁思, 徽派建筑元素在現代室內包裝設計中的應用, 2016, p.1.

가구 및 문과 창문의 공예조각에 사용된다. [8]

조각장식은 훌륭한 예술적인 요소를 정교하게 나타내고 있으며 풍요로운 전통문화와 지역 특성의 아름다움이 표현되었다.

(4) 평면적 특징

휘스타일 건축의 특징이 잘 드러나 있는 공간은 휘주(徽州)전통 민가이다. 휘주 민가의 외부는 수직으로 쌓아 올린 조형 구조를 나타내며 내부의 지붕을 제외하고 건물 외부에는 목제 구조가 거의 사용되지 않았다.

휘주 민가의 본체 부분은 삼합원(三合院), 사합원(四合院) 그리고 이들의 변형 조합으로 구성되어 있다.

수집한 휘주 민가 자료 중 3칸(三間)짜리 건물을 독립체로 하는 민가에는 천정이 없지만 민가의 역사를 거슬러 올라가면 과거에는 천정이 딸린 삼합원 민가였던 것이 시간이 흐름에 따라 사용과정에서 개축되거나 파손되었음을 알 수 있다.

수집한 자료에 의하면 휘주 민가에는 삼합원과 사합원이 동시에 존재한다는 것을 알 수 있다. 그중에서 '삼합원'의 규모는 또 다른 형태인 'H'자형(H型合院)〈그림 7〉으로 변형되었다. 상기 3종류는 보통 소형 주택의 본체 평면 유형이다. 규모가 상대적으로 큰 주택은 이 3종류 '합원'(合院)을 조합한 것이다.

8　學君, 王寶東, 中國傳統建筑[M], 北京机械工業出版社, 2010, p.9.

3. 사례분석

1) 조사도구 : 휘스타일 건축디자인 특징

(1) 분석틀

본 연구에서는 앞서 진행한 문헌조사 내용을 바탕으로 표현적 특징, 조형적 특징, 장식적 특징, 평면적 특징등네 개의 카테고리로 분류하여 휘스타일 건축 분석을 위한 틀을 만들었다.

그 하위 항목으로 표현적 특징은 검은 기와, 흰색 벽, 마두장으로 나누었으며, 조형적 특징은 고재 천정, 사수귀당으로 나누었고, 평면적 특징은 삼합원, 사합원, "H"형 합원으로 나누어 분석의 틀을 구성하였다. 구체적인 내용은 다음표 〈표 2〉와 같다

(2) 사례선정

본 연구에서는 2006년부터 2018년에 완공된 휘스타일 현대 건축에 대한 사례분석을 진행하였다.

사례 대상 선정 기준은 중국 휘스타일이 적용되어진 대표적인 20개의 건축물 중에서 건축 및 공간 디자인 전문가 10명과 함께 상의 후 10가지로 선정하였다.

구체적으로는 소주박물관(소주, 2006, 蘇州博物館), 시바이포화룬 희망 타운(병시시안, 2011, 西伯華潤希望小鎭), 지시박물관(지시시안, 2013, 績溪博物館), 휘주기호대학교(지우안시, 2014, 徽州符號大學), 레이제 찻집(하비시, 2015, 雷街 茶館), 란딘안루 호텔(소성시, 2015, 蘭亭安麓酒店), 랑시뤼쥔 주거 체험관(하비시, 2015, 朗詩綠郡人居體驗館), 황산율용월 호텔(황산시, 2017, 黃山悅榕庄), 뤼두 아트 뮤지엄(하비시, 2017, 朗詩綠郡人居體驗館), 황산 수이모둥리 호텔(황산시, 2018, 黃山水墨東籬酒店) 등 10개

사례이며 분석결과는 다음과 같다.

〈표 2〉 휘스타일 건축 디자인 특성 분석

휘 스타일 건축	구성부분	이미지
표현적 특징	검은 기와 흰색 벽 마두장	
조형적 특징	고재 천정 사수귀당	
장식적 특징	나무 조각 석 조각 벽돌 조각	
평면적 특징	삼합원 사합원 "H"형 합원	

2) 휘 스타일 건축 분석결과

(1) 표현적 특징

2006년부터 2013년까지, 모든 휘 스타일의 현대 건축에 모두 흰색 벽과 검은색 기와의 특징을 나타내는데 흰색 벽과 검은색 기와는 휘 스타일(徽派風格) 건축의 표현적 특징이다. 2006년부터 2013년까지, 4개 사례 모두 휘 스타일(徽派風格) 건축의 마두벽 특징을 나타내지 않고 현대 소재로 된 블랙 라인으로 마두장(馬頭墻)을 대신했다. 2015년부터 2018년까지, 마두장(馬頭墻)을 비교적 잘 표현하였는데 3개의 호텔 사례에 모두 사용했다. 이로부터 마두장(馬頭墻) 특징이 휘 스타일(徽派風格)의 호텔에 흔히 사용되는 특징임을 알 수 있다.

(2) 조형적 특징

2006년부터 2018년까지, 고택의 사용률이 비교적 높다. 사례 중의 지시박물관(績溪博物館), 휘주문화기호대학(徽州文化符號大學) 및 랑시뤼두 아트 뮤지엄(朗詩綠郡人居體驗館)에는 고택을 사용하지 않았다. 그 근본적인 이유는 현대박물관이 더 훌륭한 방습시설을 갖추고 있으며 핵심을 이루는 내부 전시 공간인 전시품, 전시 공간, 공간 동선 및 휴게 공간을 더 중요시하기 때문에 휘 스타일(徽派風格) 조형적 특징을 표현할 때 전반적인 설계에서 고택의 기능성, 예산 및 전체적인 시각효과를 고려하여 사용 여부를 결정하게 된다. 조형적 특징 중에서 천정(天井)과 사수귀당(四水歸堂)의 사용률이 무려 90%에 달한다. 사례 중에서 지시박물관(績溪博物館)에만 천정(天井)을 사용하지 않았고 시베리아희망타운에 사수귀당(四水歸堂)을 사용하지 않았다. 비록 천정(天井)과 사수귀당(四水歸堂)의 조형적 특징이 중요하지만 설계자는 공간의 규모와 기능적 요구에 따라 디자인에 가미할 것인지를 결정한다. 2006년부터 2018년까지, 박물관의 전시 공간은 건축 자체보다 휘 스타일(徽派風格) 건축 양식의 표현적 특징에 초점을 둔다. 공간의 규모, 기능 및 시각성에 따라 일부 전통적인 특징 양식을 변화할 수 있다.

(3) 장식적 특징

2006년부터 2014년까지, 사례에 목조와 석조 모두 사용하지 않았다. 자료에 의하면 목조와 석조는 전통공예로서 전조보다 소요 시간이 길고 예산도 높기 때문에 전조의 가성비가 삼조 공예 중에서 가장 높다. 따라서 목재와 석재 장식재료를 제대로 양산할 수 없는 초기에는 건축에서 전조만 고려했다. 2015년 이후, 목조와 석조의 사용률이 눈에 띄게 증가했다. 이는 2015~2018년 사이, 목조와 석조의 제작효율이 현저하게 향상되었고 전통공예에 종사하는 사람들이 많이 늘어났다는 것을 나타낸다.

(4) 평면적 특징

2006년부터 2014년까지, 삼합원(三合院)이 모든 사례에 공통으로 사용되었다. 삼합원(三合院)은 현대 휘 스타일(徽派風格) 건축에서 가장 기본적인 평면 배치방식이다. 이는 삼합원(三合院)이 사합원(四合院)이나 H자형 합원(H型合院)과 비교하여 개방성이 뛰어나고 관람하기 편리하며 건축원가도 낮기 때문이다. 사례 중 소주박물관(蘇州博物館), 시바이포화룬타운(西伯華潤希望小鎭), 지시박물관(績溪博物館), 휘주문화기호대학(徽州符號大學), 황산웨룽좡(黃山悅榕庄), 수이모둥리호텔(水墨東籬酒店)에 사합원(四合院)과 H자형 합원(H型合院)을 적용했다. 박물관의 전시 공간은 상설전시와 비상설전시로 나누고 박물관은 전시품, 공간적 요구에 따라 사합원(四合院)과 H자형 합원(H型合院)을 적용하여 반개방식 공간에 대한 수요를 만족시킨다. 시바이포화룬타운(西伯華潤希望小鎭)은 거주 공간이 매우 많기 때문에 사람과 공간 속성에 따라 사합원(三合院) 및 H자형 합원(H型合院) 적용 여부를 정하여 디자인하게 된다. 호텔 디자인에서 사합원(四合院)과 H자형 합원(H型合院)을 적용하는 것은 호텔의 규모와 등급에 의해 결정된다. 고급 호텔은 보통 대가족, 학교 MT, 회사 휴가여행 등 단체고객을 겨냥한 거주 공간 및 오락 공간을 마련하기 때문에 삼합원(三合院), 사합원(四合院), H자형 합원(H型合院)을 조합하여 사용함으로써 대인원 단체의 수요를 충족시킬 수 있으며 개방 공간도 있고 훌륭한 사적 공간도 확보함으로써 방문객에게 다양한 휘 스타일(徽派風格)의 건축 양식을 보여 줄 수 있다.

3) 중국 현대 건축에서 보여진 휘스타일 디자인 요소 적용평가

첫째, 휘 스타일을 현대 건축에 활용한 우수한 사례 중에서 표현적 특징인 검은색 기와와 흰색 벽, 조형적 특징인 천정(天井)과 사수귀당(四水歸堂), 평면적 특징인 삼합원(三合院) 평면 배치방식의 사용률이 가장 높은 것으로 나타났다. 사용률은 각각 검은색 기와 100%, 흰색 벽 100%, 천정 90%, 사수귀당 90%, 삼합원(三合院) 평면배치 100%로 나타났다. 2006년부터 2018년 사이, 상기 5가지 특징은 휘 스타일(徽派風格) 건축을 표현하는 데 가장 많이 사용된 특징이다. 검은색과 흰색은 휘 스타일(徽派風格) 건축의 기본 색조이며 천정과 사수귀당(四水歸堂)은 휘주(徽州) 건축의 중요한 조형 배치방식이다. 천정(天井)은 기본적인 기능을 제외하고 사수귀당(四水歸堂)의 시각적 효과를 돋보이게 하기 위함이라면 규모 차이에 따라 현대 건축에서의 사용률이 상대적으로 높은 편이다. 사수귀당(四水歸堂)은 풍수학적인 의미가 있을 뿐만 아니라 자연과 건축을 더욱 조화롭게 한다. 현대 건축에서 사수귀당(四水歸堂)은 공공 휴게 공간뿐만 아니라 고급스러운 사적 공간으로 활용할 수도 있다. 삼합원(三合院)이 바로 휘 스타일(徽派風格) 건축에서 가장 기본적인 평면 구성 특징이다. 자료 결과에 대한 분석으로부터 알 수 있듯이 휘 스타일(徽派風格) 건축설계에서 상기 5가지 휘 스타일(徽派風格) 특징을 제대로 구현해야 한다.

둘째, 표현적 특징으로서 사례에 적용된 고택의 비율은 70%, 장식적 특징으로서 사례에 적용된 전조의 비율은 80%에 달한다. 휘 스타일(徽派風格) 건축에서 고재를 적용하는 원인은 두 가지가 있다. 첫째, 현지 환경이 너무 습하기 때문이다. 비록 고택이 휘 스타일(徽派風格) 건축의 중요한 조형적 특징이지만 건조한 지역의 경우 사람들은 건축 예산을 절약하기 위해 실제 상황에 따라 적용 여부를 검토하게 된다. 둘째, 현대 건축에 있어서 더욱 효과적이고 편리한 방습 방법이 나타났기 때문이다. 따라서 건축 양식을 선택할 때 시공 기간 지체 여부 및 건축의 품질 보증을 중점적으로 검토하게 된다. 장식적 특징인 전조의 활용도는 목조와 석조(목조 50%, 석조 40%)보다 훨씬 높다. 그 근본적인 이유는 중국에서 전조에 비해 목조와 석조의 재료 가격 및 가공 원가가 훨씬 높기 때문이다. 실내든 실외든 목조, 석조, 전조는 모두 휘 스타일(徽派風格) 건축 양식에서 가장 중요한 장식적 특징이므로 향후 휘 스타일(徽派風格)의 현대적 전시 공간에 삼조 공예를 더욱 광범위하고 유연하게 활용해야 한다.

셋재, 조형적 특징인 마두장(馬頭墻)이 전통 건축에서 가장 중요한 표현적 특징이지만 사용률은 40%에 불과하다. 그 이유는 현대 건축에 방화시설이 잘 갖춰져 있어서 마두장(馬頭墻)으로 방화할 필요가 없기 때문이다. 하지만 4개의 사례에 마두장(馬頭墻)을 적용했는데 근본적인 이유는 마두장(馬頭墻)이 휘 스타일(徽派風格) 건축의 가장 대표적인 표현적 특징이기 때문이다. 일반적으로 마두장 조형의 설계방식은 두 가지로 나뉜다. 하나는 소주박물관(蘇州博物館)처럼 현대식 재료로 만든 블랙 라인 조형을 통해 마두장 이미지를 조성한다. 다른 하나는 황산웨룽좡(黃山悅榕庄), 란팅안루 호텔(蘭亭安麓酒店)처럼 건축 예산을 늘려서 전통 마두장의 특징을 온전하게 살려내는 것이다. 평면적 배치 특징인 사합원(四合院)(50%)과 H자형 합원(H型合院)(40%)의 사용률은 가장 많이 사용되는 삼합원(三合院)보다 훨씬 낮다. 그 이유 중 하나는 사합원(四合院)과 H자형 합원(H型合院)의 시공 기간이 삼합원(三合院)보다 조금 길고 예산도 조금 높기 때문이다. 다른 하나는 삼합원(三合院)의 개방성이 더욱 뛰어나므로 현대적인 건축공간으로서 외적으로 휘 스타일 (徽派風格)공간의 표현적, 조형적, 장식적 특징을 표현하고자 하는 현대식 건축공간의 요구에 더 잘 맞기 때문이다.

〈표 3〉 휘스타일 건축 사례조사 (● 유 ○ 무)

개요 (사례명, 개관년도, 위치, 면적)	시각적 자료	"휘" 스타일의 특징		분석내용
소주박물관 (蘇州博物館), 2006, 중국 강소성 소주시, 19000㎡		표현적 특징	검은 기와 ●	박물관은 자연과 환경이 자연스럽게 통합되어 있으며 휘스타일 건축의 표현형 특성, 조형의 특성 및 장식적 특성을 통합하고 재료 연구 및 내부구상을 자세하게 다루며 실내 자연광 도입을 극대화한다. 지붕 스타일의 디자인은 중국의 전통 건축물에서 대체 재료와 검은 광선을 사용하여 마두장의 표현
			흰색 벽 ●	
			마두장 ○	
		조형적 특징	고재 ●	
			천정 ●	
			사수귀당 ●	
		장식적 특징	나무조각 ○	
			석조각 ○	
			벽돌조각 ●	

		평면적 특징	삼하원	●	적 특성을 깨뜨렸으며 소주박물관은 휘 스타일 건축 중의 '물'재원을 계속 사용하여 재물이 밖으로 흐르지 않는 '사수귀당'의 조형 특성을 살려 휘 스타일 주택의 전형적인 이미지 특성에 부합된다.
			사하원	●	
			"H"형 하원	●	
시바이포화룬희망타운(西柏華潤希望小鎭), 2011, 중국 하배성 병시시안, 53000㎡	 	표현적 특징	검은 기와	●	시바이포화룬희망타운에는 농가238세대와 마을위원회, 보건소, 상점 등 공공시설로 이루어져 있다. 시바이포화룬희망타운의 건물들은 주로 경사진 지반에 지었는데 저지대는 높게 메워서 주택 건설을 위한 대지로 사용함으로써 입체적인 휘 스타일 촌락 공간을 형성하고 있다. 현지 전통 민가의 공간적 특징 연구를 기반으로 L자형 본체 건물에 담장을 추가하여 조합 가능한 삼합원, 사합원, H자형 합원의 건물을 형성한다. 마을의 설계 이념은 휘 스타일 사수귀당의 풍수전통, 고택, 천정, 자연통풍, 개성화, 프라이버시 등을 핵심으로 한다.
			흰색 벽	●	
			마두장	○	
		조형적 특징	고재	●	
			천정	●	
			사수귀당	○	
		장식적 특징	나무조각	○	
			석조각	○	
			벽돌조각	●	
		평면적 특징	삼하원	●	
			사하원	●	
			"H"형 하원	●	
지시박물관(績溪博物館), 2013, 중국 안휘성 지시시안, 10003㎡		표현적 특징	검은 기와	●	박물관은 가능한 한 사이트의 기존 나무를 보존하기 위해 박물관에 많은 정원, 천정과 골목을 배치하여 편안하고 쾌적한 실내 및 실외 공간환경을 조성한다. 건물의 전체적인 배치에서 많은 정원, 천정 및 골목을 배치하여 편안하고 쾌적한 실내 및 실외 공간환경을 조성한
			흰색 벽	●	
			마두장	○	
		조형적 특징	고재	○	
			천정	●	
			사수귀당	●	
		장식적 특징	나무조각	○	
			석조각	○	

건축물	특징 분류	세부 특징	표시	설명
	평면적 특징	벽돌조각	●	다. 이는 또한 휘 스타일 건축 공간 배치의 조형적 특성이며 규칙적인 삼각형 지붕은 연속적인 기복이 있는 지붕 형태에 맞게 규칙적인 패턴으로 배열되고 석 조각과 타일과 같은 지역 공통 건축 자재는 유연한 방식으로 사용되어 현대적 감각으로 제시하려고 한다.
		삼하원	●	
		사하원	○	
		"H"형 하원	●	
휘주문화기호 대학교 (徽州文化符號 現代大學), 2014, 중국 안휘성 지우안시, 36750㎡	표현적 특징	검은 기와	●	캠퍼스의 전반적인 스타일은 휘 스타일의 현대 건축이며 천정을 주요공간으로 조명과 환기가 필요로 매개 정원에는 3개 면은 경사 지붕, 1개 면은 평면 지붕이 있다. 3면 경사 지붕은 모두 사수귀당의 원칙으로 안쪽으로 경사지게 했다. 건물의 넓은 수직 벽은 주로 하얀 색이며 상단의 작은 면적은 검은 기와 지붕이다. 전통적인 건축물의 기본 색채를 보존하고 일반 교실의 넓은 벽을 검은 색 긴 벽돌로 세우고, 동서 방향의 작은 계단 식 교실은 하얀색 칠을 하고 지붕은 작은 파란 기와로 씌우고 부분적인 낮은 벽도 하얀색 칠을 했다.
		흰색 벽	●	
		마두장	○	
	조형적 특징	고재	○	
		천정	○	
		사수귀당	●	
	장식적 특징	나무조각	○	
		석조각	○	
		벽돌조각	●	
	평면적 특징	삼하원	●	
		사하원	●	
		"H"형 하원	○	
레이제 찻집 (黎街茶館), 2015, 중국 안휘성 하비시, 1200㎡	표현적 특징	검은 기와	●	레이제 찻집은 크게 차 마시는 공간, 공연 공간 그리고 작업 공간으로 나뉜다. 전체적인 외부 공간은 전통 휘 스타일 건축의 흰색 벽, 검은색 기와 및 마두벽으로 이루어져 있다. 내부 공간은 목조, 석조, 전조로 지붕과 기둥을 장식하
		흰색 벽	●	
		마두장	●	
	조형적 특징	고재	●	
		천정	●	
		사수귀당	●	
	장식적	나무조각	●	

		특징	석조각	●	고 조형적 요소인 천정, 고택(高宅) 및 사수귀당을 이용해 좁은 공연 공간에 개방적인 시각적 효과를 부여한다. 실내의 대나무와 활자인쇄로 된 벽지가 서로 잘 어울리며 또한 조명으로 계단의 투각 강판에 대나무 그림자를 비춰 분위기를 띄운다. 공간은 삼합원 형식을 위주로 하여 찻집의 전시성과 개방성을 고루 갖추게 하였다.
			벽돌조각	●	
		평면적 특징	삼하원	●	
			사하원	○	
			"H"형 하원	○	

〈표 4〉 휘스타일 건축 사례조사 (● 유 ○ 무)

개요 (사례명, 개관년도, 위치, 면적)	시각적 자료	"휘" 스타일의 특징			분석내용
란딩안루 호텔(蘭亭安麓 酒店), 2015, 중국 절강성 소성시, 96000㎡		표현적 특징	검은 기와	●	호텔 전체는 옛 퓨전 스타일과 새로운 퓨전 스타일의 통합 스타일과 및 순수한 고대 스타일로 나눌 수 있다. 호수 가까이에는 오래된 집의 재건축, 그 뒤에 한 줄로 현대적인 기능을 갖춘 건물과 고대 건물은 톱니 모양 변두리의 도로에 의해 나눠져 있고 현대적인 평평한 도로에 통합되어있어 휘 스타일 건축을 구현하고 보존한다. 호텔의 객실은 고층 건물, 천정 및 사수귀당의 조형적 특성이다. 하지만 빗물 수집용 홈은 장식용 파란색 대리석 바닥으로 대체되었다. 또한 천정 아래의 정원에는 쉼터가 있는데 그 이유는 손님들이 휘 스타일 건축을 더
			흰색 벽	●	
			마두장	●	
		조형적 특징	고지에	●	
			천정	●	
			사수귀당	●	
		장식적 특징	나무조각	●	
			석조각	●	
			벽돌조각	●	
		평면적 특징	삼하원	●	
			사하원	○	
			"H"형 하원	○	

		특징	항목		설명
					욱 잘 경험할 수 있게 하기 위해서이다.
랑시뤼쥔 주거 체험관(朗詩綠郡人居體驗館), 2015, 중국 안휘성 하비시, 1500㎡		표현적 특징	검은 기와	●	랑시뤼쥔 주거 체험관의 주요 공간은 상설전시실, 비상설전시실, 작업 공간, 저장 공간, 휴게 공간으로 나누어져 있으며 전체적인 외부 공간은 흰색 벽, 검은색 기와로 구성된다. 건물 외부 지붕은 현대식 소재인 블랙 라인 조형을 적용해 마두벽 이미지를 조성했다. 체험관 벽면의 경우, 특히 작업 공간 및 휴게 공간에 많은 장식창을 설치함으로써 조명 효과가 뛰어나다. 실내에는 목조, 석조, 전조 등 장식적인 요소를 사용하지 않았다. 체험관은 전체적으로 삼합원식 평면 배치방식을 적용했다.
			흰색 벽	●	
			마두장	○	
		조형적 특징	고재	●	
			천정	●	
			사수귀당	●	
		장식적 특징	나무조각	○	
			석조각	○	
			벽돌조각	○	
		평면적 특징	삼하원	●	
			사하원	○	
			"H"형 하원	○	
황산울용원 호텔(黃山悅榕庄酒店), 2017, 중국 안휘성 황산시, 38000㎡		표현적 특징	검은 기와	●	황산울용원 호텔의 전반적인 인테리어 디자인은 휘 스타일과 현대 건축 스타일의 조화에 중점을 두었다. 호텔 내부는 주로 휘 스타일 건축으로 석재 조각, 벽돌 조각, 나무 조각 장식적 특성과 모던한 객실을 조합하였다. 현대 생활 디자인 컨셉은 휘 스타일 건축의 표현적 특성 중의 흑색 기와, 하얀 벽 및 마두장이 통합되어 있다.
			흰색 벽	●	
			마두장	●	
		조형적 특징	고재	●	
			천정	●	
			사수귀당	●	
		장식적 특징	나무조각	●	
			석조각	●	
			벽돌조각	●	
		평면적 특징	삼하원	●	
			사하원	●	
			"H"형 하원	●	

뤼두 아트 뮤지엄(綠都艺术博物館), 2017, 안휘성 하비시, 800㎡		표현적 특징	검은 기와	●	뤼두 아트 뮤지엄은 상설 전시실, 비상설전시실, 휴게 공간으로 이루어져 있다. 건축가는 본관의 평면을 직사각형으로 설계하고 입면을 분할했다. 또한 공간 외부에 현대식 소재인 블랙 라인 조형을 적용하여 마두벽 이미지를 조성함으로써 건축 구조를 더욱 견고하게 만들었다. 뤼두 아트 뮤지엄 실내는 목조 구조를 위주로 내벽 장식, 문과 창 장식, 조명 장식, 가구 장식은 모두 휘 스타일의 전통 목조를 적용하였으며 뛰어난 개방성을 위해 대형 삼합원식 평면 배치를 적용했다.
			흰색 벽	●	
			마두장	○	
		조형적 특징	고재	○	
			천정	●	
			사수귀당	●	
		장식적 특징	나무조각	●	
			석조각	○	
			벽돌조각	○	
		평면적 특징	삼하원	●	
			사하원	○	
			"H"형 하원	○	
황산수이모둥리 호텔(黄山水墨東籬酒店), 2018, 중국 안휘성 황산시, 8000㎡		표현적 특징	검은 기와	●	수이모둥리호텔은 전통이 있는 낡은 집을 개조한 공간으로 주거 공간, 관광 공간, 사무 공간, 식사 공간, 휴게 공간을 포함한다. 호텔은 휘 스타일 건축의 전통적인 양식을 그대로 간직하고 있으며 내부 리모델링은 주로 목조 장식으로 꾸며져 있다. 전통 건축의 고택 및 천정 요소를 가미하여 주거 공간을 복합 공간으로 변신시켰다. 삼합원과 사합원의 조합으로 주거 공간이 외부에 노출되지 않고 내부는 개방성이 뛰어나 가족 구성원이 많은 대가족이 거주하기 적합하다.
			흰색 벽	●	
			마두장	●	
		조형적 특징	고재	●	
			천정	●	
			사수귀당	●	
		장식적 특징	나무조각	●	
			석조각	●	
			벽돌조각	●	
		평면적 특징	삼하원	●	
			사하원	●	
			"H"형 하원	○	

〈표 5〉 휘스타일 건축 사례조사 결과

휘 스타일 특징		사용률	사례번호
표현적 특징	검은 기와	100%	①②③④⑤⑥⑦⑧⑨⑩
	흰색 벽	100%	①②③④⑤⑥⑦⑧⑨⑩
	마두장	40%	⑤⑥ ⑧ ⑩
조형적 특징	고재	70%	①② ⑤⑥⑦⑧ ⑩
	천정	90%	①②③ ⑤⑥⑦⑧⑨⑩
	사수귀당	90%	① ③④⑤⑥⑦⑧⑨⑩
장식적 특징	나무조각	50%	⑤⑥ ⑧⑨⑩
	석조각	40%	⑤⑥ ⑧ ⑩
	벽돌조각	80%	①②③④⑤⑥ ⑧ ⑩
평면적 특징	삼하원	100%	①②③④⑤⑥⑦⑧⑨⑩
	사하원	50%	①② ④ ⑧ ⑩
	"H"형 하원	40%	①②③ ⑧

①소주박물관(2006) ⑥란딘안루 호텔(2015)
②시바이포화룬회망타올(2011) ⑦랑시뤼췬 제험관(2015)
③지시박물관(2013) ⑧황산울용원 호텔(2017)
④휘주문화기호대학교(2014) ⑨뤼두 아트 뮤지엄(2017)
⑤레이제 찻집(2015) ⑩수이모동이리 호텔(2018)

4. 결론

글로벌화가 진행되면서 문화, 경제 등 방면에서 동질화 현상이 나타나고 있으며 민족 특색, 지역 문화, 전통 문화의 유실 등 일련의 문제에 직면하고 있다. 전통 건축은 사회문화를 포괄적으로 구현하는 한 분야이며 민족의 역사적 축적과 문화 전통을 반영한다. 휘 스타일(徽派風格) 건축은 중국 전통 건축의 중요한 구성 부분으로 지역 문화의 독특한 매력을 구현한다. 본 논문은 우수한 휘 스타일(徽派風格)양식의 현대 건축 공간을 기준으로 사례 조사 및 문헌 조사 연구를 통해 2006~2018년 사이 중국 현대 전시 공간에서 휘 스타일(徽派

風格) 건축의 표현적 특징, 조형적 특징, 장식적 특징 및 평면적 특징의 활용 상황에 대하여 분석하였다.

현대 휘 스타일(徽派風格) 건축에서 검은색 기와, 흰색 벽이 가장 기본적인 표현적 특징이지만 박물관 전시 공간에서는 보통 블랙 라인으로 된 벽체로 전통 휘 스타일 건축의 마두장을 대체하였으며 호텔에서는 흔히 마두장을 활용해 오리지날 휘 스타일(徽派風格) 양식을 살림으로서 대중들이 전통을 체험할 수 있도록 한다.

천정(天井), 고택(高宅), 사수귀당(四水歸堂)의 사용률이 높지만 현대 박물관의 전시 공간에 더 좋은 방습시설이 있으며 건물의 핵심으로서 내부 전시 공간인 전시품, 전시 공간, 공간 동선과 휴게 공간에 초점을 두기 때문에 휘 스타일(徽派風格)조형적 특징을 표현할 때 전반적인 디자인에서 고재(高宅)의 기능성, 예산 및 전체적인 시각효과를 고려하여 사용 여부를 결정하게 된다. 휘 스타일(徽派風格) 건축 양식에 있어서 표현적 특성의 비중이 건축 자체의 기능성보다 높다. 공간 규모, 기능, 시각성에 따라 일부 전통적인 건축 특징이 달라진다. 호텔은 공간 규모와 등급에 따라 천정(天井), 고재(高宅), 사수귀당(四水歸堂)의 조형 특징을 살리고 또한 객실을 복합식(復合式), 정원식(庭院式)으로 개조하여 다양한 고객들을 위한 공간을 마련한다.

장식적 특징에 있어서 목조와 석조는 전통공예로서 전조보다 소요 시간이 길고 예산도 높기 때문에 전조의 가성비가 삼조 공예 중에서 가장 높다. 따라서 목재와 석재 장식재료를 제대로 양산할 수 없는 초기에는 건축에서 전조만 고려했다. 2015년 이후, 목조와 석조의 사용률이 눈에 띄게 증가했다. 이는 2015~2018년 사이, 목조와 석조의 제작효율이 현저하게 향상되었고 전통공예에 종사하는 사람들이 많이 늘어났다는 것을 나타낸다.

평면적 특징에 있어서 삼합원(三合院)은 현대 휘 스타일(徽派風格) 건축에서 가장 기본적인 평면 구성 방식이다. 이는 삼합원(三合院)이 사합원(四合院)이나 H자형 합원(H型合院)과 비교하여 개방성이 뛰어나고 관람하기 편리하며 건축원가도 낮기 때문이다. 박물관의 전시 공간은 상설전시와 비상설전시로 나누고 박물관은 전시품, 공간적 요구에 따라 사합원(四合院)과 H자형 합원(H型合院)을 적용하여 반개방식 공간에 대한 수요를 만족시킨다. 호텔에서 삼합원(三合院), 사합원(四合院), H자형 합원(H型合院)을 조합하여 사용함으로써 대인원 단체의 수요를 충족시킬 수 있으며 개방 공간도 있고 훌륭한 사적 공간도 확보함으로써 방문객에게 다양한 휘 스타일 건축 양식도 제대로 보여줄 수 있다.

중국의 대표적인 휘 스타일(徽派風格)현대 건축물 중, 재료와 색상을 대체함으로써 기본 공간기능의 요구를 충족시킬 뿐만 아니라 휘 스타일(徽派風格) 건축의 표현적 특성을 복원할 수 있다. 건축의 야외 공간으로 '고재', '천정' 및 '사수귀당' 휘 스타일(徽派風格)의 조형적 특성을 복원하고 휘 스타일(徽派風格) 건축 스타일 중 '3가지 조각' 장식적 특징은 현대 공간 실내 장식과 기본 공간 구성으로 사용된다. 이는 모두 현대 건축의 중요성뿐만 아니라 높은 미적 가치, 과학적 가치와경제적 가치를 지닌다.

본 연구의 제한점으로는 사례 10개의 건축물 대상이 다양한 규모와 전통양식을 갖춤으로써 일관된 기준으로 평가하기 어렵다는 점이 있었다. 향후 계속해서 중국양식 건축 스타일에 관한 연구가 계속 되어야 할 것이다.

세계화의 지속적인 발전으로 인해 우리의 문화는 동질화되고 있으며 이는 민족의 특성, 지역 문화 및 전통 문화의 상실과 같은 일련의 심각한 문제에 직면해 있다. 휘 스타일 건축은 사회 문화의 포괄적인 구현으로서 민족의 역사적 축적과 문화적 전통을 반영하여 지역문화의 독특한 문화적 특징, 이미지 특성 및 장식적인 특징은 모두 소중한 연구 가치를 지닌다.

중국의 식물명과 우리나라의 식물명

─『시경』에 나오는 권이를 중심으로

신현철·홍승직

산과 들, 그리고 물속과 물가에서든 자신이 살아갈 수 있는 곳이면 어디에서나 살아가는 식물에게는 국경이라는 것이 없다. 또한 자신 스스로에게 이름을 붙일 필요도 없다. 그 누가 자신의 이름을 불러주든 불러주지 않든 연연하지 않고 자신의 삶만 영위하면 되기 때문이다. 그럼에도 사람들은 식물들이 자라는 지역을 국경이라는 개념을 도입하여 이쪽은 내 땅, 저쪽은 너 땅하면서 구분할 뿐만 아니라, 구분된 지역마다 같은 식물에 서로 다른 글자로 서로 다른 이름을 붙여서 부르고 있다.

좁게는 한 나라에서도 같은 식물에 서로 다른 이름을 붙이고 있다. 우리나라만 살펴보아도 부추라는 식물을 강원도에서는 분추, 경상도에서는 정구지, 충청도에서는 졸, 전라도에서는 솔이라고 부르고 있다. 같은 식물임에도 지역마다 다른 이름이 부여된 것이다. 전라도 사람이 강원도에 있는 시장에 가서 솔을 사려고 하면, 강원도 상인에게서 솔을 살 수 있을까? 아니 강원도 사람이 솔을 부추로 파악하고 또한 부추를 자신들이 부르던 분추로 이해하고, 분추를 줄 수 있을까?

그런가 하면 서로 다른 식물에 같은 이름을 붙이기도 한다. 예를 들면, 영어 사전에도 나오는 sycamore라는 영어 단어는 지역에 따라

서로 다른 식물을 지칭하는 이름으로 사용된다. 영국을 비롯한 유럽에서는 개버즘단풍나무(*Acer pseudoplatanus* L.)를, 중동과 아프리카 지역에서는 돌무화과(*Ficus sycomorus* L.)를, 그리고 북미에서는 플라타너스속(*Platanus*) 식물을 지칭한다. 이들은 모두 다른 식물임에도 잎이 단풍나무 잎처럼 몇 갈래로 갈라진 특징을 지니고 있다. 아마도 영국 사람들이 자신들이 항상 보던 개버즘단풍나무의 잎과 비슷하게 생긴 식물이 중동 지방에서 자라니까 이 식물도 sycamore로 부르고, 북아메리카에도 건너갔더니 또 비슷하게 생긴 식물이 있어 이 식물도 sycamore로 부르지 않았을까?

식물명으로 인한 이러한 혼동을 피하려면, 식물명 하나하나 정확하게 어떤 식물을 지칭하는가에 대한 검토가 필요할 것이다. 이러한 검토를 흔히 '식물명의 분류학적 실체 규명'이라고 부른다. 그리고 이러한 식물명의 분류학적 실체를 규명을 위해서 1753년 린네가 고안한, 속명과 종소명, 그리고 명명자로 이루어진 학명 체계에 따라 학명 체계 이전에 만들어졌던 식물 이름에 대하여 한 종류의 학명을 부여하고 있다. 예를 들어, 산(蒜)이라는 한자 식물명을 오늘날 우리말 이름으로 마늘이라고 부르면서 *Allium sativum* L.이라는 학명을 부여하는 과정이다.

중국과 우리나라는 섬들처럼 서로 완전히 분리되어 있는 상태가 아니라 압록강과 두만강을 경계로 서로 연결되어 있다. 그에 따라 중국과 우리나라에 분포하는 식물이 서로 같거나 비슷한 종류가 많은 편이다. 그럼에도 일부 식물은 중국에만, 또는 우리나라에만 분포하면서, 중국과 우리나라의 고유한 문화적 자원으로 활용되어 왔다. 단지 우리나라와 중국은 모두 중국에서 만들어진 한자(漢字)를 이용하여 식물명을 기록해왔고, 오늘날 과거의 문화를 규명하는 차원에서 한자로 기록된 식물명의 분류학적 실체를 규명하려는 연구가 진행되고 있다.

『삼국유사(三國遺事)』를 보면, 곰과 호랑이에게 애(艾)와 산(蒜)을 주면서 백일을 버티라고 한다. 물론 이 이야기는 현실에서는 불가능한 신화의 영역일 것이다. 그리고 신화나 옛 글에 나오는 식물명만 가지고 오늘날 정확한 식물을 찾는 것은 매우 어려운 일이다. 그러나 신화란 그 사회가 지니고 있는 해결되지 않은 모순을 상상으로 해결하려는 이야기이지만, 실제로 신화나 의례를 정확히 해석하기 위해서는 구조적 관점에서 해석할 때에도 동식물의 이름이 나온다든지 혹은 동식물의 부분이나 잔해가 직접 사용되었을 경우 그것을 정확하게 밝혀내는 일이 불가결함은 시간이 지날수록 명백해지고 있다는 레비 스트로스의 주장은 음미할만하다.

실제로 신화나 옛날 글에 나오는 식물명의 실체를 어느 정도 규명하고 나면, 신화나 옛날 글에 새로운 생명력이 생기는 것 같다. 공자도 새, 짐승, 풀, 나무 등 『시경(詩經)』에 나오는 생물을 제대로 모르면 『시경』의 이해에 한계가 있을 것이라는 의미로 『시경』을 공부하면 "새, 짐승, 풀, 나무 등의 이름을 많이 알게 된다"고 말했다고 한다. 『삼국유사(三國遺事)』에 나오는 애(艾)를 여성에게 좋은 쑥으로, 산(蒜)을 남성에게 좋은 마늘로 파악한다면, 왜 쑥과 마늘을 곰이 먹고 사람이 되었는가를 조금은 더 잘 이해할 수 있을 것이다. 그리고 이 두 식물은 우리나라 최고의 의학서인 『동의보감(東醫寶鑑)』에도 나온다.

그런데 비록 우리나라와 중국과는 서로 연결되어 있어 식물들이 단절되지 않고 쭉 이어서 자라고 있으며, 과거에는 이들 식물에 한자로 된 식물명으로 불러 왔다. 하지만 중국은 우리나라와는 달리 면적

이 엄청 넓고 기후도 다양한 반면, 우리나라는 그렇지 못한 실정이다. 따라서 중국에는 흔히 널리 분포하나 우리나라에는 없는 식물도 다수 있을 것이며, 역으로 우리나라에만 있는 식물이 중국에는 없는 경우도 있을 것이다. 중국에서는 널리 분포하여 한자 식물명으로 통용되는 식물이 우리나라에는 분포하지 않고 대신 비슷한 식물이 자라고 있는 경우 우리나라에서는 마치 우리나라에 있는 식물처럼 한자 식물명으로 불러 왔다.

이러한 예로 송(松)을 들 수 있다. 이 글자가 우리나라에서는 *Pinus densiflora* Siebold et Zuccarini라는 식물을 지칭한다. 그런데 이 식물은 한반도를 비롯하여 만주 일대에서만 자랄 뿐, 한자를 전통적으로 아주 오래전부터 사용하던 중국 땅에서는 자라지 않는다. 달리 말해 오늘날에는 만주 일대가 중국 땅이지만, 중국 역사를 보면 만주 지역에 독립된 국가가 만들어져 있던 시절도 있었기에 옛날 중국에는 우리가 소나무라고 부르는 식물이 없었을 것이다. 실제로 중국식물지에서 송(松)을 찾아보면 이에 해당하는 식물은 검색되지 않는다. 단지 중국에서는 유송(油松), 즉 *Pinus tabuliformis* Carrière를 송(松)이라고 부르고 있다.

이 사례는 그나마 비슷한 식물을 지칭하기에 큰 문제는 없을 것이다. 그러나 식물을 약재로 사용할 경우나 문학 작품에서 어떤 상징을 나타나기 위해 식물을 인용했을 경우, 잘못된 약재 사용으로 인한 건강상의 문제가 발생할 수 있으며, 문학 작품에서 설명하는 내용을 오해하게 될 수도 있을 것이다. 실제로 조선왕조실록을 보면 중국 약재와 우리나라 약재가 동일한지 아닌지를 규명하기 위하여 우리나라 학자들을 중국에 파견해서 약재의 진위 여부를 파악했다는 기사도 나온다. 또한 『시경』에 나오는 '권이(卷耳)'라는 식물을 오늘날 도꼬마리라는 식물로 해석할 경우, '캐고 캐도 한 바구니에 차지 않네(采采卷耳 不盈頃筐)'라는 시 구절은 의미가 없어진다. 도꼬마리라는 식물은 키가 1.5m까지 자라기 때문이다. 따라서 본 연구에서는『시경』에 나오는 권이(卷耳)의 식물학적 특성을 파악하고, 이를 토대로 중국에서 부르는 식물명과 우리나라에서 부르는 식물명을 비교, 검토하고자 했다.

1. 식물명 권이(卷耳)의 출현과 이미지

식물명 권이(卷耳)는『시경』의 〈국풍(國風) 주남(周南) 권이(卷耳)〉의 "캐고 캐도 한 바구니 차지 않네(采采卷耳 不盈頃筐)"에 단 한 번 나온다. 아마도 이른 봄에 나물로 먹으려고 조그만 풀을 캐지만, 식물이 너무 작아 많은 식물을 캐고 캐도 바구니 하나에 가득차지 않았던 것으로 풀이된다.

지금까지 많은 문헌에서 권이를 국화과(Asteraceae)에 속하는 도꼬마리(*Xanthium strumarium* Linnaeus)로 간주하고 있다.[1] 그러나 이 식물로 간주할 경우, 시 속의 권이라는 식물이 주는 이미지와 상충되게 된다. 도꼬마리는 줄기가 1.5m까지 자라기에 몇 개체만 캐더라도 바구니 하나는 가득 채울 수 있기 때문이다. 또한 도꼬마리의 잎과 줄기에 달려 물질을 분비하는 털은 알레르기를 유발하기에[2] 나물로 먹

---

1   최영은(역주),『시경정해』, 좋은당, 2015.; 이가원(감수),『詩經』, 홍신문화사, 1997.; 서정(매지고전강독회 역),『모시명물도설』, 소명출판, 2012.; 성백능(역주),『懸吐完譯 詩經集傳 上』, 전통문화연구소, 1996.; 정학유(하경진, 김형태 역),『시명다식』, 한길사, 2007.; 이상진 등(해역),『시경』, 자유문고, 1994.; 조수현(역해),『시경』, 혜원문화사, 1995.; 김학주(역)『신완역 시경』, 명문당, 1997.; 이기석, 한백우(역해), 『시경』, 홍신문화사, 1997.

기에 부적절하며, 도꼬마리 종자는 온도가 25도 이상일 때 최대로 발
아하기에[3] 봄에는 도꼬마리를 캐기 힘들며, 열매는 9월부터 10월에
성숙하기에[4] 약재로 도꼬마리 열매를 캐려면 시의 계절은 여름 이후
가 되어야만 한다. 따라서 『시경』에 나오는 권이를 도꼬마리라는 식
물로 해석해서는 안 될 것이다.

2. 식물명 권이(卷耳)에 대한 옛 문헌의 설명

중국 고전에서 설명하는 권이(卷耳)의 식물학적 특성을 파악하기 위
하여, 『시경』이후 편찬된 문헌들에서 권이와 관련된 내용들을 검색했
다. 또한 『모시전(毛詩傳)』에서 "권이는 영이(苓耳)다"라고 설명되어 있
고, 『광아(廣雅)』에는 "영이(苓耳), 시(葹), 상시(常枲), 호시(胡枲), 시이
(枲耳)는 같다(苓耳, 葹, 常枲, 胡枲, 枲耳也)"라고 되어 있어, 이들 식물명
들도 같이 검색했다. 그 결과를 시대 순서대로 나열하면 다음과 같다.
번호는 일련번호이며, 번호 다음에 나오는 식물명은 문헌에 표기된
이름이고, 그 다음 항목은 식물명에 대한 설명을 나열했으며, 식물에
대한 자료가 있는 문헌명, 그리고 마지막으로 문헌의 편찬 시기를 기
록했다. 문헌에 그림이 있는 경우, 편찬 시가 다음에 그림에 대한 현대
적 해석을 ( ) 안에 설명했다.

(1) 권이(卷耳) : 권이는 시이(枲耳)이며, 캐기가 쉽다.[5] : 『순자(荀子)』

---

2 Weaver and Lechwicz(1983) p.215.
3 Saric, M. et al.(2012) p.392.
4 http://www.efloras.org/florataxon.aspx?flora_id=2&taxon_id=220014370
5 『荀子』, 〈解蔽〉: "卷耳枲耳也, …… 傾筐易滿也, 卷耳易得也"

〈해폐(解蔽)〉: 공통시대이전 300년경.

(2) 권이(卷耳): 권이는 영이(苓耳)다.[6] :『모시전』: 공통시대이전 200년경.

(3) 시이(菓耳): 하천과 골짜기에서 자라며,[7] 열매로 질병을 치료한다. :『신농본초경(神農本草經)』: 공통시대이전 3세기–공통시대이후 2세기.

(4) 권이(卷耳): 권이는 영이(苓耳)다.[8] :『이아(爾雅)』: 공통시대이전 221~9년 사이.

(5) 영이(苓耳): 영이는 시(葹), 상시(常枲), 호시(胡枲), 시이(菓耳)이다.[9] :『광아』: 227~232년 사이.

(6) 권이(卷耳): 권이는 시이(菓耳) 또는 호시(胡枲)라고도 부르며, 꽃은 백색이고 줄기는 가늘고, 덩굴성이다. 4월에 열매가 익으며, 여성의 귀고리를 닮았다[10] :『모시초목조수충어소(毛詩草木鳥獸蟲魚疏)』: 261~303년 사이.

(7) 권이(卷耳): 『광아』에서 말하는 권이는 시이(菓耳)이며, 호시(胡枲)라고도 부르는데, 강동에서는 상시(常枲)라고 부르며, 때로 영이(苓耳)라고 하고, 잎은 서이(鼠耳)와 비슷하고 소반처럼 자란다.[11] :『이아주(爾雅注)』: 276~32년 사이.

(8) 이실(耳實): 열매가 익으면 채취하며, 중국에는 없던 식물인데 외국에서 양을 따라 들어왔다.[12] :『본초경집주(本草經集注)』: 456~536년 사이.

(9) 권이(卷耳): 영이(苓耳)이며, 나물이나, 바구니에 가득 찰 수가

6 『毛傳』: "卷耳, 苓耳也."
7 『神農本草經·菓耳實』: "一名胡菓, 一名地葵. 生川谷."
8 『爾雅』: "卷耳, 苓耳."
9 『廣雅』: "苓耳, 葹·常枲·胡枲·菓耳也."
10 『毛詩草木鳥獸蟲魚疏』: "菓耳, 一名胡枲. …… 葉青白色, 似胡荽, 白華細莖, 蔓生. 可煮爲茹, 滑而少味. 四月中生子, 如婦人耳中璫. …… 幽州謂之爵耳是也."
11 『爾雅注』: "『廣雅』云枲耳也, 亦云胡枲, 江東呼爲常枲, 或曰苓耳. 形似鼠耳, 叢生如盤."
12 『本草經集注』: "實熟時探. …… 一名羊負來. 昔中國無此, 言從外國逐羊."

없다.[13] : 『모시정의(毛詩正義)』 : 574~648년 사이.

(10) 이실(耳實) : 창이(蒼耳)라고도 부르며, 3월 이후 7월 전에 잘라서 이용한다.[14] : 『신수본초(新修本草)』 : 659년.

(11) 권이(卷耳) : 권이(卷耳)는 영이(苓耳)이다.[15] : 『이아소(爾雅疏)』 : 932~1010년 사이.

(12) 권(卷) : 권이 또는 영이이다.[16] : 『광운(廣韻)』 : 1008년.

(13) 권이(卷耳) : 원래 촉 지방에서 자랐으나, 열매에 가시가 많아 양이 지나가다 털에 달라붙어 중원 전체에 퍼졌다.[17] : 『본초도경(本草圖經)』 : 1061년.

(14) 시이실(枲耳實) : 열매가 익으면 채취한다.[18] : 『증류본초(證類本草)』 : 1083년. (그림은 오늘날 *Xanthium strumarium*과 유사하다.)

(15) 권이(卷耳) : 권이는 시이(枲耳)이며, 잎이 서이(鼠耳)와 비슷하며, 쟁반처럼 모여 자란다.[19] : 『시경집전(詩經集傳)』 : 1130~1200년 사이.

(16) 창이(蒼耳) : 본초명은 시이(枲耳)이며, 양부래라고도 부르며, 시경에 나오는 권이는 영이라고도 부른다.[20] : 『구황본초(救荒本草)』 : 1408년. (그림은 오늘날 *Xanthium strumarium*과 유사하다.)

(17) 시이(枲耳) : 시경에 나오는 권이(卷耳)는 시이다.[21] : 『본초강목(本草綱目)』 : 1596년. (그림은 오늘날 *Xanthium strumarium*과 유사하다.)

(18) 권이(卷耳) : 권이는 영이이며, 집전에는 시이라고 설명되어 있다.

---

13 『毛詩正義』: "卷耳, 苓耳也. 言有人事採此卷耳之菜, 不能滿此頃筐."

14 『新修本草』: "蒼耳, 三月以後、七月以前刈, 曬乾爲散。"

15 『爾雅疏』卷耳苓耳釋曰卷耳一名苓耳

16 『廣韻』: "卷, 卷耳, 苓耳."

17 『本草圖經』: "或曰此物本生蜀中, 其實多刺, 因羊過之, 毛中粘綴, 遂至中國, 故名羊負來."

18 『證類本草』: "實熟時採."

19 『詩經集傳』: "卷耳, 枲耳. 葉如鼠耳, 叢生如盤."

20 『救荒本草』: "蒼耳, 本草名枲耳, 音徒耳, …… 一名羊負來. 詩謂之卷耳, 爾雅謂之苓耳."

21 『本草綱目』: "枲耳, 卷耳詩經."

잎은 서이와 비슷하며 총생하여 소반처럼 보인다.[22] :『모시품물도고(毛詩品物圖攷)』: 1784년. (그림은 오늘날 점나도나물속(*Cerastium*) 식물과 유사하다.)

(19) 권이(卷耳) : 길가나 정원 등에 자라며, 겨울에는 잎이 말라 죽고 다음 해 봄에 새 잎이 나오는데, 잎은 뾰족하고 서이(鼠耳)와 비슷하며, 봄에 하얀색 꽃이 피고 열매는 작다.『광아』에서 권이를 창이라고 했으나 이는 잘못이며, 창이와 권이는 혼동할 수 없다.[23] :『시경명물도해(詩經名物圖解)』: 1847년. (그림은 오늘날 점나도나물속(*Cerastium*) 식물과 유사하다.)

(20) 시이(菜耳) : 시이는 시경에 나오는 권이이다.[24] :『식물명실도고(植物名實圖考)』: 1848년. (그림은 오늘날 *Xanthium strumarium*과 유사하다.)

중국에서 편찬된 18권의 문헌과 일본에서 편찬된 2권의 문헌에 있는 권이에 대한 설명을 종합해보면, 식물명 권이(卷耳)는 적어도 두 종류의 식물을 지칭했던 것으로 추정된다. 즉, 꽃은 백색이고 줄기는 가늘고 덩굴성으로 4월에 열매가 성숙하며(위 6번 설명), 바구니에 가득 차지 않으며(9번), 잎이 쥐의 귀와 비슷하며 소반처럼 모여 자라며(15번) 오늘날 점나도나물속(*Cerastium*) 식물과 비슷한(18번, 19번) 식물(지금부터 식물 A라고 부름)과 열매를 약재로 사용하며(3번), 중국에는 없던 식물로 양을 따라 들어왔으며(8번), 3월 이후 7월 전에 잘라서 이용하며(10번), 열매에 가시가 많으며(13번) 오늘날 도꼬마리속(*Xanthium*) 식물로 보이는(14번, 16번, 17번, 20번) 식물(지금부터 식물 B

---

22 『毛詩品物圖攷』: "傳卷耳苓耳也卷 集傳枲耳, 葉如鼠耳. 叢生如盤."
23 『詩經名物圖解』: "道傍庭中二, 叢生ス, 冬葉枯レズ 春二至テ新葉, 尖小二メ鼠耳ノ如レ 春ノ末白花ヲ放キ小實ヲ結ブ ……本草又廣雅二卷耳ハ卽蒼耳ト皆誤也 蒼耳ハ…… 結實多刺著人衣ト, 蒼耳卷耳不可混."
24 『植物名實圖考』: "菜耳本經中品詩經卷耳"

라고 부름)이다. 식물의 그림만 보더라도 권이(卷耳)는 두 종류의 서로 다른 식물을 지칭해왔음을 알 수 있다.

한편 식물 A에 대한 설명은 주로『시경』과 관련된『모시초목조수충어소』(6번),『이아주』(7번),『모시정의』(9번),『시경집전』(15번),『모시물품도고』(18번) 그리고『시경명물도해』등에 나오는 반면, 식물 B에 대한 설명은『신농본초경』(3번)을 비롯하여『본초경집주』(8실),『신수본초』(10번),『본초도경』(13번),『증류본초』(14번),『구황본초』(16번),『본초강목』(17번) 등 본초와 관련된 문헌에 나오고 있다. 또한 식물 이름 역시 두 종류로 구분되는데, 하나는 권이(卷耳 또는 卷耳)와 영이(荅耳) 계열로 주로『시경』과 관련된 문헌에서 나오는 식물 A의 이름으로 사용된 반면, 다른 하나는 시이(菜耳 또는 枲耳)로 이실(耳實), 시이실(菜耳實), 창이(蒼耳) 계열로 주로 본초학 관련 문헌에서 나오는 식물 B의 이름으로 사용되었다.

그런데, 권이 계열과 시이 계열 식물명이『순자』에서 "권이는 시이(枲耳)"라고 설명하면서 권이 계열의 식물 A와 시이 계열의 식물 B가 혼동된 것으로 보인다. 이후『광아』에서 권이 계열의 이름으로 간주되는 영이와 시이 계열의 이름으로 간주되는 호시 등이 하나의 식물를 지칭하는 이름으로 같이 사용되었고, 이어서『모시초목조수충어소』과『이아주』에서는 권이를 시이 또는 호시라고 설명하면서도(5번), 식물에 대한 설명은 식물 A과 관련된 내용으로, 식물명과 식물에 대한 설명이 완전히 혼합되어버렸다. 이후『본초도경』(13번)에서는 두 계열의 이름을 모두 사용하면서 표제어는 권이를 사용했고,『시경집전』에서는 표제어로 권이를 사용하면서 시이와 같은 것으로 설명하고 있다.

처음에는 권이와 시이를 구분해서, 권이라는 식물명은 주로『시경』

을 비롯하여 『시경』 관련 문헌에서 사용되었고, 시이라는 식물명은
『신농본초경』을 비롯하여 많은 종류의 본초학 문헌에서 사용되었을
것으로 보이나, 중간 어느 시점부터는 이 두 종류의 이름을 혼용한
것으로 추정된다. 그러나 1840년대에는 이미 이러한 혼용이 잘못임이
확인되었다(19번).

3. 식물명 권이와 시이의 분류학적 실체

　최근에는 식물 종(種) 하나하나에 학명을 부여하는 분류학적 실체
규명에 대한 연구가 활발히 수행되고 있다. 식물명 권이에 관련된 연
구 결과들도 최근에 발표되었는데, 다음과 같다. 오후염(吳厚炎)은
1992년 『시경초목회고(詩經草木滙考)』에서 중국 고전에 나오는 권이
(卷耳)는 두 종류의 식물, 즉 창이(蒼耳: *Xanthium sibiricum*)와 희천권
이(喜泉卷耳: *Cerastium caespitosum*)를 지칭했다고 하면서, 『시경』에
나오는 권이는 희천권이라고 주장했다. 그러나 경훤(耿煊)은 1996년
『시경에 나오는 경제식물(詩經中的經濟植物)』에서, 반부준(潘富俊)은
2003년 『시경식물도감(詩經植物圖鑒)』에서 『시경』에 나오는 권이는
창이(蒼耳), 즉 *Xanthium strumarium*이라고 주장했다. 그리고 주춘
혜(朱春慧)는 2010년 자신의 학위 논문에서 『시경』에 나오는 권이는
석죽과(石竹科)에 속하는 점나도나물속(卷耳屬, *Cerastium*) 식물로 정
리했다. 그리고 2020년에 고명건(高明乾)과 왕봉산(王鳳産)은 『시경.
동식물도설(詩經. 動植物圖說)』에서 권이는 창이(*Xanthium sibiricum*)라
고 주장했다.

　한편, 권이(卷耳)에 대해서 비가 온 다음 발견되며, 물기를 선호하
며, 먹을 수 있다는 특징을 들어 진균조류인 지이(地耳)[25], 또는 조류

(藻類)와 균류(菌類)의 공생체인 지의류의 한 무리라고 주장[26], 권이(卷耳)라는 이름이 중국 역사를 거치면서 다양하게 사용되었으나 양치식물인 권백(卷柏)이라는 주장도 있다.[27] 그러나 권이를 지이(地耳)나 권백(卷柏)으로 간주할 경우 식물체를 나물로 먹을 수는 있지만, 하얀색 꽃과 덩굴성 줄기 등과 같은 옛 문헌에서 설명하는 특성은 무시해야만 한다. 따라서 이들 주장들은 재검토가 필요할 것이다.

한편 『강희자전(康熙字典)』과 『설문해자(說文解字)』의 내용을 정리한 중국 인터넷 홈페이지 '한전(漢典)'[28]에서는 시이(枲耳), 권이(卷耳), 상사(常思), 호시(胡枲), 시이(葈耳) 등은 검색이 되지 않았으나, 권이(卷耳), 창이(蒼耳), 영이(苓耳), 시(葹), 영(苓), 모(莪) 등은 검색되었다. 그런데 영(苓)은 복령(茯苓)[29]을 지칭하는 단어로 설명되었다. 권이(卷耳)는 "석죽과에 속하는 권이속[30] 식물로 일년생 또는 이년생 초본이며, 키는 30cm정도이며, 식물 전체에 가느다란 털이 있으며, 잎은 서로 마주보며 달리고, 긴 난형이고, 꽃은 봄과 여름 사이에 백색으로 작게 피며, 열매는 삭과로 익는데 원주형이며, 어린잎은 먹을 수 있다. 그리고 『시경』에 나오는 권이는 일년생 풀로 줄기와 잎에 조그만 털이 있으며, 잎은 장난형인데 잎자루는 없으며, 어린잎은 먹을 수 있는"[31] 것으로 설명되어 있다. 그리고 창이(蒼耳)는 권이(卷耳)의

---

25 王曉飛, 「"采采卷耳"考」, 『岳陽職業技術學院學報』 31, 109쪽, 2016.

26 張鵬飛, 「『詩經』"卷耳"名實辨證」, 『長江學術』 40, 124쪽, 2013.

27 黃冬珍, 「"卷耳"名物考辨」, 『太原師范學院學報』(社會科學版) 4, 116쪽, 2005.

28 http://www.zdic.net/

29 Baidu.com에서는 진균류의 일종으로 검색되나, 추후 실체를 규명해야 할 것이다.

30 권이속, 즉 *Cerastium*을 우리나라에서는 점나도나물속으로 부른다.

31 『漢典』, '卷耳': "1. 植物名. 石竹科卷耳屬, 一年生或二年生草本. 高約三十公分, 全株被細毛. 葉對生, 呈長卵形. 春夏間開白色小花. 果實爲圓柱形蒴果. 嫩葉可供食用. 亦稱爲'蒼耳'·'耳璫'. 2. 詩經周南的篇名. 共四章. 根據詩序: '卷耳, 后妃之志也.' 或亦指行役者思家之詩. 首章二句爲'采采卷耳, 不盈頃筐.' 卷耳, 一年生草, 葉皆有微毛, 葉作

또 다른 이름으로,[32] 영이(苓耳)는 풀이름으로 역시 권이(卷耳)이자 창이(蒼耳: *Xanthium strumarium*)로,[33] 시(蓷)는 풀의 한 종류로 창이(蒼耳)이며, 열매는 창이자라 하여 약으로 사용하는 것으로,[34] 모(蓩)는 옛날 서적에서 독초의 일종이라고 했다고[35] 되어 있다. '한전(漢典)'에서도 권이와 창이를 구분하지 않고 같은 식물로 간주했다.

그러나 중국 고전에 나오는 권이(卷耳)라는 식물명으로 불렀던 식물은 1) 하얀색 꽃이 피고 여름이 되기 전에 열매가 맺으며 소반처럼 자라는 식물 A와 2) 열매에 가시가 있으며 양을 통해 중국으로 들어와 약재로 사용하고 있는 B를 지칭하는 것으로 보인다.

식물 B를 중국에서는 창이(蒼耳 = 卷耳)라고 부르면서 열매에 가시가 많아 양털에 달라붙어 먼 곳까지 산포가 가능한 도꼬마리(*Xanthium strumarium*)로 간주하고 있다.[36] 도꼬마리는 지중해-유라시아 원산으로 알려져 있는데,[37] 간세포 손상, 심근 손상, 저혈당 증세를 유발하는 카르복시아트락틸로사이드(carboxyatractyloside)[38]라는 성분을 지니고 있을 뿐만 아니라 잎과 줄기에 달리는 털에는 알레르기를 유발하는 물질이 있어[39] 독초로 분류되지만, 열매를 창이자라 해서 약으로 이용

長卵形, 對生無柄；嫩葉可食."

32 『漢典』: "蒼耳, 卷耳的別名."

33 『漢典』: "苓耳(the cocklebur, *Xanthium strumarium*), 草名, 亦名卷耳."

34 『漢典』: "蓷, 一種草本植物, 即'苍耳', 果實蒼耳子入藥."

35 『漢典』: "蓩, 古書上說的一種毒草."

36 http://www.efloras.org/flora_page.aspx?flora_id=2 ; 그러나 중문판 중국식물지(『中國植物志』第75卷, p.325, 1979)에는 학명이 *Xanthium sibiricum*으로 표기되어 있으나, 이 학명은 *Xanthium strumarium*과 같은 이름으로 간주되며, 오늘날에는 사용하지 않는다.

37 Weaver and Lechwicz(1983), 213쪽.

38 Turgut et al.(2005), 125쪽.

39 Weaver and Lechwicz(1983), 215쪽.

하고 있다.[40] 도꼬마리의 일차적 자연 생육지는 강 주변이나 강가로[41] 산악 지역에서는 흔하지 않은데,[42] 이러한 특징은 『신농본초경』에서의 "하천과 골짜기에서 자란다는 설명과 일치한다. 도꼬마리 열매는 물에 떠서 이동하는 특징을 지니고 있어, 강 주변에서 흔히 발견된다.[43] 그리고 도꼬마리의 경우 키가 150cm 이상 자라므로, 식물 전체를 한꺼번에 채취하기보다는 줄기를 잘라 필요한 부위를 얻는 것이 더 편할 것이다.

하얀색 꽃이 피고 여름이 되기 전에 열매를 맺는 식물은 덩굴성으로 털이 달려 있는 줄기가 모여 나서 소반처럼 보이며 식물 A는 『시경』의 지리적 무대 지역인 섬서성 일대에서 자라는 권이(卷耳, *Cerastium arvense* Linnaeus var. *arvense*)를 『시경』에 나오는 권이로 간주하고 있다.[44] 그런데 오후염은 족생권이(簇生卷耳: *Cerastium caespitosum* Gilbert)라고 주장했고, 당덕재(唐德材)는 『시경』에 나오는 권이(卷耳)는 점모권이(粘毛卷耳: *Cerastium viscosum* Linnaeus)라고 주장했다.[45] 그런데 이 두 종은 모두 오늘날 줄기가 직립하는 簇生泉卷耳(*Cerastium fontanum* Baumgarten var. *vulgare* (Hartman) Greuter)와 같은 종으로 간주되어, 이 두 학명은 사용하지 않는다. 그리고 이들을 포함하여 중국에는 점나도나물속(*Cerastium*)에 20여 종의 식물이 있는데, 상당수는 신장 위그르라는 『시경』을 노래했던 곳에서 벗어난 지역에 분포한다. 따라서 『시경』에 나오는 권이(卷耳)는 『中國植物志』에서 언

---

40   조남준, 신민교, 송민준, 「도꼬마리(蒼耳)에 관한 문헌적 고찰」, 『본초분과학회지』 9, 173쪽, 1994.

41   Blais and Lechowicz(1989), 902쪽.

42   Weaver and Lechwicz(1983), 215쪽.

43   Weaver and Lechwicz(1983), 219쪽.

44   『中國植物志』第26卷, 92쪽, 1996.

45   唐德才, 「蒼耳、卷耳的本草考證」, 『中國中藥雜志』 22, p.711, 1997.

급한 卷耳(*Cerastium arvense*)로 간주하는 것이 타당할 것이다. 단지
영문판 중국식물지에서는 *Cerastium arvense* subsp. *strictum*
Gaudin을 권이로 간주했으나,[46] *Cerastium arvense*라는 종의 형태
적 변이가 심한 것으로 알려져 있어,[47] 종 수준에서 중문판 중국식물
지와 분류학적 견해를 같이 하는 것으로 간주했다.

『시경』에 나오는 권이를 시이로 간주하면서 발생한 중국내에서의
혼란은 최근 어느 정도 정리되고 있는 것으로 보인다. 그럼에도 불구
하고 최근 발간된 문헌에서도 권이와 시이 또는 창이를 같은 식물로
간주하고 있어, 『시경』의 시적 해석과 『신농본초경』의 본초학적 해
석에 어려움이 나타나고 있는 실정이다.

4. 권이를 번역한 우리말 이름

우리나라에 『시경』이 언제 유입되었고, 어떻게 표기했는지는 정확
하지 않다. 단지 삼국 시대에 이미 『시경』을 포함한 5경을 읽고 있었
다는 기록이 있고, 특히 『삼국사기(三國史記)』에는 "우리말로 9경을
해독하여 후생을 훈도했으므로, 지금까지 학자들이 그를 종주로 삼
고 있다."고 해서 한문으로 된 9경(4서 5경)을 우리말, 즉 신라말로 풀
어서 읽었다고 했으니 시경도 우리말로 읽었을 것으로 추정하고 있
다.[48] 단지 어떻게 번역 또는 읽었는지는 알려져 있지 않다.

---

46 Flora of China, Vol. 6, pp.31-37. 2001.
47 陳旭波, 汪亮亮, 陳睿, 葉挺梅, 「石竹科繁縷屬與卷耳屬的數量分類」, 『麗水學院學報』
   36, 35쪽, 2014.
48 이상보, 「한국에서 시경을 받아들인 역사를 살핌-서지학의 방법을 중심으로」, 『시경
   연구』 1, 16쪽, 1999.

한편『신농본초경』도 우리나라에 언제 유입되었는지 명확하지 않다. 단지 삼국 시대 이전에 유입되었을 것으로 추정하고 있으나,『백제집성방(百濟集成方)』이나『신라법사방(新羅法師方)』과 같은 삼국시대 의서에 있는 약물의 효용이 서로 다른 점으로 보아, 삼국시대에는『신농본초경』의 내용과는 다른 삼국시대만의 향약본초를 이용한 것으로 추정하고 있다.[49]

단지 고려시대인 1236년에 편찬된 것으로 추정되는『향약구급방(鄕藥救急方)』[50]에 창이(蒼耳)라는 항목이 있고, 이 항목을 설명하면서 우리말 이름으로 刀[51]古休伊가 병기되어 있으며, 본문 중에는 升古厂伊라는 이름이 나온다. 이후 조선 초기인 1433년에 편찬된『향약집성방(鄕藥集成方)』에는 시이실(蒘耳實)이라는 항목이 나오는데, "즉 창이(卽 蒼耳)"라는 표현이 나오며, 창이(蒼耳)가 중국에는 없던 식물로 양의 털에 묻어 중국으로 들어왔으므로 양부래(羊負來)라는 이름이 붙었다는 설명이 있다. 이어 조선 중기인 1610년 편찬된『동의보감』에는 돗고마리라는 우리말 이름이 나온다. 그리고『동의보감』이 간행된 직후인 1613년에 간행된『시경언해(詩經諺解)』에는 권이(卷耳)의 우리말 이름으로 돗鈊말이로 표기되어 있다. 한편 1527년에 편찬된『훈몽자회(訓蒙字會)』에는 시(蒘)가 '돗고마리 시'로 읽으며, 창이(蒼耳)라고도 부르는 것으로 설명되어 있다.

우리말 이름 升古厂伊의 경우, 升은 되라는 음가로, 古는 고라는

---

49 안상우, 「본초서의 계통과 본초학 발전사」, 『한국의사학회지』 18, 42쪽, 2005.

50 http://encykorea.aks.ac.kr/Contents/Item/E0062951

51 신영일은 자신의 박사학위 논문, 『향약구급방에 대한 연구(복원 및 의사학적 고찰)』(경희대학교 박사학위논문, 1994)에서 刀가 아니라 石으로 간주했으나, 이경록과 손병태 등은 모두 刀로 간주했다. 이경록, 『국역 향약구급방』, 역사공간, 2018, 286쪽.; 손병태, 「식물성 향약명 어휘 연구」, 『영남어문학』 30, 147쪽, 2009.

음가로, 亇는 마라는 음가로, 그리고 伊는 이라는 음가로 읽혀 되고 마이로 해독되며, 刀古休伊의 경우 刀는 도라는 음가로, 古는 고라는 음가로, 休는 말이라는 훈가로, 그리고 伊는 이라는 음가로 읽혀 도 고말이로 해독된다.[52] 그리고 이러한 해독은 『훈몽자회』의 돗ᄉᆡ말이를 거쳐 『동의보감』의 돋고마리로 연결되며, 오늘날 도꼬마리로 변천된 것으로 판단된다.

결론적으로 말하면, 우리나라에서는 『시경』에 나오는 권이와 『신농본초경』에 나오는 시이를 정확하게 구분하지 못하고 중국에서 나타난 혼동을 그대로 답습하여, 『시경』에 나오는 권이(卷耳)와 약재로 사용하는 창이(蒼耳) 또는 시이(枲耳)를 모두 도꼬마리로 불렀던 것으로 판단된다. 단지 『시경』의 권이를 언제부터 도꼬마리로 불렀던 것인지는 확인되지 않고 있는데, 아마도 약재로 사용하는 창이를 도꼬마리로 불렀고, 이를 『시경』에 나오는 권이로 간주하면서, 오늘날 『시경』을 번역하면서 권이를 도꼬마리로 간주한 것으로 사료된다. 한편 창이(蒼耳)를 일제강점기에 국화과에 속하는 식물인 *Xanthium strumarium*으로 간주했으며, 우리말 이름은 도고마리를 거쳐, 오늘날 사용하는 도꼬마리로 변했다.

5. 결론과 제언

한자로 표기된 식물명을 정확하게 이해하는 것이 옛 고전을 정확하게 이해하는 출발점일 것이다. 이를 잘못하여 오해하게 되면, 1미터 이상 자라는 도꼬마리를 캐고 캐도 한 바구니 가득 차지 않는다고

---

52 손병태, 「식물성 향약명 어휘 연구」, 『영남어문학』 30, 157-158쪽, 2009.

오해하거나, 또는 권이라는 식물을 약재로 사용하게 될 것이다. 또한 우리나라의 경우, 한자 식물명을 우리말로 번역해야만 하는 또 다른 어려움에 직면해 있는데, 식물이 우리나라에 자라고 있을 경우에는 문제가 없으나, 없을 경우에는 한자 식물명에 적합한 우리말 이름을 작명해야만 하는 어려움이 나타날 수밖에 없다.

식물명 권이(卷耳)를 해석하는 혼란은 중국으로 유입된 식물과 중국에서 원래부터 자라고 있던 식물의 이름이 비슷하면서 발생한 것으로 보인다. 권이와는 다른 식물인 시이는 중국에서 자생하는 식물이 아니라 외국에서 양을 따라 들어온 식물로 간주하고 있다. 이런 연유로 시이를 양부래(羊負來)라고도 부른다. 중국에서 처음에는 중국에서 원래부터 자라고 있던 권이와 시이를 구분했으나, 227~232년 사이에 저술된 중국 최초의 백과사전인『광아』에서 이들이 같다고 설명하면서 혼동이 유발된 것으로 보인다. 한편 우리나라에서는 권이(卷耳, *Cerastium arvense* var. *arvense*)를 포함하는 무리를 점나도나물속(*Cerastium*)으로 부르고 있으므로,『시경』에 나오는 권이는 권이라는 이름을 그대로 쓰거나 '나도나물' 정도로 번역하는 것이 타당할 것으로 제안한다.

중국에서 사용한 한자 식물명과 우리나라에서 사용한 한자 식물명이 일치하는 권이의 경우에도 중국에서 혼란이 야기되면서 우리나라에서도 혼란이 그대로 나타난 사례가 될 것이다. 그런가하면 중국에서 한자 식물명을 제대로 파악하지 못했을 경우, 우리나라에서는 원래 식물명이 지칭했던 식물과는 전혀 다른 식물을 지칭하는 경우도 나타난다. 예를 들면,『시경』에 나오는 한자 식물명 고(栲)를 중국에서는 말오줌때(*Euscaphis japonica* (Thunb.) Kanitz)[53], 중국가죽나무(*Ailanthus giraldii* Dode)[54], 중국모밀잣밤나무(*Castanopsis fargesii* Franchet)[55], 또는 맹그로브(mangrove)[56] 등을 지칭하고 있다. 우리나라에서도 이러한 혼란은 반복되었는데, 실체를 알 수 없는 복나무를 비롯하여 북나무 (*Rhus chinensis* Mill.), 멀구슬나무(*Melia azedarach* L.) 등으로 번역되어 있다.[57] 그런가 하면, 일본에서는 중국굴피나무(*Pterocarya stenoptera* DC)로 간주되었다.[58] 그러나 최근 한자 식물명 고(栲)는 지금까지 언급 된 식물이 아닌 중국 식물명은 산양(山楊), 우리나라 식물명은 사시나무 (*Populus davidiana* Dode)로 밝혀졌다.[59]

그러나 일치하지 않은 경우에는 더 많은 혼란이 야기될 수 있을 것 이다. 앞에서 언급한 송(松)의 경우 비슷한 식물이기에 큰 문제는 없 을 것으로 보이나, 약재로 사용하는 당귀(當歸)[60], 천궁(川芎)[61], 천초 (川椒) 등은 중국과 우리나라에서 서로 다른 식물을 지칭하는 것으로 널리 알려져 있다. 최근 천초의 경우 중국에서는 화초(*Zanthoxylum bungeanum* Maximowicz)로 간주하고 있으나, 우리나라에서는 초피나 무(*Zanthoxylum piperitum* S. et Z.)를 지칭하는 것으로 밝혀졌다.[62] 그

53 吳厚炎, 1992, 『詩經』草木匯考, p.278.
54 潘富俊, 2003, 詩經植物圖鑒, pp.160-161.
55 https://baike.baidu.com/item/%E6%A0%B2/4781513?fr=aladdin. 이밖에『辭海』 에는 단순히 메밀잣밤나무속(Castanopsis) 식물로 되어있다.
56 漢典(zdic.net)에서 고(栲)를 검색한 결과이다. 국립중앙도서관에서 운영하는 유니 코드 한자사전에도 栲는 mangrove로 되어있다.
57 홍승직, 신현철, 「식물의 분류학적 실체를 통한『시경』의 새로운 이해」, 『중국어문논 총』 15, 281-295쪽, 1998.
58 村田懋麿, 土名對照滿鮮植物字彙 成光館書店, 1932, 174쪽.
59 신현철, 홍승직, 「『시경(詩經)』에 나오는 한자 식물명 '고(栲)'의 재해석」(『동아시아 와 문명: 지역공동체 지평의 인문실크로드』 도서출판 동과서, 345-362쪽, 2020.)
60 박종희 외, 「한국산 당귀의 생약학적 연구」(『생약학회지』 36, 2005, 141쪽).
61 박용기, 「토천궁과 일천궁의 효능 및 품질비교에 관한 연구(I)」(『대한본초학회지』 12, 1998, 103쪽).
62 홍승직, 신현철, 김성순, 「『시경』과 한국 고전에 나오는 식물명 초(椒)의 재검토」(『순 천향 인문과학논총』 39, 69-101쪽, 2020).

럼에도 아직도 많은 식물명에 대한 정확한 분류학적 해석에 어려움을 겪고 있다. 중국 고전과 우리나라 고전을 제대로 이해하려면, 한자로 표기된 식물명의 정확한 실체가 하루 빨리 규명되어야만 할 것이다.

타즈족의 형성 과정 및 문화 혼종성

엄순천

1. 들어가는 말

[그림 1] 타즈족 거주지

　타즈족은 러시아 극동 지역의 토착종족으로 종족 계통은 불분명하지만 언어 계통상 중국 동북방언으로 분류되는데 타즈족 스스로는 중국인이라고 생각하지 않는다. 러시아 인구조사에 의하면 타즈족은 1880년대 1,050명, 2000년대 초 276명, 2010년 274명으로(Беликов & Перехвальская, 2002: pp.171-172) 절멸(絶滅) 위기에 처해 있다. 러시아

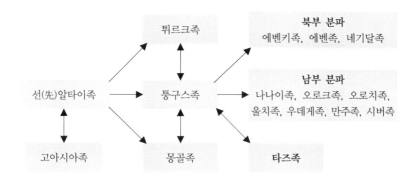

최초의 타즈족 연구자는 1857년 우수리강 탐사를 수행한 베뉴크(М. И. Венюк)이다. 이후 타즈족 계통은 연구자들의 논쟁을 촉발시켰고 다양한 의견이 제시되었지만 1926년 아르세니예프(В. К. Арсеньев)가 타즈족은 중국인에게 동화된 우데게족 남부그룹이라고 주장한 이후 이는 러시아 연구자들의 공식적인 입장이 되었다. 특히 포스트소비에트 시기 타즈족과 우데게족이 동일종족이라는 투라예프(В. А. Тураев, 1993)의 주장으로 타즈족과 우데게족이 동일 종족이라는 입장은 정설로 굳어졌다. 이로 인해 21세기 초까지 러시아에서는 타즈족에 대한 연구뿐만 아니라 인구조사도 실시하지 않았는데 이는 타즈족 연구를 정체시키는 결정적인 원인으로 작용하였다. 하지만 21세기 들어 셈 & 셈(Ю. А. Сем & Л. И. Сем), 스타르체프(А. Ф. Старцев) 등이 타즈족은 퉁구스족과 중국인의 영향을 많이 받았지만 독자적인 문화를 보유한 독립 종족이라고 주장하면서 타즈족 연구는 새로운 국면을 맞이하게 되었다.

타즈족은 19세기 중반 극동 남부지역에 거주했으나 중국 한족(漢族)과 만주족의 극동 이주, 1860년 베이징 조약 체결로 인한 러시아인들의 극동 진출로 지속적으로 북쪽으로 이주해갔다. 1860~1870년대에는 태평양 연안을 따라 주로 암구강에서부터 한반도 국경지대에 거주했으

며 내륙에서는 우수리강(烏蘇里江) 우안 지류인 비킨강, 이만강, 아르셰
니옙카강(1972년 이전 다우비혜강)에, 1880년대는 조금 더 북쪽인 한카
이, 수이푼, 아바쿰 관구에 거주했으며, 1890년대 한족과 만주족이
타즈족 거주지로 본격적으로 이주하자 더 북쪽으로 이주한 뒤 유랑생
활을 이어나갔다(Пржевальский, 1949: pp.110-113; Боголюбский, 1890:
p.5). 하지만 1911년부터는 정착하여 농경을 시작하였고 1914년 즈음
타즈족 정착 마을 다다 고우, 에를다 고우, 아바쿰, 타좁스코예가 출현
하였다(Арсеньев, 1948: p.144). 현재 타즈족은 소규모 마을 단위로 분산
되어 연해주 올긴 지역의 미하일롭카 마을, 베숄리 야르 마을, 페름스
코예 마을과 라조프 지역에서 나나이족과 함께 거주하며 밭농사, 수렵,
어로, 산삼 채집 등에 종사하고 있지만(Сем & Сем, 2019: p.47) 여전히
친족관계를 유지하고 있다.

　타즈는 중국어 타주(他族)에서 기원하지만 중국인들의 타즈 사용
양상은 일률적이지 않았고 중국인들로부터 타즈라는 용어를 차용한
러시아인들의 타즈 사용 양상도 일관성이 없었는데 이로 인해 타즈
족의 기원 및 종족정체성은 현재까지도 논쟁이 되고 있다. 이러한 점
을 전제로 본 논문에서는 러시아 연구자들의 타즈 기원설, 중국인들
의 타즈 사용 양상 및 타즈족 문화를 근거로 타즈족의 기원과 어원,
타즈족의 형성과정 및 문화 혼종과 융합에 대해 살펴볼 것이다.

2. 타즈족의 기원에 관한 가설 및 중국인의 타즈 사용양상

〈표 1〉 타즈족의 기원에 대한 가설

기원 종족(대분류)	기원종족(소분류)		연구자	시기
타타르	타타르족		시렌크	19세기 말
퉁구스족	오로치	중국의 영향을 많이 받은 그룹	볼리셰프	1870년대
		오로치족과 동일 종족	팟카노프	19세기 말
		중국화 된 오로치족	시테른베르크	20세기 초
	우데게	우데게족	브라일롭스키	19세기 말
		만주 남쪽 지방에서 이주한 우데게족	로파틴	19세기 말
		중국화 된 우데게족 남부 그룹	아르세니예프	20세기 초
		우데게족의 일파	투라예프	20세기 말
	나나이	나나이족	카파로프 (팔라지)	1870년대
	퉁구스족 기층의 아무르강 하류 여러 종족 혼혈	중국화 된 우데게, 나나이, 솔론족	에델시테인, 라리킨	20세기 중반
		중국화 된 우데게, 나나이, 솔론, 오로치족과 중국인	솀	20세기 중후반
		우데게, 오로치, 오로촌, 닙흐족 의 혼혈	포자르스키	19세기 후반
독립 종족	중국인+오로치족		베뉴크	19세기 중반
	오로치족과 유사		베레진	19세기 중반
	오로치족+중국인, 오로치족+한국인		비슬례뇨프	19세기 말
	중국인, 한국인에 동화된 종족		브라디	19세기 말
	토착종족과 중국인, 한국인의 혼혈		스타르체프	20세기 말

1) 타즈족의 기원에 관한 가설

타즈족의 기원에 관한 러시아 연구자들의 주장은 몽골 타타르족 기원설, 퉁구스족 기원설, 독립 종족설로 나누어지는데 퉁구스족 기원설은 다시 오로치족 기원설, 우데게족 기원설, 나나이족 기원설, 퉁구스족 기층의 아무르강 하류 여러 종족 혼혈설로 나누어진다.

(1) 몽골 타타르족 기원설

19세기 시렌크는『수역주자록(殊域周咨錄)』(1583)과『명사(明史)』(1739)의 달단(韃靼)과 타즈의 음성적 유사성에 근거하여 타즈족의 기원을 달단에서 찾았다. 시렌크에 의하면 타즈족은 12~13세기 몽골제국 팽창 당시 극동 지역에 진출한 몽골족의 후예로 한반도 국경지역과 우수리강 상류에 거주하다 북쪽으로 이주했으며 순록사육에는 종사한 적이 없고 수렵과 어로가 주요 생업이었다(Шренк, 1883: pp.140, 141; Du Halde, 1735: pp.452-458).

『수역주자록』권16『달단』에 의하면 달단은 몽골 타타르의 음역이며 동쪽에서는 올량합(兀良哈, 우량하족)부터 서쪽으로는 와랄(瓦剌, 오이라트족)에 이르고 종류가 다양하다(『明史 外國傳 譯註 3-外國傳 下』, 2011: p.671). 달단은 시대에 따라 의미와 영역이 조금씩 달라지는데 당대(唐代)에는 몽골고원 동쪽, 9세기 전후에는 음산(陰山) 남북 변경지대에서 하서(河西)와 청해(淸海), 금대(金代)에는 후룬베이얼(呼倫貝爾) 호수 서쪽의 타타르족을 가리켰고, 원대(元代)에는 몽골 각부의 범칭(泛稱), 명순제(明順帝)가 대도(大道)에서 퇴출된 이후에는 막남(漠南, 내몽골), 막북(漠北, 외몽골) 몽골족에 대한 범칭(泛稱)으로 사용되었다(앞의 책, p.671).

『수역주자록』에 의하면 달단은 몽골족의 일파이며,『명사』에 의하면 달단은 초기에는 몽골 타타르족을 가리다 이후 몽골족에 대한 범칭으로 바뀌었다. 이에 의하면 달단의 활동 영역은 극동 지역이 아닌 몽골초원과 그 이서(以西) 지역이 되므로 지역적으로 타즈족과 연결이 어렵다. 또 현재 아무르강(헤이룽강, 黑龍江) 지명 중 달단과 관련이 있는 아무르강 우안의 나나이족 다다 마을과 울치족 몽골 마을의 주민들은 자신들은 달단 혹은 타타르족과 관련이 없다고 믿는다(Стар цев, 2019: p.55). 마을명이 몽골족의 흔적일 수 있지만 12~13세기 몽골족의 팽창기에도, 그 이후에도 몽골족의 통치범위는 극동까지 미치지 못했기 때문에 타즈족이 몽골족과 관련이 있을 가능성은 희박하기 때문에 타즈족은 달단과는 관련이 없는 종족일 것이다.

(2) 퉁구스족 기원설

퉁구스족 기원설은 다시 오로치족 기원설, 우데게족 기원설, 나나이족 기원설, 퉁구스족 기층의 아무르강 하류 여러 종족 혼혈설로 나누어지는데 21세기 이전에는 오로치족과 우데게족 기원설이 널리 전파되어 있었다.

⑴ 오로치족 기원설

19세기 말~20세기 초 볼리셰프, 팟카노프, 시테른베르크가 대표적이다. 1870년대 볼리셰프는 타즈족은 중국인의 영향을 많이 받았지만 오로치족과의 지리적 인접성, 문화적 유사성에 근거할 때 오로치족과 동일 종족이라고 주장하였고, 팟카노프는 뚜렷한 근거를 제시하지는 않았지만 오로치족에 포함시켰다(Большев, 1877: p.140; Патканов, 1906: p.75). 일군의 러시아 연구자들은 우데게족과 오로치족을 오로치족으로 분류하면서 문헌에는 오로치나 타즈로 기록하였는데(Старцев, 2002: p.241), 이들에 의하면 오로치족=오로치족+우데게족=타즈족의 관계가 되므로 결국 오로치족=우데게족=타즈족의 관계가 성립된다. 시테른베르크에 의하면 타즈는 중국인이 이민족을 가리킬 때 사용하는 범칭이지만 주로 중국화된 오로치족을 가리킨다(Штернберг, 1933: p.401).

(2) 우데게족 기원설

19세기 중반~20세기 초 로파틴, 브라일롭스키, 아르셰니예프 등
이 대표적인데 로파틴은 타즈족은 오로치족이 아닌 우데게족과 동일
계통이며 만주에서 극동으로 이주했다고 주장하면서 오로치족은 순
록사육에 종사하지만 타즈족은 순록사육에 종사한 적이 없다는 점을
그 근거로 제시하였다(Лопатин, 1864: p.184). 브라일롭스키는 연해주
타즈족 마을과 우데게족 마을의 인접성을 근거로 두 종족의 동일성
을 주장하였고(Браиловский, 1902: p.18), 아르셰니예프는 문화적 유사
성을 근거로 타즈족은 중국화 된 우데게족 남부그룹이라고 주장하였
다(Арсеньев, 1948: p.144). 이들은 오로치족과 우데게족이 별개의 종
족이라는 관점에서 출발하므로 오로치족 기원설 보다 한 단계 발전
한 것이다.

(3) 나나이족 기원설

19세기 말 카파로프(Кафаров, 1871: p.369)가 대표적인데 변발과 같
은 문화적 유사성을 근거로 들고 있다. 문화적, 언어적으로 타즈족과
나나이족 사이에는 유사성이 많이 발견되고 있음에도 나나이족 기원
설은 러시아 연구자들 사이에 폭넓게 전파되지 못하였다.

(4) 퉁구스족 기층의 아무르강 하류 여러 종족 혼혈설

20세기 초중반 에델시테인, 라리킨, 셈 등이 대표적이다. 에델시테인
은 그 근거를 분명하게 밝히지는 않았지만 타즈족을 퉁구스계 종족으로
분류하였고, 라리킨은 중국인에게 동화된 우데게족, 나나이족, 솔론족
등 우수리강 남부 모든 종족의 혼혈 종족, 셈은 중국화 된 우데게족,
나나이족, 오로치족, 솔론족과 중국인이 포함된 종족이라고 주장하였다

(Эдельштейн, 1905: pp.168-170; Ларькин, 1959: p.57; Сем, 1962: pp.27-28).
19세기 말 포자르스키는 체형인류학에 근거하여 타즈족은 우데계족,
오로치족, 오로촌족과 매우 유사하며 닙흐족과도 유사하고 남쪽에 거주
하다 중국인 이주민에 의해 북쪽으로 이주하였다고 주장하였다(Пожарск
ий, 1899: p.307). 타즈족 문화에서 닙흐족의 요소가 많이 발견되지만
포자르스키의 주장은 러시아 연구자들 사이에서 설득력을 얻지 못하였
다. 이들에 의하면 타즈족은 아무르강 하류에서 퉁구스족을 기층으로
여러 종족의 혼혈로 출현하였다.

(3) 독립 종족설

타즈족은 극동 지역 퉁구스족과 중국인, 한국인의 혼인으로 출현한
새로운 종족이라는 입장으로 19세기 중후반 베뉴크, 베레진, 비슬례
뇨프, 브라디, 21세기 스타르체프, 셈 & 셈이 대표적이다. 베뉴크에
의하면 타즈족은 오로치족 여성과 중국인 남성의 혼인으로 출현한 독
립된 종족이며 자신들만의 종교관, 언어, 구비전승을 가지고 있다(Вен
юков, 1970: p.134). 베레진은 타즈족과 극동 지역 퉁구스 남부 종족을
비교한 뒤 타즈족은 오로치족과 유사하지만 그들과는 다른 독립된 종
족으로 고대에서 기원한다고 주장하였다(Березин, 1861: p.151).

비슬례뇨프에 의하면 타즈족은 오로치족 여성과 중국인 남성의 혼
혈인 타즈족, 중국인 남성과 한국인 여성의 혼혈인 포투이즈족으로
구성된 독립 종족이며, 브라디에 의하면 타즈는 중국인과 한국인에게
동화된 독립 종족이다(Ткачёв, 1884: pp.434-463; Врадий, 1905: p.24).
이들 러시아 연구자들이 가리키는 중국인 남성에는 한족과 만주족 남
성을 모두 포함시켜야 할 것이다.

독립 종족설을 주장하는 연구자들은 퉁구스족 중 오로치족을 타즈

족의 기층으로 보는데 그 이유는 지리적 인접성이다. 하지만 타즈족은 극동의 넓은 지역에 소규모로 분산되어 거주하면서 오로치족 뿐만 아니라 나나이족, 우데게족, 울치족과도 인접하였기 때문에 타즈족은 극동 남부의 퉁구스족을 기층으로 중국인, 한국인이 융합된 종족일 것이다.

2) 중국인의 타즈 사용 양상

중국인의 타즈 사용 양상은 시기별로 이민족의 범칭, 퉁구스족의 범칭, 퉁구스계 특정 종족명, 현대 타즈족의 호칭으로 변화된다. 우데게족과 나나이족은 타즈를 미개인, 야만인의 의미로 받아들이면서 중국인들이 자신들을 타즈라고 부르는 것을 모욕적이라고 생각하였다. 이는 초기 중국인들이 타즈를 특정 종족명이 아니라 중국인/ 비(非)중국인, 아(我)/ 타(他), 문명/ 야만(미개), 좁게는 한족(漢族)/ 비한족의 이항대립의 의미로 사용했기 때문이다.

(1) 이민족의 범칭

이민족의 범칭인 경우 중국인들은 종족명+타즈의 어형을 주로 사용하였다. 중국인들은 몽골족은 몽골 타즈, 솔론족은 솔론 타즈, 나나이족은 골디 타즈, 킬리 타즈라고 불렀는데(Шренк, 1883, pp.140, 151) 이는 이민족 몽골족, 이민족 솔론족, 이민족 골디족, 이민족 킬리족의 의미이다. 골디는 1930년 이전 인접 종족들이 나나이족을 부르던 용어로 '변발을 한 사람들'을 의미하며 킬리는 나나이족 개별 씨족명인데 중국인들이 독립 종족처럼 킬리 타즈라고 부른 것은 이들을 나나이족과 다른 종족으로 파악했기 때문이다.

(2) 퉁구스족의 범칭

이 경우 중국인들은 종족의 지리적 특성을 나타내는 단어+타즈의 어형을 주로 사용하였다. 19세기 중엽 아무르강 유역에는 몽골계의 다우르족, 여진족 계통으로 지금은 사라진 듀체르족, 퉁구스계 종족들, 고아시아계 닙흐족 등 다양한 계통의 종족들이 인접해 있었다. 당시 극동으로 진출한 중국인들은 이들 중 퉁구스족에게만 타즈라는 용어를 사용하였다. 당시 퉁구스족은 다른 계통의 종족들과 달리 이동, 반이동 생활을 하면서 원시적 생산 활동인 수렵과 어로에 종사하고 있었기 때문에 중국인들은 '이민족'이라는 비하의 의미로 이들만 타즈라고 불렀을 것이다.

중국인들은 숭가리강(松花江), 우수리강, 아무르강의 퉁구스족을 타즈 혹은 산허고우(三河口) 타즈라고 불렀는데(Сем & Сем, 2019: p.35; Палладий & Попов, 1888: p.148) 이는 '세 강 하구에 거주하는 이민족'의 의미이다. 또 우수리강 나나이족, 우데게족, 타즈족을 타즈 혹은 와이샨(外山) 타즈라고 불렀는데 이는 '국경 밖의 이민족'의 의미이다.

(3) 퉁구스계 특정 종족명

타즈가 특정 종족명으로 사용된 경우에도 '이민족'의 의미가 함의되어 있으나 이때는 한족과의 차별성을 강조하기 위한 것이 아니라 해당 종족의 독특한 문화적, 지리적 특성을 부각시키기 위한 것이다.

① 우데게족의 호칭

중국인들은 우데게족을 타즈 혹은 장마오(長毛) 타즈라고 불렀는데 (Сем & Сем, 2019: p.35) 장마오 타즈는 '머리가 긴 이민족'의 의미로 우데게족이 나나이족이나 타즈족과 달리 변발을 하지 않고 양 갈래로 머리를 길게 땋았기 때문이다. 그런데 극동에서 나나이족과 타즈족만 변발을 하였고 다른 퉁구스족들은 변발을 하지 않았는데 중국인들은 우데게족만 장마오 타즈라고 불렀다. 이에 근거할 때 장마오 타즈는 중국인들 사이에 극동 토착종족들에 대한 체계적인 시각이 정립되지 못한 극동 진출 초기에 만들어진 용어일 것이다.

② 나나이족의 호칭

중국인들은 우수리강, 숭가리강, 아무르강 나나이족을 타즈라고 불렀는데 나나이족의 거주 범위가 넓기 때문에 '거주지의 특성+타즈'로 지역 그룹을 구별하여 부르기도 하였다. 아무르강 상류 나나이족은 허저(赫哲) 타즈 혹은 아무르 타즈, 아무르강 중류 나나이족은 샤단(下湍) 타즈라고 불렀는데(Сем & Сем, 2019: p.35) 각각 '검은 강에 거주하는 이민족', '강 아래쪽에 거주하는 이민족'의 의미이다. 베이징 정부의 명령으로 1709년 니즈네 아무르에 머물던 예수회 선교사들은 생업과 문화적 특징에 근거하여 나나이족을 어피타즈(魚皮他族, 물고기 가죽 옷을 입는 이민족)라고 불렀는데 일부 중국 문헌에는 아무르강 하구의 닙흐족도 어피타즈로 기록되어 있다(Сем & Сем, 2019: p.35). 이는 닙흐족의 문화와 전통에 나나이족과 유사한 점이 많이 발견되면서 중국인들이 나나이족과 닙흐족을 확실히 경계 짓지 못했기 때문이다.

③ 오로치족의 호칭

1867~1869년 우수리지역을 탐사 한 프르제발리스키의 기록에 의하면 중국인들은 주로 태평양 연안 오로치족을 타즈라고 불렀다(Прже вальский, 1949: pp.110-113). 이외 한족들은 만주족을 수타즈(水他族)라고 불렀는데(Du Halde, 1735: pp.452-458) 이는 '수계(水系)'를 따라

이동하는 이민족'의 의미로 수렵과 채집을 위해 수계를 따라 이동하는 만주족의 생활문화적 특성에 근거한 것이다.

(4) 현대 타즈족의 호칭

중국인들은 솔론족, 다우르족, 나나이족, 닙흐족, 오로치족, 우데게족 등 토착종족과 중국인, 한국인, 러시아인의 혼인으로 태어난 사람들을 모두 타즈라고 불렀는데 1860년대부터는 중국인 남성과 한국인 여성의 혼인으로 출현한 포투이즈족도 타즈족에 포함시켰다(Сем & Сем, 2019: p.46). 즉 1860년대부터 중국인들은 타즈족과 포투이족을 합쳐서 타즈족이라고 불렀는데 이는 현대 타즈족의 정체성과 유사하므로 이 시기부터 중국인들은 타즈족을 '혼혈'로 출현한 독립 종족으로 파악하기 시작한 것으로 보인다.

포투이즈는 boto(연결되다/ 퉁구스 제어)+ijɛ(강 하구/ 오로치어)의 구조로(ССТМЯ 1, 1975: p.97) '강 하구에서 연결된 사람들'의 의미이며 이들의 기원을 알려준다. 어원에 근거할 때 포투이즈는 오로치족과 인접한 아무르강 하류의 우수리강 지역에서 한국인 여성과 한족, 만주족 남성의 혼인으로 출현하였을 것이다. 중국인들이 1860년부터 포투이즈족을 타즈족에 포함시켰으므로 이들은 1860년 이전에 출현하였고 1860년 무렵에는 독자적인 명칭으로 분류될 정도의 규모와 정체성을 가지고 있었음을 알 수 있다. 이들의 출현은 한국인의 극동 진출 시기와 관련된 중요한 문제이므로 구체적인 자료를 근거로 보다 면밀하게 분석할 필요가 있지만 이들에 대한 자료가 부재하다는 한계가 있다.

이상의 내용에 의하면 중국인의 타즈 사용 양상은 시기별로 이민족의 범칭 → 퉁구스족의 범칭 → 극동 남부 지역 퉁구스계 특정 종족명→현대 타즈족의 호칭으로 변화된다. 시기에 따른 중국인들의 타즈 사용 양상의 변화는 중국인들의 극동 지역 이주가 본격화 되면서 이 지역에 대한 지식체계가 풍부해졌고 이 지역 종족 계통에 대한 인식이 구체화되었기 때문일 것이다.

〈표 2〉 중국인의 타즈 사용 양상

	종족명		용례	의미
1	이민족의 범칭		몽골 타즈, 솔론 타즈, 골디 타즈, 킬리 타즈(종족명+타즈)	이민족
2	퉁구스계 종족	퉁구스족	샨허고우 타즈(三江+타즈)	세 강의 이민족
		우데게족	타즈/장마오 타즈(長毛+타즈)	긴 머리의 이민족
		나나이족	타즈	우수리강, 숭가리강, 아무르강의 이민족
			허저 타즈(赫哲+타즈, 아무르 타즈)	검은 강의 이민족(아무르강 상류 나나이족)
			샤단 타즈(下湍+타즈)	강 아래쪽의 이민족(아무르강 중류 나나이족)
			어피 타즈(魚皮+타즈)	물고기 가죽옷을 입는 이민족
		나나이, 우데게, 타즈족	와이샨 타즈(外山+타즈)	중국 국경 밖의 이민족
		나나이, 오로치, 오로촌족	타즈	이민족
		오로치족	타즈	이민족(태평양 연안의 오로치족)
		만주족	수타즈(水+타즈)	수계를 따라 이동하는 이민족
3	혼혈 종족		솔론, 다우르, 나나이, 닙흐, 오로치, 우데게족+중국인, 한국인	혼혈인
			중국인+한국인	포투이즈라고도 함
			토착종족 +러시아인	

3. 타즈족의 형성 과정 및 문화 혼종성과 융합성

중국인들이 '이민족'의 의미로 사용하는 타즈는 중국어 타주(他族)

에서 기원하지만 타즈족과 퉁구스족이 사용하는 타즈는 퉁구스어 기원으로 보인다. 퉁구스 제어에서 타즈는 ta(da, 혼인으로 맺어진 친인척)+ӡa(혈연에 의한 친인척)의 구조로 '혼인으로 맺어진 친인척'의 의미이며 '친척'을 의미하는 타즈어의 타즈(taӡ)는 퉁구스어 taӡa에서 기원일 것이다. 즉 러시아인과 중국인이 사용하는 타즈와 타즈족과 퉁구스족이 사용하는 타즈는 기원과 의미가 다른 단어이다. 즉 종족명 타즈는 중국어 타주가 아닌 퉁구스어와 타즈어의 타즈 기원이며 이들이 혼인으로 출현한 종족임을 알려주는 용어이다.

1) 타즈족의 형성 과정

1830년대 우수리 지역에 한족과 만주족이 출현하기 시작했는데 초기에는 산삼 채집이 목적이었으나 이후에는 순록이나 사슴 사냥도 하였고 시간이 흐르면서 일부는 해당 지역에 정착하여 농경과 상업에 종사하였다(Решетов, 1994: p.194). 이들은 대부분 남성들이었으며 극동 남쪽에서는 우데게족, 북쪽에서는 나나이족, 오로치족 여성들과 혼인하였고 이들의 2세대를 타즈라고 부르기 시작했다(Арсеньев, 1948: p.144). 그렇다면 타즈족의 형성 시점은 1830년을 기점으로 1세대 이후인 1850~1860년 경이 될 것이다.

19세기 말 대다수 타즈 가정의 부모 세대는 퉁구스족 여성과 한족, 만주족 남성, 한국인 여성과 한족, 만주족 남성 사이에서 태어난 혼혈이었고(Арсеньев, 2012: p.568), 상술했듯이 1860년 이미 한국인 여성과 한족, 만주족 남성의 혼인으로 포투이즈족이 출현하였으므로 한국인 여성과 한족, 만주족 남성의 혼인은 그보다 1세대 전인 1830년 즈음 시작되었을 것이다. 그렇다면 한국인 여성의 극동 이주는 한

족과 만주족 남성이 극동에 이주한 1830년 즈음 시작되었고 1850~
1860년대는 타즈와 포투이즈족이 출현하여 현대 타즈족 1세대를 형
성하였을 것이다.

　타즈족 1세대는 중국어와 중국문화의 많은 부분을 수용하면서 중
국인에게 적극 동화되어 갔지만 한국인 여성의 역할도 간과할 수 없
기 때문에 이 한국인 여성들은 누구이며 언제 극동으로 이주했는지
규명할 필요가 있다.

　1860년 베이징 조약으로 연해주가 러시아령이 되면서 조선인들이
두만강을 건너기도 하였으나 사냥이나 채집 또는 여름에 파종하고
가을에 추수한 뒤 돌아가는 계절형 이주였을 뿐 영구 거주와 정착을
위한 것은 아니었다. 한국과 러시아 연구자들은 무산의 최운보와 경
흥의 양응범이 이끄는 함경도 농민 13가구가 1863년 두만강을 건너
지신허(地新墟)에 정착한 것을 한국인 최초의 극동 이주로 간주한다
(李尙根, 1996: p.38). 당시 한국인들의 이주 원인은 1860년대 북한 지
방을 휩쓴 가뭄, 굶주림 그리고 관리들의 수탈이었는데 러시아 정부
는 시베리아 경영을 위해 한국인들의 이주를 환영하였다.

　1867~1869년 연해주를 방문한 러시아 프르제발리스키의 『1867~
1869년 우수리스크 지방 여행』에 의하면 1863년 한국인 여러 세대가
우수리 지역으로 이주하면서 인초의 한국인 마을 지신허가 조성되었
고 이후 이주민의 수가 늘면서 얀치혜(煙秋·延秋), 시지미, 멍구가이
등의 마을이 조성되었는데 이곳에는 남녀 1,800명이 살고 있다(李尙根,
1996: p.38).

　그런데 1860년대 이미 한국인 여성과 한족, 만주족 남성의 혼인으로
포투이즈족이 출현하였으므로 한국인의 극동 이주는 공식 기록보다
20~30년 빠른 1830년경부터 시작되어야 한다. 하지만 기록 상 1세대의

편차가 생긴 이유는 첫째, 이들은 마을 조성이 불가능한 소규모였고 토착종족 마을에서 함께 거주하였기 때문에 공식적으로 기록되지 않았을 것이다. 둘째, 1830년 경 한반도 북부지역 내지 한반도와 극동의 경계 지역에서는 한국인과 한족, 만주족, 토착종족의 교류가 있었고 그 결과 한국인 여성들이 한족, 만주족 남성들과 혼인을 한 뒤 극동으로 이주하였으나 공식 기록에는 남겨지지 않았을 것이다.

〈표 3〉 1879년 남(南)우수리 지역 타즈족 내에서 타즈족과 포투이즈족의 상관관계
(Ю. А. Сем & Л. И. Сем, 2019: p.40)

관구	총계	분류	
		타즈	포투이즈
수이푼	71	17(24%)	54(76%)
아바쿰	399	235(59%)	164(41%)
한카이	201	121(60%)	80(40%)
수찬	379	190(50%)	189(50%)
총계	1,050	561(51%)	487(49%)

〈표 4〉 1879년 우수리 지역 중국인 이주 남성과 혼인한 여성의 종족정체성
(Ю. А. Сем & Л. И. Сем, 2019: p.40)

지역	혼인한 쌍	중국인 이주남성과 혼인한 여성의 종족정체성	
		나나이족, 오로치족	한국인
북(北)우수리 지역	26	26(100%)	---
한카이 관구	44	22(50%)	22(50%)
수찬 관구	81	24(29%)	57(76%)
수이푼 관구	29	2(7%)	27(93%)
아바쿰 관구	48	25(52%)	23(48%)
우수리지역 총계	228	99(43%)	127(57%)

[그림 2] 극동 토착종족 분포도
https://infourok.ru/prezentaciya-korennie-narodi-habarovskogo-kraya-1517712.html

　　1879년 통계에 의하면 남(南) 우수리 지역 타즈족 내에서 타즈족과 포투이즈족의 비율이 비슷하고 우수리 지역 전체에서 중국인 이주 남성과 혼인한 한국잉 여성과 나나이족, 오로치족 여성의 비율은 57:43으로 한국인 여성의 비율이 다소 높다. 이는 타즈족의 출현에 한국인 여성이 큰 역할을 하였다는 증거지만 연해주가 러시아에 병합된 이후 타즈족을 우데게족에 포함시키면서 별도의 인구조사를 실시하지 않기 때문에 구체적인 변화상은 알 수 없다. 이상의 내용에 근거할 때 타즈족은 1830년대 이후 퉁구스족 여성과 한족, 만주족 남

성의 혼혈인 타즈족, 한국인 여성과 한족, 만주족 남성의 혼혈인 포
투이즈족으로 구성된 독립된 종족이다. 이처럼 타즈족의 형성에 한
국인 여성이 중요한 역할을 하였기 때문에 타즈족 문화에는 한민족
문화가 상당부분 용합되어 있을 것이다.

2) 의식주에 나타난 문화혼종과 융합

19~20세기 타즈족은 인접한 우데게족, 나나이족, 오로치족과 동
일한 자연 생태환경, 사회-경제적 조건 속에서 생활하면서 문화적으
로 이들의 영향을 강하게 받았는데 이는 의식주 용어와 형태적 유사
성 등을 통해 알 수 있다.

(1) 주거 형태에 나타난 문화혼종과 융합

19세기 말 타즈족은 정착 그룹과 반(反)이동생활 그룹으로 나누어
지면서 생활양식의 차이가 발생했고 정착 타즈족은 판자, 반이동 생
활을 하는 타즈족은 수피찬에서 거주했다(Старцев, 2002: p.245). 판자
는 만주어 fanʒi(엄폐물, 보호물), fanʒii(支柱)(ССТМЯ 2, 1977: p.298)에
서 기원하며 극동 퉁구스족과 중국인에게 두루 전파되어 있고, 1945
년 해방 이후 북한에서 남한으로 이주한 피난민의 임시거처였던 한
국의 판잣집과도 연결이 가능하다. 만주어 fanʒi에 근거할 때 판자는
초기에는 만주족이 수렵할 때 바람, 추위, 눈과 같은 자연현상이나
맹수를 피하기 위해 임시로 설치한 움막 혹은 엄폐물이었는데 이후
주거 형태로 발전한 것으로 보인다.

타즈족, 퉁구스족, 한국 판잣집의 공통점은 맞배지붕, 바람을 막
기 위해 입구를 남쪽이나 동쪽에 두는 점이지만 내부구조와 지붕의
형태는 종족에 따라 다른데 타즈족 판자는 구조적으로 한국의 판잣

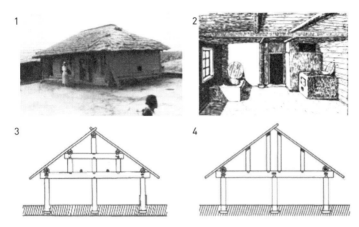

[그림 3] 1-2.타즈족 판자의 외관 및 부엌 / 3. 타즈족 판자의 구조 / 4. 한국 판잣집의 구조.
Cем & Cем, 2019: pp.132, 137, 138.

집과 가장 유사하다. 특히 미하일롭카 마을 타즈족 판자는 방이 2-3 개인 점, 부엌의 아궁이에서 굴뚝이 바로 연결되는 점, 내부가 성인이 서서 손을 뻗으며 닿는 균일한 높이인 점(Старцев, 2002: p.245)에서 한국인의 판잣집과 동일하지만 한국의 판잣집은 내부에 천장이 없이 바로 지붕과 연결되는 구조도 있다. 반면 퉁구스족, 만주족, 중국인의 판자는 제일 높은 벽의 높이가 5미터 이상이고 측면 벽의 높이가 타즈족, 한국 판잣집의 높이와 같다(Cем & Cем, 2019: p.132). 이

[그림 4] 1-2. 수피찬의 외형과 구조 / 3. 추엘로.
Cем & 2019: pp.148, 151.

에 근거할 때 판자는 만주족에게서 기원하여 극동 퉁구스족에게 전파되었으며 타즈족은 퉁구스족, 한반도 북쪽 지역의 한국인들은 타즈족으로부터 판자를 수용하였을 것이다.

[그림 5] 에벤키족의 욱단.
http://myshared.ru/slide/430896/. 검색일: 2018.07.12.

수피찬은 나무를 얼기설기 엮어서 만든 임시 거처로 맞배지붕이며 에벤키어 supi(나무를 모으다)+chan(접미사, 일정 기간 거주하는 공간)(Болдырев, 2000: pp.71, 471)의 구조이다. 어원에 근거할 때 수피찬은 에벤키족 기원이지만 퉁구스족 전체에 전파되어 있다. 이외 타즈족에게는 맞배지붕 형태의 추엘로라는 통나무집이 있는데 추엘로는 퉁구스 제어 초로마~초로(움집)와 음성적으로 유사할 뿐만 아니라 구조도 유사하여 퉁구스족 기원이며 에벤키족은 욱단이라고도 한다(Василевич, 1961: p.35).

타즈족의 주거 형태와 구조는 퉁구스족과 유사하지만 사냥용 움집은 퉁구스족과 달리 맞배지붕이었고 삼나무, 전나무, 자작나무, 포플러 나무 등을 이용하여 2-3겹으로 꼼꼼하게 덮었으며 입구는 항상 남쪽을 향하였다(Сем & Сем, 2001: p.87). 이는 바람과 추위를 막기 위한 장치로 타즈족이 퉁구스족에 비해 추위에 약하다는 사실을 알려주므로 타즈족은 극동 남쪽 지역에서 기원하여 북쪽 지역으로 이주했을 것이다.

타즈족과 한국 공동우물은 구조가 매우 유사한데 그림 7의 1, 2번은 타즈족 마을, 3번은 하계로 향하는 닙흐족 샤먼의 우물, 4번은 충

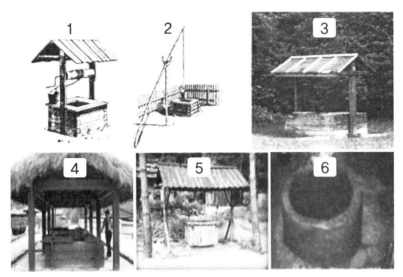

[그림 6] 1, 2. 타즈족 마을, 3. 닙흐족 마을물, 4. 충북 청양 백제생활문화마을,
5. 강원도 동막골, 6. 중국

북 청양 백제생활문화마을, 5번은 강원도 동막골, 6번은 중국의 공
동우물이다(Сем & Сем, 2019: p.154; Березницкий, 2005: p.575).[1] 1, 3,
4, 5번은 우물을 보호하는 시설물을 맞배지붕으로 설치한 점, 우물
의 구조가 정방형인 점이 공통적인데 4번 백제시대 우물에 근거할
때 이 유형의 우물은 고대에서 기원한다. 우물을 의미하는 한자 정
(井)에 근거할 때 중국 기원일 가능성도 배제할 수 없지만 중국의 우
물은 6번처럼[2] 원형이 많고 폭이 좁다는 차이가 있기 때문에 이 유형
의 우물은 극동 남부~한반도에 전파되어 있었을 것이다. 주거문화
에서 판자, 구조물의 맞배지붕, 정방형의 우물은 타즈족과 한반도 문
화의 유사성을 말해주는데 이를 통해 오래 전부터 극동 남부~한반도

---

1 https://blog.naver.com/hogonman1/150038948965;
   https://cafe.daum.net/kilbom/Dd6d/25674?q=마을+공동우물&re=1

2 https://baike.baidu.com/item/馬姓回蘇井/1760941

지역에 문화 교류가 있었음을 알 수 있다.

(2) 음식문화와 생활도구에 나타난 문화혼종과 융합

타즈족의 음식문화는 만주 지역의 영향을 많이 받았으며 나나이족, 우데게족과 유사하지만 한국 음식문화와의 유사성도 발견된다. 타즈족에게는 쌀 문화가 전파되어 있으며 타즈족은 쌀가루로 다양한 음식을 만들고, 돼지고기보다 소고기를 선호하며, 국을 끓일 때 콩간장을 사용하고, 인접한 퉁구스족보다 식재료가 훨씬 다양하여 생선, 야채, 식물뿌리뿐만 아니라 미역과 담배 잎사귀도 섭취한다.[3] 또 비킨강과 이만강 우데게족과 숭가리강 나나이족은 타즈족의 영향으로 상추(타즈어 상추, 우데게어 상체이), 양파, 파, 고추, 오이, 감자, 호박, 사탕무, 토마토 등을 재배하였다(Архив ИИАЭ, Ф. 1, Оп. 2, Д. 22, Л. 201; Старцев, 2005: pp.256-257). 상추는 한국어 상추, 중국어 생차이(生菜, 상추)와 음성적으로 유사한데 한국어 생채는 음식명, 상추는 야채명으로 서로 의미가 다르다. 한국의 상추는 중국에서 전래되는데 초기에는 전래 당시 중국어에 따라 생채라고 불렸으나 이후 상추로 부르게 되었다. 상추가 우데게어에서는 중국식 상체이인데 타즈어에서는 한국어와 동일한 상추이므로 타즈족의 상추문화는 한국인에게서 수용한 것으로 보인다.

이상의 내용을 통해 타즈족과 퉁구스족 음식문화의 변별성 및 한국 음식문화와의 유사성을 도출해낼 수 있다. 첫째, 타즈족은 퉁구스족과 달리 쌀 문화에 익숙하며 밭농사에 능숙한데 이는 타즈족에 농경의 경험이 있는 한국인과 중국인이 포함되어 있기 때문이다. 둘째,

---

3   https://travelask.ru/articles/tazy-pochti-ischeznuvshie-lyudi

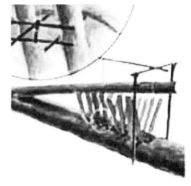

[그림 7] 좌) 타즈족 투이, Старцев, 2019: p.64
　　　　　　　우) 한국의 투대.

만주족이나 퉁구스계 남부 종족은 돼지사육에 종사하였고 소고기보
다 돼지고기를 선호한 반면 타즈족은 소고기를 선호하였다. 셋째, 퉁
구스족의 유일한 조미료는 소금인데 타즈족은 콩 간장을 조미료로
사용하였다. 콩의 기원지는 만주지역이며 콩은 만주 전역에서 자생
하므로 간장은 만주지역의 토착종족이었던 여진족, 만주족에게서 기
원하며 극동 남부지역에 오래 전부터 전파되어 있었지만 퉁구스족은
수용하지 않은 것으로 보인다.

　타즈족은 흑담비와 발굽달린 동물 사냥에 특수한 형태의 덫 투이를
사용했는데 우데게어 dui(덫), 오로치어 doi(덫), 울치어 tuj(덫)와 음
성적으로 유사하며 만주어의 tu(치다, 때리다/ 주로 겨울철에 멧돼지를 공
격하는 행위)(ССТМЯ 2, 1977: p.402)에서 기원할 것이다. 투이~도이는
중국어 타오(套, 덫, 올가미)와 음성적으로 유사하지만(Стариков, 1967:
p.185) 어원에 근거할 때 만주족 기원이며 만주퉁구스족 사냥문화의
기층요소일 것이다. 북한의 평안북도 지방에는 노루와 산양 사냥용
덫 투대가 전파되어 있는데 투이와 음성적 유사성에 근거할 때 만주족

혹은 타즈족으로부터 수용했을 것이다. 그림 8에서 보듯이 타즈족의
투이와 한국의 투대는 구조와 용도가 매우 유사하여 투이~투대는 극
동 남부~한반도 북부에 전파되어 있었던 사냥문화로 보인다.

타즈족은 장작을 팰 때 도끼 타후제(우데게어 타구자)를 사용하였는
데 타후제는 퉁구스 제어 dochi~dug~duchi(자르다, 찌르다)(ССТМЯ 1,
1975: pp.220)에서 기원할 것이다. 한국어 도끼는 《월인석보》(1459,
1:29)에 '돗귀'의 형태로 처음 나타나는데 '돍+위(접미사)'의 구조이나
어원을 분명히 확인하기 어렵고 도칙〉도죄'의 변화를 거쳐 현대 남부
방언 도치로 이어진다.[4] 한국어 도끼는 타즈어 타후제와는 음성적 유
사성이 발견되지 않지만 dochi~dug~duchi(자르다, 찌르다)와 음성적,
의미적으로 유사하여 연결이 가능하다.

(3) 변발에 나타난 문화혼종과 융합

러시아인이 극동에 진출한 19세기 중반 타즈족은 변발을 하고 있
었는데 이는 타즈족 출현에 적극 참여한 만주족이나 인접한 나나이
족의 영향일 것이다. 극동 남부 퉁구스족 중 나나이족만 변발을 하였
고 인접한 우데게족과 오로치족 남성은 변발 대신 양 갈래로 땋았지
만 우데게족 남성들은 장례식 때는 하나로 땋았는데(ПФА РАН, Ф. 12,
Оп. 1, Д. 32, Л. 44) 이는 과거 이들에게도 변발 문화가 있었음을 말해
준다. 극동 남부 퉁구스족의 변발 문화는 이들이 여진족과 만주족의
영향 하에 놓여있었거나 이들과 동일 계통의 종족이기 때문일 것이
다. 변발 문화에 근거할 때 타즈족은 극동 남부 지역의 퉁구스족 가
운데 나나이족과 가장 관련이 깊다는 사실을 알 수 있다.

---

4   https://dic.daum.net/word/view.do?wordid=kkw000065278&supid=kku0000
     82999#none

3) 성(姓)의 구조에 나타난 문화혼종과 융합

(1) 타즈족 성의 특징

타즈족은 퉁구스족과 달리 씨족명 대신 성(姓)을 사용하였는데 셈 & 셈은 이를 근거로 타즈족이 중국의 영향을 강하게 받았다고 주장한 다(Архив ИИАЭ, Ф. 1, Оп. 2, Д. 22, Л. 47). 하지만 원의달의『중화 성씨 대사전(中華姓氏大辭典)』에 의하면 중국인의 성 12,000여개 중 단성(單 姓)이 5,300여개로[5] 약 44%인 반면 타즈족 성은 2음절 이상의 복성(複 姓)이 전체의 90%이며 모든 음절이 성의 의미 구성에 참가한다는 구 조적 차이가 있다. 즉 타즈족은 성문화는 중국인으로부터 수용하였지 만 그에 대한 관념은 독자적으로 발전시켜나간 것으로 보인다.

타즈족 성은 푸엔춘, 킨친, 시(시르), 카인, 세니크, 치발룬, 쏜지고, 코춘예, 쿠이포, 양포, 산쿠르, 셀리, 히센, 친유, 치윤, 치파, 사야, 이반신(유반신, 요반신), 참바이신, 피알룬, 핀첸, 피우차이, 우타이신, 우볼린, 울라이시, 울라지, 쑨, 살리, 유찬, 란의 30개이다(Сем & Сем, 2001: p.87). 이중 단성은 4개, 복성은 2음절 11개, 3음절 10개, 4음절 4개로 전체의 90%이며 모든 음절이 성의 의미소 역할을 한다. 이처럼 복성이 많은 이유는 일정시점 이후 타즈족 성에 이름 혹은 집안이나 개인의 특성을 나타내는 별칭이 결합되면서 형태적 변형을 겪었을 뿐 만 아니라 러시아어의 영향으로 발음이 변형되었기 때문이다.

셈 & 셈에 의하면 30개의 성 중 나나이족 기원은 푸엔춘, 킨친, 시, 카인, 세니크, 치발룬, 치파, 치윤, 친유, 쏜지고, 코춘예, 쿠이 포, 양포, 산쿠르, 셀리, 히센, 만찬의 17개로(Архив ИИАЭ, Ф. 1, Оп. 2, Д. 22, Л. 47) 전체의 56.6%인데 이는 타즈족의 기층이 나나이족이

---

5   https://blog.daum.net/shanghaicrab/8405404

기 때문이다.

(2) 타즈족 성의 구조와 기원

단성은 구조가 단순한 만큼 기원을 비교적 쉽게 찾을 수 있는데 시는 4(史), 란은 량(梁), 쑨은 손(孫), 찬은 장(張)에서 기원하지만 그 기원이 중국인인지 한국인인지 명확하게 구분하기는 힘들다. 복성은 성+별칭, 별칭+성, 가문의 기원+별칭의 구조로 나누어지며 현재는 러시아식 성, 이름, 부칭이 널리 전파되어 있지만 중국식, 러시아식, 타즈족 전통 방식이 혼합되면서 성의 유형은 매우 다양하다.

① 성+별칭, 별칭+성의 구조

성 셀리를 셈 & 셈(2019: p.37)은 Se(셋, 중국어)+l'(의미파악 불가능)의 구조라고 주장하지만 셋은 중국어가 아니라 한국 고유어이며 셀리는 Se(셋, 성)+li(집단표지 접미사)의 구조이고 한국인 기원일 것이다. 헤센은 러시아식 음성변형인데 본디 히센이었으며 에벤키어 hisen(돌)에서 기원하므로(CCTMЯ 2, 1977: p.328) 에벤키족 기원일 것이다. 셈 & 셈(2019: p.37)에 의하면 셀리와 헤센의 과거의 성은 Zo(다리, 나나이어)이다. 이들은 본디 나나이족 조씨 집안이었으나 혼인으로 집안 구성에 일정한 변화가 발생하면서 한국인과 혼인한 그룹은 셀리, 에벤키족과 결혼한 그룹은 헤센으로 분화된 것으로 보인다.

양포는 Jang(산양/ 성)+Po(화살, 사냥꾼/ 별칭)의 구조로 '산양 사냥꾼'의 의미인데 이들은 자신들의 과거의 성을 기억하지 못하지만 나나이족 출신이며(Сем & Сем, 2019: p.37) 성의 의미에 근거할 때 주요 생업은 수렵일 것이다. 이반신은 Ivan(이반, 러시아 남자 이름/ 별칭)+Sin(~Shin, 성)의 구조이며 유반신, 요반신은 이반신의 타즈식 음성변형인데 중국인이 자신들의 성을 러시아식으로 변형시킬 가능성은 매우 희박하므로 '신'은 한국 신(申, 愼)씨 기원일 가능성도 있다.

참바이신은 Cham(별칭, 의미 파악 불가능)+Bajsin(성)의 구조로 Bajsin은 만주퉁구스족 사이에 널리 전파된 씨족명 Baj-와 연결이 가능하다. 에벤키족에 바약신과 바야기르, 오호츠크해 연안 에벤족에 바이신, 오호츠크해 연안과 아무르강 하류의 울치족과 오로크족에 바야키, 타타르 해협의 오로치족에 바야, 나나이족에 바이와 바야, 만주족에 바야라 씨족이 있다(Василевич, 1946: p.43). 타즈족의 참바이신은 거주 지역에 근거할 때 아무르강 하류의 울치족, 오로크족, 타타르해협의 오로치족, 나나이족, 만주족과 연결이 가능하지만 구체적인 종족 파악은 불가능하다.

만찬은 Man(만주, 별칭)+Chan(성)의 구조이며 별칭 Man은 자신들이 만주족임을 알리는 표지이고, Chan은 과거의 성 Chin의 음성변형이며 Chi(n)- 형 성은 나나이족 기원임을 알려주는 표지이므로(Сем & Сем, 2019: p.38) 만찬은 나나이족 여성과 만주족 남성의 혼인으로 새롭게 만들어진 성이다. 사야는 Sa(四, 별칭)+Ja(성)의 구조이며 Sa(4, 중국어)를 의미하고 Ja는 과거의 성 U의 음성변형인데 U는 우데게족 기원임을 알려주는 표지이므로 사야는 우데게족 여성과 중국인 남성의 혼인으로 새로 출현한 성이다. 이외 별칭+별칭 구조도 있는데 유찬은 Ju(먹다/ 별칭)+Chan(단것/ 별칭)의 구조로 '단 것을 좋아하는 사람'의 의미이며 이들의 과거 성은 만주족 기원의 마(馬)였다(Сем & Сем, 2019: p.38).

② 가문의 기원에 대한 정보+별칭의 구조

타즈족 성의 첫음절은 가문의 기원에 대한 정보를 알려주는 표지인데 U는 우데게족, Pi는 솔론족, Chi(n)는 나나이족 기원임을 알려주는 표지이다(Сем & Сем, 2019: p.38). 우타이신, 우볼린, 울라이시, 울라지는 U+별칭의 구조로 우데게족 기원이며, 피알룬, 핀첸, 피우차이는 Pi+별칭의 구조로 솔론족 기원이고, 치발룬, 치팔룬, 치파, 치윤, 친유는 Chi(n)+별칭의 구조로 나나이족 기원이다.

4. 나오는 말

타즈족은 1830년대 퉁구스족 여성과 한족, 만주족 남성의 혼인으로 출현한 타즈족, 한국인 여성과 한족, 만주족 남성의 혼인으로 출현한 포투이즈족으로 구성된 독립된 종족이다. 타즈는 중국어 타주(他族)에서 기원하지만 중국인의 타즈 사용 양상은 시기별로 이민족의 범칭 → 퉁구스족의 범칭 → 극동 남부 지역 퉁구스계 특정 종족명 → 현대 타즈족의 호칭으로 변화한다. 이처럼 시기별로 중국인들의 타즈 사용 양상이 변화된 것은 중국인들의 극동 남부 지역으로의 이주가 본격화되면서 이 지역에 대한 중국인들의 지식체계가 풍부해졌고 이 지역 종족 계통에 대한 인식이 구체화되었기 때문일 것이다. 중국인들로부터 타즈라는 용어를 차용한 러시아인들의 타즈 사용 양상에 일관성이 없었고 이는 타즈족 연구에 많은 제약이 되면서 타즈족의 기원은 현재까지도 논쟁이 되고 있다. 타즈족의 기원에 관한 러시아 연구자들의 주장은 몽골 타타르족 기원설, 퉁구스족 기원설, 독립 종족설로 나누어지는데 퉁구스족 기원설은 다시 오로치족 기원설, 우데게족 기원설, 나나이족 기원설, 퉁구스계 여러 종족 혼혈설, 퉁구스족 기층의 아무르강 하류 여러 종족 혼혈설로 나누어진다. 이중 21세기 이전 러시아 연구자들 사이에는 오로치족 기원설과 우데게족 기원설이, 21세기 이후에는 독립 종족설이 널리 전파되어 있었다.

19~20세기 타즈족은 인접한 우데계족, 나나이족, 오로치족과 동일한 자연 생태환경, 사회-경제적 조건 속에서 생활하면서 문화적으로 이들의 영향을 강하게 받았다. 주거문화에서 구조물의 맞배지붕, 정방형의 우물은 퉁구스족, 타즈족, 한반족 문화에서 공통적으로 발견되고, 사냥 덫 투이~투대는 극동 남부~한반도 북부에 전파되어 있는데 이는 극동 남부 지역~한반도 사이에 문화 교류가 있었음을 말해준다. 또 변발에 근거하면 타즈족은 극동 남부 지역 퉁구스족 가운데 나나이족과 가장 관련이 깊을 것이다. 타즈족은 중국인의 영향으로 퉁구스족과 달리 씨족명 대신 성(姓)을 사용하였는데 복성이 90%이며 모든 음절들이 의미소로 작용하고 나나이족 기원의 성이 17개로 전체의 56.6%를 차지하는데 이는 타즈족의 기층이 나나이족임을 말해준다.

선(先) 이슬람시대와 근현대 중앙아시아의 의술과 의료 체계

사노바르(Sanobar S.)
김선영 옮김

1. 들어가는 말

중앙아시아 의학사는 사회사의 구성 부분 중 하나로 연구자들의 관심을 끌고 있으며 계속해서 주목을 받고 있다. 이 주제에 관한 저작들은 대략 몇 개의 그룹으로 나눌 수 있다. 첫 번째 그룹의 문헌은 도브로스미슬로프(A. I. Dobrosmyslov), 콜로소프(G. A. Kolosov), 쿠셀렙스키(V. I. Kushelevsky), 만델스탐(E. N. Mandelstam), 포슬랍스카야(A. P. Poslavskaya), 테이크(I. B. Teikh), 슈바르츠(A. L. Schwartz), 시쇼프(A. P. Shishov) 등과 같은 해당 기간의 사건의 목격자이며 직접 참여한 사람들에 의해 작성되었다(Dobrosmyslov, 1912; Kolosov, 1903; Kushellevsky, 1891; Poslavskaya & & Mandelstam, 1894; Teikh, 1897; Schwartz, 1911; Shishov, 1904). 이 저작들에는 방대한 자료가 수집, 분석 및 요약 정리되어있다. 그들 자신이 의료기관에서 일했기 때문에, 일부 저작들은 보고서로 작성되었다(Kusshellevsky, Poslavskaya, Mandelstam). 그 저작들은 또 특정 의료기관에 관한 통계 자료도 포함하고 있다. 또한 러시아 국가가 만든 의료기관의 활동과 관련된 자료뿐만 아니라 지역의 전통의학에 관한 자료도 수록되어 있다. 그러나 이러한 연구의 많은 주제들이 현대화와 유럽중심적 관점에서 고찰되었다. 특히 이 지역의 전통의학은 현대적이지 않으며 유럽 과학의 성과와는 거리가 먼 것으로 평가되었다.

소비에트 시기 동안 이 지역의 의학 역사는 공산주의 이념과 무신론의 관점에서 다루어졌다. 동시에 그 저작들은 의료 역사에 관한 광범위한 사실 자료를 수록하고 있으며, 개별 의사들의 활동 또한 강조하였다(Borovsky, 1933; Kadyrov, 1976; Lunin, 1962; Slonim, 1933). 예를 들어, B. V. 루닌이 쓴 『투르키스탄의 과학계와 진보적 활동(19세기 말~20세기 초)』이라는 제목의 이 책은 이 지역에 존재했던 의학계의 활동에 관한 자료와 일부 의사들의 중요한 의미가 있는 전기적 자료를 제공한다. 또 다른 문헌에서는 19세기 말~20세기 초 사마르칸트 지역의 여러 도시와 구역에서 활동한 의사들의 전체 목록을 편찬하려는 시도가 있었음을 알 수 있다. 일반적으로, 소비에트 시기의 이 주제는 연구자들이 부정적인 것으로 설명한다.

1990년 이후 고대의 전통적 치료법에 관한 연구에 특별한 관심이 나타나기 시작했고, 의학의 일반적인 역사로서 19세기 말부터 20세기 초 전통의학의 역사에서 중앙아시아 전통의학 발전의 주요 단계와 방향 그리고 경향에 관해 쓰인 저작들이 등장하였다(Allayarov, 1993). 저자는 이 시기 동안 유럽 문명의 성과와 더불어 풍부해질 기회가 있었음에도 불구하고 전통의학이 쇠퇴했다고 평가한다. 이와 함께 19세기 말부터 20세기까지 중앙아시아 의학의 형성과 발전에 관한 역사적 경험을 연구하는데 바친 저작들이 있었다(Makhmudov, 1991, 2015).

2. 의료 서비스의 유형

19세기 후반과 20세기 초반에 투르키스탄의 지역 주민은 전통의학, 이슬람 이전 의학 비법(이슬람 이전 신비주의 의술)과 이슬람 의학을 이용했다. 19세기 말 이 지역에 외래 진료소와 병원이 설립된 이후부터 투르키스탄에서는 유럽 의학이 더욱 중요한 역할을 하기 시작했다. 이슬람 이전 신비주의 의술은 이 지역에 이슬람교가 출현하기 이전에 유래된 것이다. 그것은 애원하고 간청하며 성스러운 예배 장소를 찾아가고 호랑이 발톱, 멧돼지 송곳니, 다양한 돌멩이 등 기타 많은 물건을 부적으로 착용하는 것을 바탕으로 하는데, 이는 그것을 착용한 사람을 여러 질병에서 구제한다고 믿었기 때문이다. 이슬람 의학은 환자를 치료하기 위해 쿠란의 기도를 이용했다. 액을 막고 행운을 부르는 부적(符籍)에 주문을 써넣고, 길고 좁은 종이 띠를 말아서 가는 통에 넣어 착용하거나, 특별한 경우 듀오 투마(주문을 새긴 액막이 부적)라고 하는 부적을 비단 천에 꿰매어 착용하였다. 이런 조건이 악으로부터 보호하고 신체 건강에 영향을 미친다고 믿었다. 기도의 간청은 미래의 질병으로부터 보호해주고 기존의 병을 치료하는 역할을 했다(Gabdrafikova, 2013, 126).

민속 의학 또는 전통의학 칼크 타보바티에 관한 자료는 사람들이 질병을 식별하는 방법, 질병으로부터 자신을 보호하는 방법 및 치료에 사용하는 방법에 대한 데이터에 기반을 두고 있다. 민속 의학은 식물, 동물과 미네랄/광물질에서 가져온 약제에 의존했다. 환자는 마사지, 광천수, 치료용 진흙 그리고 외과 시술에 의한 치료를 받았다. 타비브(약초를 사용하여 치료하는 의사), 제로(외과 의사), 리슈타치(기니 벌레 제거 전문 외과 의사), 시닉치(정신적 외상증 외과 의사), 도야(조산사), 줄룩치(거머리 요법, 거머리를 이용하여 치료하는 의사)와 같은 전통의학 의사들이 주민에게 의료 서비스를 제공했다. 그들은 광범위한 약초, 미네랄/광물질 및 동물성 약재를 사용했다. 유혈과 약용 거머리의 이용은 지역 주민들 사이에 널리 퍼져있었다. 마사지도 인기가 있었다. 비소, 수은, 염화수은, 진사, 철 및 황산구리, 명반과 같은 미네랄/광물질과 암모니아도 치료에 이용되었다. 동물에서 추출한 물질뿐 아니라 동물의 기관 일부도 또한 지역 주민들이 전통 의약으로 이용했다(Shishov, 1904, 391).

대부분의 사람은 다양한 약물을 경험적으로 사용했다. 타비브는 약초 및 미네랄 원료로 만든 기성 의약품을 판매하는 것 외에도 황산과 질산을 조제약으로 만드는 법을 알고 있었다. 그러나 그 조제 방법이 매우 원시적이었고 그 결과 불순물이 섞여 내복약으로 부적합한 것으로 판명되었다. 또한 타비브는 약재를 우려내거나 달이고 탕약으로 제조하고, 분말과 환약, 연고 및 고약을 조제할 수 있었다. 더욱이 아니스, 딜과 기타 식물에서 에센셜 오일을 조제할 수 있었고, 건식 증류법으로 머리카락을 검게 염색하는 데 사용되는 잉크 너트(가자)에서 추출한 오일을 만들었다. 환자를 검사하는 방법은 간단한 문진과 맥박을 재는 것이었다.

약용식물은 대부분 동방의 여러 국가에서 유입되었으나, 가장 흔하게는 인도에서 들여왔다. 예를 들어, 인도에서 가져온 파프리카는 감기를 치료하는 데 사용되었고 인도 대추야자 – 타마린드와 샌달우드 프테로칼푸스(자단향)는 비만과 가슴 통증 치료제로 들여왔다. 게다가, 약용식물이 메카에서 인도로 유입되었는데, 이런 경위로 알렉산드리아 잎이 메카에서 구매되어 심한 변비에 사용되었다. 또 한편 약용식물은 중국, 티베트, 이란, 아프가니스탄에서 메카로 반입되었다. 예를 들어, 중국과 티베트에서 미라(무미야)를 모양이 일정치 않은 덩어리나 작은 알약의 형태로 들여왔다. 미라를 만병통치약으로 여겼기 때문에 모든 부유한 집마다 미라를 가정에 구비하고 있었고,

미라 없이는 여행을 가지도 않았다. 그것을 환자처럼 여러 날 동안 핀 머리만 한 크기의 소량으로 복용했다.

더욱이 지역주민들은 아니스와 같은 약용식물을 재배했으며, 그것의 팅크제(알코올에 혼합하여 약제로 쓰는 물질)는 다른 약물과 함께 수종(부기)치료에 사용되었다. 그뿐만 아니라 고수풀을 음식에 첨가하여 두통을 치료했다. 민속 의학에서는 이 지역의 산지에서 자라는 야생 식물이 널리 사용되었다. 예를 들어, 쑥을 그 씨앗을 달인 즙으로 복통에 이용했다.

일부 야생 동물과 파충류 그리고 동물성 약재가 민속 의학에 사용되었다. 예를 들어, 삶아서 말린 도마뱀은 대부분의 지역민들이 외상 치료제로 사용했는데, 만성 궤양에 그것의 분말을 바르는 방식이었다. 베인 상처와 기타 상처의 경우에는, 뱀 껍질도 외용제로 널리 사용되었다. 많은 질병 치료에 멧돼지 담즙이 매우 인기가 있었고 곰과 호랑이 라드 기름이 류머티즘 치료에 사용되었다.

3. 유럽식 의료 기관과 의사

19세기 말 이후 투르키스탄 주민은 지역 의학과 함께 유럽 의학을 이용하기 시작했다. 1882년 12월, 여성 의사 군디우스(N. N. Goondius), 포슬라프스카야(A. V. Poslavskaya) 그리고 만델스탐(E. N. Mandelstam)은 투르키스탄 총독에게 서면보고를 통해 의료서비스 제공에 관하여 언급하였다. 그 결과 최초의 외래 진료소가 개설되자 그들은 투르키스탄 최초의 유럽 여성 의사가 되었다. 1883년 12월 4일, 타슈켄트에 이 지역의 여성과 아동을 위한 최초의 외래진료소가 문을 열었다(NA Uz, fund I.1, inventory 8, file 682, sheet 3). 이후에, 이런 유형의 외래

진료소가 사마르칸트(1885, 시 예산에서 지급)의 다른 도시들에서도 개설 되기 시작했다. 코젠트(1886.9.), 그리고 이후에 안디잔(1888), 나망간 (1888), 코칸트(1888), 마르길론(1891)에서 이러한 유형의 외래 진료소를 열기 시작했다.

제정 러시아 정부는 이러한 조치를 실행했다. 제정 당국은 이 지역 에서 일종의 문명화 임무를 수행하고 있다고 믿었다. 이 논문을 뒷받 침하는 것으로 1885년에 「노보스티」지 신문 지면에 게재된 기사 "여 성 의사와 동방에서의 임무 (타슈켄트에서 온 편지)"를 참조 할 수 있다.

> "고통을 겪는 무슬림들에게 도움을 준 덕분에 유럽 과학은 순수하게 인도적인 목적에 더하여 문명화라는 목적을 달성했다. 특히 유럽의 잘 정비된 의료 행위로부터 유익하고 문명화된 영향을 기대한다면 동방 의 여성에게 주의를 기울여야 한다"(Kazansky, 1885, 15-19).

그리고 타슈켄트에서 열린 병원 개원식에서 군 의료감독관 수보로 프(I.. Suvorov)는 여성 의사들에게 연설하면서 특히 다음과 같이 언 급하였다.

> "여러분들은 행운을 얻은 사람입니다. 여러분들은 최초로 과학의 빛 과 선한 목적을 가진 새롭게 떠오르는 신생 의료기관을 통해, 접근이 금지되었고 어렵다고 알고 있는 그러한 이슬람 세계의 환경으로 통과 해 들어갈 수 있게 되었습니다. 이 과학의 빛으로 단지 그곳에 빛을 밝히는 것만이 아니라 주로 이 환경에서 가장 약하고 무력한 구성원들 의 고통과 질병을 따뜻하게 감싸고, 진정시키며, 완화하고, 제거하기 위한 것입니다"(*Turkestanskie vedomosti*, 1883, 13 December).

타슈켄트 외래진료소의 첫 번째 책임자는 여성 의사였다. 그녀는 지역 군 의료감독관 이반 페트로비치 수바로프(I. P. Suvarov)가 선출했고 투르키스탄 총독 미하일 그리고로비치 체르냐예프(M. G. Cherni-yayev)의 확인을 받았다. 이 외래진료소의 직원은 의사 2명, 간호사 1명, 통역 1명, 하급 직원 1명으로 구성되었다. 5년간 복무한 후 투르키스탄의 의료계에서 근무한 의사와 간호사들은 운송용 말 두 필, 주거지 또는 반년 급여의 근속수당 등 약간의 특권을 제공받았다. 신문 튀르케스탄키예 페도모스티(*Turkestanskiye vedomosti*)는 1883년 10월 25일 타슈켄트 외래진료소의 규정을 발표했다. 외래진료소 직원은 여성으로만 구성되어하며 모든 유형의 의료지원 즉, 제약, 비복합 수술, 혈관 결찰 등을 여성과 아동에게 무료로 해야 한다고 명시했다.

타슈켄트 구(舊) 지역에 만든 외래진료소의 의료진은 여성으로만 구성되었다. 외래진료소에서는 모든 유형의 치료가 무료로 제공되었다. 의약품, 수치료, 간단한 수술, 드레싱은 여성과 아동 모두에게 무료였다. 외래진료 병원은 지역 및 시 자금으로 지원되었다.

처음 몇 년간은 지역 기금에서 3,160루블이 유지 관리에 사용되었고, 이 지원금 중 2천 루블은 의약품에 이용되었다. 1895년 이후, 이 병원은 시 기금으로 전액 지원되기 시작했고, 1912년에는 그 유지비가 6천 루블이 되었다(Maternity Ward, 1913). 1905년 이후 빈곤층을 제외한 시립 병원의 모든 외래환자에게 진료 상담료로 10 코펙, 약값으로 10코펙이 청구되었다(Dobrosmyslov, 1912, 332).

1908년 의사 프레드테첸스카야(A. N. Predtechenskaya)는 타슈켄트에 최초의 사립 여성병원을 5병상 규모로 개원하였으며, 필요한 경우 12병상으로 확장했다. 그 한 해 동안 220명의 여성이 병원에서 치료를 받았으며, 그 중 절반가량이 분만 여성으로 입원 8일간 25~40

루블의 수수료가 청구되었다. 입원 환자는 하루에 3루블을 지급했다
(Dobrosmyslov, 1912, 341).

20세기 초 타슈켄트의 여성들은 특수 외래 진료소뿐만 아니라 남
성과 여성이 모두 입원 가능한 시립 병원에서도 의료 지원을 구할 수
있었다. 예를 들어, 팔리엔코 의사는 매일 최대 30~40명에 이르는
여성들이 병원에서 의학적 도움을 요청했고 다양한 유형의 의료 서
비스를 제공받았다고 지적했다. 게다가, 여성들이 입원 상태에서 치
료를 받기 시작했다. 1906년 타슈켄트 舊 지역의 제3 병원에서 223
명의 환자가 치료를 받았다면 그중 85명은 현지 국적의 여성과 아동
이었다(Uspekhi russkoy, 1909). 그들 중 일부는 심지어 수술까지 받았
다. 페일리엔코 의사 자신이 직접 여성들을 여러 차례 수술했고 수술
후 경과 시기를 병원에서 몇 주간 보냈다. 타슈켄트 시립병원에는 여
성이 단 한 명도 근무하지 않았으나, 그럼에도 불구하고 그 지역 여
성들은 종종 그곳에서 의료적 지원을 구했다는 것은 주목할만하다.

러시아 여성 의사들은 임상 실습 외에도 지역 여성의 생리학을 연
구했다. 그들의 연구로 투르키스탄 여성들이 15세에서 16세 사이에
성적으로 성숙했으며, 조기 결혼은 소녀의 신체 발달에 부정적인 영
향을 미치고 신체의 다른 기능 장애를 초래한다는 것을 밝혔다
(Poslavskaya, 1886, 1894).

그 시기의 투르키스탄 정기 간행물에 젊은 여성의 건강을 위한 조
기 결혼의 위험성에 대해 경고하는 기사가 자주 등장했다. 더욱이 조
기 결혼은 러시아 법률에 부합하지 않았다. 조기 결혼의 위험에 대해
글을 쓴 지역 지식인들이 있다. 예를 들어, 1915년 자디드 운동의 저
명한 인물 중 하나인 압두라우프 피트라트가 이러한 위험에 대해 상
당히 자세하게 논의한 『가족과 가족 관리령(The family and family

management order)』을 출판했다.(Fitrat 2000, 43-44)

일반적으로 주요 문제점 중 하나는 의사, 의료보조원을 포함한 의료인력이 부족하다는 것이었다. 투르키스탄과 러시아 제국의 일부 지방에 관한 자료를 비교해 보면 의료인력 제공에서 불균형을 볼 수 있다. 1890년 말 사마르칸트, 시르다리아, 페르가나 지역에는 겨우 의사 25명과 의료보조원 60명만 근무하고 있었으나 반면에 툴라, 비야트카, 하르코프 지방에서는 의사 243명과 의료보조원 399명이 근무하고 있었다. 이러한 숫자의 비율은 시르다리아 지역에는 13만 5천 5백명, 사마르칸트 지역에는 9만 7천 1백명, 페르가나 지역에는 10만 명 당 겨우 의사 한명이 있지만, 이와 달리 툴라 지방에는 1만 8천명, 비야트카에는 3만 5천명, 하르코프에는 2만 1천 명 당 의사 한명이 있었음을 나타낸다(Vasiliev, 1895).

4. 환자의 유형

환자들의 국적 구성은 다양했다. 예를 들어 1885년 타슈켄트 여성·아동 외래진료소의 총 환자 수는 1,674명이 우즈베크인과 타지크인으로 백분율로 환산하면 95.5명이었고 카자흐스탄 여성 49명, 타타르 여성 18명, 유대인 여성이 8명으로 백분율로는 각각 2.5명, 1.02명 그리고 0.4명이었다(Poslavskaya, 1886). 사마르칸트의 여성·아동 외래진료소 환자의 국적 구성은 다소 달랐다. 특히 1,756명의 여성이 우즈베크인과 타지크인이었고 유대인 166명, 카자흐인 133명, 페르시아인 78명, 아랍인 여성이 9명이었다(*Report on activities*, 1887). 제시된 데이터에서 다른 국적의 여성들이 외래 진료소를 방문했으며 그 국적별 구성은 전체 인구의 민족 구성비와 대략 일치하는 것을 보여준다.

외래 진료소에서는 여성과 12세 미만의 아동에게만 의료 서비스를 제공한 것이 아니었다. 어린 소녀들도 또한 이러한 의료 기관의 도움을 구할 수 있었다. 예를 들어, 1885년에 타슈켄트시의 외래 진료소에 도움을 요청한 여성 1,748명 중 149명이 어린 소녀들이었다.

외래 의사는 외래 환자 기준으로만 진료하는 것이 아니라 꽤 자주 집에서도 환자를 진료해주었다. 예를 들어, 1898년 사마르칸트시의 경우 의사가 16회 환자의 왕진 호출을 받았고, 1899년에는 40회로 호출 횟수가 증가했으며 일부 환자는 여러 회(2회에서 10회)에 걸쳐 진료를 받았다(Pakhomova, 1902, 84).

19세기 말과 20세기 초 투르키스탄 인구의 대부분은 농촌 거주자였다. 타슈켄트와 그 지역의 기타 도시에서 특정 집단의 사람들이 의사의 진료를 받기 시작했을 때, 농촌 주민 대부분은 유럽 의학의 침투를 불신하며 대우했다. 그러나 1898년 이후 농촌 주민은 의료 서비스를 제공하는 제도의 편에 섰다. 사마르칸트 지역의 안조브 마을을 집어삼킨 1898년의 전염병은 사마르칸트 구역의 마을인 다그비크, 양기쿠르간, 주마바자르에 응급진료소를 개설하는 원동력이 되었다(*Reference book*, 1902, 163). 20세기 초에 사마르칸트 지역에는 11개의 응급진료소가 있었고(*Address-reference book*, 1910, 133) 시르다리야 지역에는 15개의 응급진료소가 있었다(Review of the Syrdarya, 1891, 171). 그러나 의사가 한 번에 많은 수의 환자를 진료해야 했기 때문에 외래 환자 기준의 진료로는 불충분했다. 신문 「Turkestan Kur'er」지에 쓰였듯이 외래진료소는 가장 단순하고 불완전한 의료 활동 형식이었다(*Uspekhi Russian Medicine*, 1909, 172-173). 그 이유는 의사가 환자를 제대로 검진할 수 있는 체력이 없었기 때문이다. 예를 들어, 구

타슈켄트지역에 있는 최초의 외래진료소는 1907년 7월, 근무일 기준 22일 이내에 5,476명의 환자를 접수했다. 즉 평균적으로 의사 2명이 하루에 250명의 환자를 보았고 환자 각 한 명에게 겨우 1.5분만 주어 졌다는 것이다.

시골 지역에서는 여성들이 예외적인 경우에만 러시아 의사의 진료를 받았다. 그러나 이렇게 예외적인 경우에도 모든 것을 준비하고 조정하기가 매우 어려웠다. 그래서 타슈켄트 지역의 투르바트 외래 진료소의 콜로소프 박사 에 따르면 많은 여성들이 치과 치료 중에 얼굴을 내보이는 것에 동의하지 않았다고 한다. 콜로소프 박사는 그런 환자의 경우 침마트(얼굴을 가린 모발 망)을 입술 높이에서 잘라야 한다고 보고했다(O Narodnom, 1903, 112). 투르키스탄 여성이 남성 의사를 대하는 태도는 바로 여성들이 이미 의사로 일하고 있었던 의료기관의 개방을 가속화하였다.

기존의 외래 진료소와 병원은 다소 처참한 상황에 처해 있었고, 단지 기술적 수단뿐 아니라 의약품도 항상 충분한 것은 아니었다. 일례로 민간 신문『오크라이나(Okraina)』는 1891년 시르다리아 지역구에서는 환자 1인당 6코펙 약간 넘는 돈이 할당되었다고 보도했다. 이 기사에 보도된 바와 같이, 세금 1루블에서 9코펙이 조금 넘는 비용이 시르다리아 지역 주민의 의료제공비로 지출되었고, 페르가나 지역은 4.5코펙, 사마르칸트 지역은 5코펙 이상 지출되었다(Vasiliev, 1895). 이 지역의 정기간행물은 의료 기관의 곤경에 관해 끊임없이 기사를 썼다(Dublzhan, 1900).

5. 결론

19세기에서 20세기 초반 투르키스탄의 무슬림 여성들은 민속 의학, 이슬람 이전 의학 비법(이슬람 이전 신비주의 의술), 이슬람 의학 및 서구 의학과 같은 다양한 의료 서비스를 이용했다. 특히 이 지역의 시골 지역 무슬림 여성들이 민속 의학을 더 많이 이용한 반면, 대도시 지역 여성들은 민속 의학과 함께 서구의학을 이용하기 시작했다. 서구의학은 투르키스탄 지역에 외래진료소를 설립함으로써 그 과업을 시작했다. 좀 더 명확하게 말하면, 투르키스탄의 첫 번째 외래 진료소는 남성이 아닌 여성을 위해 조직되었다. 또한, 이 외래 진료소의 직원은 현지의 태도를 고려하여 여성 의사로 구성되었다. 이용 가능한 자료를 통해서, 드문 경우지만 지역 여성들이 남성 의사에게 치료를 받았다는 것을 알 수 있다. 더욱이 무슬림 여성에게, 특히 임산부에게 시행된 외과적 개입(외과 수술)의 방식은 때때로 제왕절개로 분만하는 것이었다. 어떤 경우에는 의사가 치료를 위해 환자의 집으로 호출되었다. 동시에 도야는 보통 집에서 임산부에게 의료 지원을 했다.

본 논문에 제시된 사례를 바탕으로 의료 제공은 투르키스탄의 대도시에서만 수행되었다고 결론지을 수 있다. 한편, 농촌 지역에 살았던 다른 주민들은 여전히 의료 혜택을 받지 못한 상태로 남아 있었다. 게다가 기존의 외래 진료소와 병원은 곤경에 처했고 기술 장비와 의약품이 모두 부족했다. 그리고 안타깝게도 여성 의료 보조원들이 많은 실질적인 일을 했지만, 그런데도 그들의 의학 교육 수준이 높지 않았고 고도의 자격을 갖춘 양질의 의료 서비스를 제공할 수 없었다는 것을 인정해야 한다.

게다가 대부분의 의사가 현지 언어를 잘 알지 못하고 통역사가 부족하여 주민들에게 의료 서비스를 제공하는 것이 어려웠다. 이것은 신문 『사도이 파르고나(Sadoi Fargona)』 1914년 9월 3일 자 기사로 확인할 수 있으며, 이 기사에서는 지역 주민들이 의사에게 가지 않는 이유 중 하나가 언어 문제였다고 진술하고 있다. 그 결과 환자들은 몸짓으로 자신의 상황을 설명했지만 의사의 말을 이해하지 못하여 허용된 시간 을 준수하지 않고 약을 복용했다(Tabibga muhtojlik, 1914).

의료 기관의 출현과 그것의 모든 이점에도 불구하고, 러시아 의료 기관의 대표적인 이타적 과업이 처음에는 현지 주민들에 의해 상당 히 신조나 종파주의적 관점에서 인식되었다. 이것은 여러 가지 이유 로 발생했는데 주로 종교, 문화, 사고방식의 차이와 무슬림 주민들의 비수용적 태도, 러시아 의학이 이용한 접근 방식, 외부에서 온 생경 한 것에 대한 거부로 인해 발생했다. 무슬림 여성들의 치료에 러시아 여성 의사를 이용함으로써 불신의 문제는 점차로 극복되었다.

참고문헌

17~8세기 서양의 근대 이해와 이를 수용하는 과정에서 나타난 동아시아 근대 이해의 유사성과 차이 | 서동은

김욱동, 『근대의 세 번역가 : 서재필·최남선·김억』, 소명출판, 2012.
_____, 「서재필과 번역」, 『정신문화연구』 32(1), 2009.
김영희, 「독립신문 발언 주체의 언론사상」, 『언론과 사회』, 1996.
로크, 존, 『통치론』, 강정인, 문지영 옮김, 까치, 1996.
리디아 리우, 『언어횡단적 실천』, 민정기 옮김, 소명출판, 2005.
리쩌허우, 『중국 현대사상사론』, 김형종 옮김, 한길사, 2005.
민병학, 「독립협회의 근대적 민권론」, 『사회과학연구』 21, 2004.
밀, 존 스튜어트, 『자유론』, 책세상, 2009.
미야지마 히로시, 「후쿠자와 유키치의 유교인식」, 『한국 실학연구』, Vol. 23. 2012.
서울대 정치학과 독립신문 강독회, 『독립신문, 다시 읽기』, 푸른 역사, 2004.
서재필기념회 [편], 『서재필과 그 시대』, 2003.
_____, 『민족을 위한 '희망의 씨앗'을 뿌리다: 선각자 서재필』, 기파랑, 2014.
유키치, 후쿠자와, 『문명론의 개략』, 임종원 옮김, 제이앤씨, 2012.
_____, 『학문을 권함』, 이동주 옮김, 기파랑, 2011.
이한섭, 「근대어 성립에서 번역어의 역할-일본의 사례」, 『새국어생활』, 22권, 1호, 2012.
이행훈, 「번역된 '철학'개념의 수용과 전유」, 『동양철학연구』, 제74집, 2013.
최기영 엮음, 『서재필이 꿈꾼 나라 : 서재필 국문 자료집』, 푸른 역사, 2010.
高坂史朗, 「西周の「哲學」と東アジアの學問」, 東アジア研究』 第14·15合倂號, 2008.3.
松本三之介, 『明治精神の構造』, 岩波書店, 2012.
三谷太一郎, 『日本の近代とは 何であったか-問題史的 考察-』, 岩波新書, 2018.
丸山眞男 著, 松澤弘陽 編, 『福澤諭吉の哲學』, 岩波文庫, 2015.
高城辛一, 「甲申政變前後の福澤諭吉の中國認識」, 『日語日文學研究』 43輯, 2002.
Wayland, Francis, *The Elements of Political Economy*, 4th ed. Boston:Gould and Lincoln, 1841.

주첸즈의 중국문화공간설 고찰 | 전홍석

梁漱溟, 『梁漱溟全集』 第1卷, 「東西文化及其哲學」, 濟南: 山東人民出版社, 1989.

朱謙之, 『朱謙之文集』 第6卷, 「文化哲學」, 福州: 福建敎育出版社, 2002.

_____, 『朱謙之文集』 第6卷, 「文化哲學: (附錄)中國文化之地理的分布 ─讀朱君毅『中國歷代人物之地理的分布』」, 福州: 福建敎育出版社, 2002.

_____, 『朱謙之文集』 第6卷, 「文化哲學: (附錄)南方文化運動」, 福州: 福建敎育出版社, 2002.

_____, 『朱謙之文集』 第6卷, 「文化哲學: (附錄)南方文化之創造 ─廣州市立一中講演」, 福州: 福建敎育出版社, 2002.

_____, 『朱謙之文集』 第6卷, 「文化哲學: (附錄)中國文化的現階段 ─培英中學講演」, 福州: 福建敎育出版社, 2002.

_____, 『朱謙之文集』 第7卷, 「比較文化論集: 世界史上之文化區域」, 福州: 福建敎育出版社, 2002.

_____, 『朱謙之文集』 第7卷, 「比較文化論集: 中國文化之本質, 體系及其發展」, 福州: 福建敎育出版社, 2002.

_____, 『朱謙之文集』 第7卷, 「比較文化論集: 中國文化之地理三周期」, 福州: 福建敎育出版社, 2002.

양재혁, 『동양철학, 서양철학과 어떻게 다른가』, 조합공동체 소나무, 1998.

김경일, 「지역연구의 대상과 방법」, 『지역연구의 역사와 이론』(김경일 편저), 문화과학사, 1998.

_____, 「전후 미국에서 지역연구의 성립과 발전」, 『지역연구의 역사와 이론』(김경일 편저), 문화과학사, 1998.

다카야 요시카즈(高谷好一), 「세계 속의 세계단위」, 『지역연구와 세계단위론』(야노 토루 엮음), 부산외대 아시아지역연구소 옮김, 전예원, 1999.

_____, 「중화세계」, 『지역연구와 세계단위론』(야노 토루 엮음), 부산외대 아시아지역연구소 옮김, 전예원, 1999.

야노 토루(矢野暢), 「지역연구란 무엇인가?」, 『지역연구의 역사와 이론』(김경일 편저), 서울: 문화과학사, 1998.

_____, 「새로운 세계관의 조건 - '발명주의'의 극복을 찾아서」, 『지역연구와 세계단위론』(야노 토루 엮음), 부산외대 아시아지역연구소 옮김, 전예원, 1999.

전홍석, 「주첸즈의 세계문화유형론에 관한 고찰: 세계문화 3원론을 중심으로」, 『동양철학연구』 제81집, 동양철학연구회, 2015.

_____, 「동서 '문화·문명'의 개념과 그 전개: 현대 문명담론의 개념적 이해를 중심으로」, 『동양철학연구』 제63집, 동양철학연구회, 2010.

하병주, 「지역학의 정체성과 패러다임 모색 Ⅰ」, 『지중해지역연구』 제9권 제1호, 부산외국어대학교, 2007.

Morin, Edgar. *Penser l'Europe* / 에드가 모랭, 『유럽을 생각한다』, 임문영 옮김, 문예출판사, 1997.

Said, Edward W. *Orientalism* / 에드워드 사이드, 『오리엔탈리즘』, 박홍규 옮김, 교보문고, 2015.

劉林睿, 「朱謙之文化思想與南方文化運動」, 『學術研究』 第11期, 嶺南文化研究, 2013.

黃有東, 「朱謙之與"南方文化運動"」, 『現代哲學』, 2007.

上原一慶·桐山昇·高橋孝助·林哲, 『東アジア近現代史』 / 우에하라 카즈요시 외, 『동아시아 근현대사』, 한철호·이규수 옮김, 옛오늘, 2001.

20세기 초 한국인의 동아시아 살림공동체 인식 | 원재연

『간추린 사회교리』, 교황청 정의평화위원회 편저, 2004, 한국천주교주교회의 번역, 한국천주교중앙협의회, 2013년 개정판.

신진식·정성훈·김용휘·이경란, 『살림과 돌봄의 공동체, 사상과 실천』, 도시공동체연구총서1, 보고사, 2021.6.

안중근의사기념관 발행, 『안중근의 동양평화론』, 2018.

안중근의사기념사업회 편, 『안중근과 동양평화론』, 채륜, 2010.

원재연·남승균·한상욱·권창식·강인규·이재열, 『노동, 환경, 서민금융을 통한 살림공동체 : 인천 가톨릭 사회운동의 현실과 전망』, 도시공동체연구총서2, 보고사, 2021.8.

인천대학교 인천학연구원 편, 『인천의 내발적 공동체 기반 도시회복력 연구』(2019년도 인문사회연구소지원사업 문제해결형 발표자료), 2019.8.14.

정성훈·원재연·남승균, 『협동과 포용의 살림공동체 : 이론, 역사, 인천사례』, 인천학연구총서43, 보고사, 2019.2.

황종렬, 『안중근의 동양평화살이』, 가톨릭동북아평화연구소, 2018.

김도형, 「대한제국기 계몽주의 계열 지식층의 '삼국제휴론, 인종적 제휴론을 중심으로'」, 『한국근대사연구』 2000년 여름호 제13집.

김수태, 「안중근의 독립운동과 신문」, 『진단학보』 제119호, 진학학회, 2013.12.

김신재, 「〈독립신문〉에 나타난 '三國共榮論'의 성격」, 『경주사학』 제9집.

노길명, 「안중근의 가톨릭 신앙」, 『교회사연구』 제9집(안중근 토마스 의사 특집호), 한국교회사연구소, 1994.

노명환, 「유럽통합 사상과 역사에 비추어 본 안중근 동양평화론의 세계사적 의의」, 『안
　　　중근과 동양평화론』, 안중근의거 100주년기념 연구논문집4, 안중근의사기념사
　　　업회 편, 채륜, 2010.9.
도진순, 「안중근 가문의 백세유방과 망각지대」, 『영원히 타오르는 불꽃 - 안중근의 하얼
　　　빈 의거와 동양평화론』, 지식산업사, 2010.12.
변기찬, 「안중근의 신앙과 현양에 대한 비교사적 검토」, 『교회사연구』 제16집, 한국교회
　　　사연구소, 2001.
신운용, 『안중근과 한국근대사2』, 안중근 평화연구원 편, 채륜, 2013.3.26.
신진식, 「한살림의 살림운동 역사와 전망 : 한살림협동조합을 중심으로」, 신진식 등 4인
　　　공저, 『살림과 돌봄의 공동체, 사상과 실천』, 도시공동체연구총서1, 보고사,
　　　2021.6.
원재연, 「동학접주 김구의 세계관 확대와 인천 감리서의 수인공동체」, 원광대학교 익산학
　　　연구소가 인천대학교 인천학연구원을 초청하여 개최한 제1회 지역학 학술포럼
　　　"지역공동체에 대한 성찰과 활성화 방안 연구 -동학을 중심으로-", 2021.10.1.
＿＿＿, 「안중근의 선교활동과 황해도 천주교회」, 『안중근 연구의 성과와 과제』, 안중근
　　　기념사업회 편, 2010.9.
＿＿＿, 「안중근의 인권사상과 공동체의식」, 『교회사연구』 제46호, 한국교회사연구소,
　　　2015.6.
＿＿＿, 「황사영 백서의 인권론적 고찰」, 『법사학연구』 제25호, 한국법사학회, 2002.4.
윤선자, 「안중근 의사의 천주교 신앙과 애국계몽운동」, 『안중근의 義烈과 동양평화론』,
　　　안중근의사의거 89주년 학술심포지엄, 안중근의사숭모회, 1998.
이태진, 「'동양평화론'과 '청취서'」, 『안중근의 동양평화론』, 안중근의사기념관, 2018.
장석흥, 「안중근의 대일본 인식과 하얼빈 의거」, 『교회사연구』 제16집, 한국교회사연구
　　　소, 2001.
정인상, 「안중근의 신앙과 윤리」, 『교회사연구』 제16집(한국교회사연구소, 2001)
조광, 「안중근의 애국계몽운동과 독립전쟁」, 『교회사연구』 제9집(안중근 토마스 의사
　　　특집호), 한국교회사연구소, 1994.
현광호, 「안중근의 한중일 인식」, 『안중근과 동양평화론』, 안중근의거 100주년기념 연
　　　구논문집4, 안중근의사기념사업회 편, 채륜, 2010.9.

한인 디아스포라: 분절된 동화의 여정(문제 제기) | 염 나탈리야 보리소브나

Abdramanova S., Ethnic identity of Kazakhstani young people in relation to
　　　language, *Евразийский журнал филологии: Наука и Образование*, Т.

166, №. 2, 2018.

Alejandro Portes, Patricia Fernández-Kelly & William Haller, Segmented assimilation on the ground: The new second generation in early adulthood, *Ethnic and Racial Studies*, 28(6), 2005.

Oh C. J., Comparative Analysis of the Ahıska (Meskhetian) Turks and Koreans in Post-soviet Kazakhstan and Uzbekistan: The making of diaspora identity and culture, *Millî Folklor Uluslararası Kültür Araştırmaları Dergis*, T. 9., 2012.

Park Robert E., *Burgess Ernest*, Chicago IL: The University of Chicago Pres, 1925.

Portes A., Min Zh., The New Second Generation: Segmented Assimilation and its Variants, *The Annals*, 530(1), 1993.

Portes A. & Rumbaut R. G., *Legacies: The Story of the Immigrant Second Generation*, Berkeley, CA: University of California Press, 2001.

Scheffer, G., *Diaspora Politics: At Home Abroad*, Cambridge: Cambridge University Press, 2003.

Warner W. L. & Srole L., *The Social Systems of American Ethnic Groups*, New Haven: Yale University Press, 1945.

Waters M. C., Tran V. C., Kasinitz, P., & Mollenkopf, J. H., Segmented assimilation revisited: types of acculturation and socioeconomic mobility in young adulthood, *Ethnic and Racial Studies*, 33(7), 2010.

Yoon I.-J., Forced Relocation, Language Use, and Ethnic Identity of Koreans in Central Asia, *Asian and Pacific Migration Journal*, 9(1), 2000.

Zharkynbekova S., Aimoldina A., Akynova D., Cultural and language self-identification of ethnic minority groups in Kazakhstan, *Sociolinguistic Studies*, T. 9, №. 2/3, 2015..

Aimaganbetova O. Kh., Adilova E. T., Baimoldina L. O., Study of features of ethnic identity of Koreans (core-saram) residing in Kazakhstan, *Вестник КазНУ. Серия психологии и социологии*, №3 (70), 2019.

Бучек А. А., Этническое самоопределение в подростковом возрасте (на примере коренных народов Камчатки), *Вестник КРАУНЦ. Гуманитарные науки*, №2, 2004. URL: https://cyberleninka.ru/article/n/etnicheskoe-samoopredelenie -v-podrostkovom -vozraste-na-primere-korennyh-narodov-kamchatki (д ата обращения: 29.03. 2021).

Каменских М. С., Современные аккультурационные процессы и представления о семейном укладе и собственной идентичности у российских корейцев

Пермского края, *Вестник Пермского научного центра*, №4, 2015.

Ким Хе Чжин, Культурная адаптация и особенности этнического самосознания русскоязычных корейцев, проживающих в Республике Корея, *Новые тенден ции социокультурных изменений в корейском и российском обществах*, отв. Ред. Р. К. Тангалычева, В. В. Козловский , СПб.: Скифия-принт, 2015.

Этнопсихологический словарь, Под ред. В.Г. Крысько, М.: Московский психолого -социальный институт, 1999.

엔클레이브 이론에서 사회자본 이론으로 | 토노무라 마사루·나탈리야 염

Bankston, C. L., Immigrant Networks and Social Capital. Cambridge: Polity Press, 2014.

Butler, J.S., Greene, P.G., Ethnic entrepreneurship: the continuous rebirth of American enterprise. In D.L. Sexton & R.W. Smilor (Eds.), Entrepreneurship 2000, Chicago: Upstart, 1997.

Biznes-forum novogo pokoleniya koreytsev SNG, [Business forum of the new generation of Koreans of the CIS], 2018.

Deakins, D., Ethnic minority entrepreneurship. In A. Lindsay (Ed.), Entrepreneur- ship and Small Firms, (Second ed.), Toronto: McGraw-Hill Publishing Company, 1999.

Edinstvo natsii - zalog protsvetaniya kazhdogo, [Unity of the nation is the guarantee of prosperity for everyone], 2017.

Elo M., Typology of diaspora entrepreneurship: Case studies in Uzbekistan. Journal of International Entrepreneurship. 14(1), 2016.

Fregetto, E., 'Immigrant and ethnic entrepreneurship: a U.S. perspective', in H.P. Welsch (ed.), Entrepreneurship: The Way Ahead, New York: Routledge, 2004.

Globalnyiy monitoring predprinimatelstva. Natsionalnyiy doklad: Kazahstan 2016/2017. [Global monitoring of entrepreneurship. National report: Kazakhstan 2016/2017. Astana, 2017.

Greene, P., Owen, V, 'Race and ethnicity', in W.B. Gartner, K.G. Shaver, N.M. Carter and P.D. Reynolds (eds), Handbook of Entrepreneurial Dynamics: The Process of Business Creation, Thousand Oaks, CA: Sage Publications, 2004.

Ireland, R.D., Webb, J.W., Joseph E. Coombs, J.E., Theory and Methodology in Entrepreneurship Research, in David J. Ketchen, Donald D. Bergh (ed.) Research Methodology in Strategy and Management (Research Methodology in Strategy and Management, Vol.2) Emerald Group Publishing Limited, 2005.

Jones, T., Ram M., Ethnic Minorities in Business, London: Small Business Research Trust, 1998.

Kayzer, M., Neformalnyiy sektor torgovli v Uzbekistane. [Informal trade sector in Uzbekistan]. Zhurnal sotsiologii i sotsialnoy antropologii. [Journal of Sociology and Social Anthropology] 3(2), 2000.

Kim, A., Biznes-forum novogo pokoleniya koreytsev SNG 2017 / 3-e Sobranie Ob'edineniya Koreyskih Biznes-Klubov. [Business Forum of the New Generation of Koreans of the CIS 2017 / 3rd Meeting of the Association of Korean Business Clubs], 2017.

Kim, G., The Labor activities of Koreans in Kazakhstan. http://world.lib.ru/k/kim_o_i/thr6rtf.shtml, 2003.

Kim, G.N., Chislennost korYo saram. Sovremennaya demograficheskaya harakteristika i sotsialno-ekonomicheskiy oblik koreytsev Kazahstana. [Number of koryo saram. Modern demographic characteristics and socio-economic shape of Koreans in Kazakhstan], 2004.// http://world.lib.ru/k/kim_o_i/thy1rtf.shtml

Kim, G., Koreans in Kazakhstan, Uzbekistan and Russia. World Diasporas Encyclopedia. Kluwer, 2004.

Kim, G.N., Formation and Development of Ethnic entrepreneurship of Koryo saram in Kazakhstan. International Area Review. 12(1), 2009.

Kim, G.N., Raspad SSSR i postsovetskie koreytsyi. [The collapse of the USSR and the post-Soviet Koreans], 2010.

Kim, G.N., Kim, Y.J., Gobonji as a Phenomenon of Ethnic Entrepreneurship among the Koryo-saram in the Soviet Second Economy. Korea Journal, 56 (4), 2016.

Kim, K., Bolshoy start. [Great start], 2016.

Kim, K., Forum III pokoleniya koreytsev Kazahstana. [Forum of the third generation of Koreans of Kazakhstan], 2018.

Light, I. and Gold S., Ethnic Economies, San Diego: Academic Press, 2000.

Menzies, T.V., Filion, L.J., Brenner, G.A., Elgie, S., A Study of Entrepreneurs'

Ethnic Involvement Utilizing Personal and Business Characteristics. Paper Presented and Published in the Proceedings of the 20th Annual CCSBE Conference November 6th to 8th 2003, Victoria, British Columbia, Canada, 2003.

Missiya OKBK [Mission of OKBK].

Mischuk, S.N., Migratsiya i etnicheskoe predprinimatelstvo na Dalnem Vostoke Rossii. [Migration and ethnic entrepreneurship in the Russian Far East], 2013. https://cyberleninka.ru/article/v/migratsiya-i-etnicheskoe-pred prinimatelstvo-na-dalnem-vostoke-rossii

Muller, T., Immigrants and the American City. New York: New York University Press, 1993.

Nee, V., Nee, B., Longtime Californ': A Study of American China Town. Stanford, CA: Stanford University Press, 1986.

Nyisanbaev, A. N., Kurganskaya, V. D., Biznes-soobschestvo Kazahstana: tendentsii razvitiya. Institut filosofii i politologii. Sbornik [Business community of Kazakhstan: development trends. Institute of Philosophy and Political Science. Collection], 2011. http://iph.kz/doc/ru/862.pdf

Peshkova, V.M., Predprinimatelstvo migrantov v Rossii: strukturnyie vozmozhnosti. [Entrepreneurship of migrants in Russia: structural capabilities.]. Vlast. [Power], 1, 2016.

Radaev, V.V., Etnicheskoe predprinimatelstvo: mirovoy opyit i Rossiya. [Ethnic entrepreneurship: world experience and Russia.]. Polis. Politicheskie issledovaniya. [Policy. Political Studies], 5, 1995.

Rauch, A., Doorn, R.V., Hulsink, W., A Qualitative Approach to Evidence-Based Entrepreneurship: Theoretical Considerations and an Example Involving Business Clusters. Entrepreneurship Theory and Practice, 38(2), 2014.

Razin, E., The economic context, embeddedness and immigrant entrepreneurs (Conclusion), International Journal of Entrepreneurial Behaviour & Research, 8(1/2), 2002.

Re, S., The art of case study research. Sage Publications, Thousand Oaks; Yin R (1984) Case study research. Sage, Beverly Hills, 1995.

Ryazantsev, C.B., Etnicheskoe predprinimatelstvo kak forma adaptatsii migrantov. [Ethnic entrepreneurship as a form of adaptation of migrants.]. Obschestvennyie nauki i sovremennost. [Social sciences and modernity], 5, 2000.

Sadaeva, O.A., Fenomen etnicheskogo predprinimatelstva kak sledstvie migratsionnyih protsessov i adaptatsii natsionalnyih menshinstv v inoetnichnoy srede: na primere koreyskoy diasporyi g. Novosibirska. [The phenomenon of ethnic entrepreneurship as a consequence of migration processes and the adaptation of national minorities in an ethnic environment: the example of the Korean diaspora in Novosibirsk.]. Izvestiya koreevedeniya v Tsentralnoy Azii. [News of Korean Studies in Central Asia], 14, 2007. http://world.lib.ru/k/kim_o_i/s5s5.shtml

Schaper, M. and Volery T., Entrepreneurship and Small Business: A Pacific Rim Perspective, Milton: John Wiley & Sons Australia, 2004.

Simmel, G., 'The stranger', in K. Wolf (ed.), The Sociology of Georg Simmel, Glencoe Il: Free Press, 1950.

Sin, G., Sovet koreyskih delovyih klubov SNG. [Council of Korean Business Clubs of the CIS], 2016a.

Sin, G., Forum predprinimateley-koreytsev Ukrainyi. [Forum of Ukrainian entrepreneurs-Koreans.], 2016b.

Sombart, W., The Jews and Modern Capitalism, New Brunswick NJ: Transaction, 1914.

Ukrainskiy, V.N., Chimitdorzhiev Zh.Zh., 《Etnizirovannoe》 predprinimatelstvo: predprinimatelskie praktiki dalnevostochnyih koreytsev. ["Ethnicized" entrepreneurship: entrepreneurial practices of the Far Eastern Koreans.]. Regionalistika. [Regionalistics], 3(1), 2016.

Han, V. S., Sotsialnyiy status i vklad koreytsev v razvitie Tsentralnoy Azii. [The social status and contribution of the Koreans to the development of Central Asia], 2014.// https://koryo-saram.ru/han-v-s-sotsialnyj-status-i-vklad-korejtsev-v-razvitie-tsentralnoj-azii/

Volery, T., Ethnic entrepreneurship: A theoretical framework. In Dana, L o-Paul (ed.): Handbook of Research on Ethnic Minority Entrepreneurship: a Co-evolutionary View on Resource Management. Cheltenham : Edward Elgar, 2007.

Waldinger, R., Aldrich H., Ward R. (eds), Ethnic Entrepreneurs: Immigrant Business in Industrial Societies, London: Sage, 1990.

Weber, M., The Protestant Ethic and the Spirit of Capitalism, New York: Scribner, 1930.

Zenner, W., Minorities in the Middle: A Cross Cultural Analysis. Albany: State University of New York Press, 1991.

한국 에로영화와 일본 성인영화의 관계성 | 이윤종

1. 기본자료
정인엽, 〈애마부인〉, 1982.

2. 논문과 단행본
강소원, 「1980년대 한국영화」, 유지나 외 한국영상자료원 편, 『한국영화사 공부 1980-1997』, 이채, 2005.

김수용, 『나의 사랑 씨네마 – 김수용 감독의 한국영화 이야기』, 씨네 21, 2005.

소래섭, 『에로 그로 넌센스 – 근대적 자극의 탄생』, 살림, 2005.

유지나 외, 『한국영화사 공부 1980-1997』, 이채, 2005.

이윤종, 「포르노그래피, 바디 장르, 그리고 페미니즘: 1980년대 한국 에로영화에 대한
페미니즘 논의를 중심으로」, 『문화/과학』 75호, 2013 가을.

하길종, 『하길종 전집 3 자료편 – 스크립트·서한·기사』, 2009, 한국영상자료원.

호현찬, 『한국영화 100년 (개장 증보판)』, 문학사상사, 2003.

Andrews, David. *Soft in the Middle: The Contemporary Softcore Feature in Its
Contexts.* Columbus: Ohio State University Press, 2006.

Chow, Rey. *Primitive Passions: Visuality, Sexuality, Ethnography, and Contem-
porary Chinese Cinema.* New York: Columbia University Press, 1995.

Desser, David. *Eros Plus Massacre: An Introduction to the Japanese New Wave
Cinema.* Bloomington: Indiana University Press, 1988.

Dower, John. *Embracing Defeat: Japan in the Wake of World War II.* New York:
W. W. Norton, 1999.

Freud, Sigmund. *Beyond the Pleasure Principle,* The Standard Edition. New York:
W. W. Norton, 1990.

Martin, Nina K. *Sexy Thrills: Undressing the Erotic Thriller.* Urbana: University
of Illinois Press, 2007.

Lee, Yun-Jong. *Cinema of Retreat: Examining South Korean Erotic Films of the
1980s,* Ph.D. Diss. University of California, Irvine, 2012.

Richie, Donald. *A Lateral View: Essays on Culture and Style in Contemporary
Japan.* Berkeley: Stone Bridges Press, 1987, 2001.

Sharpe, Jasper. *Behind the Pink Curtain: The Complete History of Japanese Sex
Cinema.* Surrey, U.K.: FAB Press, 2008.

Silverberg, Miriam. *Erotic Grotesque Nonsense: The Mass Culture of Japanese*

Modern Times. Berkeley: University of California Press, 2009.

Williams, Linda. *Hard Core: Power, Pleasure, and the "Frenzy of the Visible"*, expanded edition. Berkeley: University of California Press, 1989, 1999.

_____. *Screening Sex.* Durham: Duke University Press, 2008.

현대 사회에서의 중국 전통 건축 스타일의 가치 관한 연구 | 진좡(金壯, Jin Zhuang)·마차오(Ma Chao, 马超)

毛仲羽, 李靜, 論中國傳統建築裝飾在現代景觀設計中的應用[J], 合肥工業大學, 2013.

劉紅景, 入徽派建筑[J], 北京: 城市建設理論研究, 2012.

劉甦, 傳統民居與地域文化[J], 城市建筑. 2011.

謝海濤, 徽派建築設計中生態觀探微[J], 2010.

趙新良, 詩意栖居[M], 北京: 中國建築工業出版社, 2014.

學君, 王寶東, 中國傳統建筑[M], 北京机械工業出版社, 2010.

王曄, 徽派建筑元素在服裝圖案設計中的應用探析, 2013.

王一煒, 孫 楠, 鄭仁思, 徽派建筑元素在現代室內包裝設計中的應用, 2016.

王婷婷, 徽派建筑裝飾元素在現代設計中的應用, 2017.

http://www.szmuseum.com/

https://www.zhihu.com/question/48119815

http://bbs.zhulong.com

http://baijiahao.baidu.com

https://mp.weixin.qq.com/

중국의 식물명과 우리나라의 식물명 | 신현철·홍승직

Blais, P.A. and M.J. Lechowicz. Variation among populations of Xanthium strumarium (Compositae) from Natural and Ruderal Habitats. American Journal of Botany 76, 1989.

Saric, M. D. Bozic, D. Pavlovic, I. Elezovic and S. Vrbnicanin. Temperature effects on common cocklebur (Xanthium strumarium L.) Seed Germination. Romanian Agricultural Research 29, 2012.

Turgut, M., C.C. Alhan, M. Gurgoze, A. Kurt, Y. Dogan, M. Tekatili, N. Akpolat and A.D. Aygun. Carboxyatractyloside poisoning in humans. Annals of

Tropical Paediatrics: International Child Health 25, 2005.

Weaver, S.E. and M.J. Lechowicz. The biology of canadian weeds. 56. Xanthium strumarium L. Canadian Journal of Plant Science 63, 1983.

耿煊, 『詩經中的經濟植物』, 臺灣: 商務印書館, 1997.

唐德才, 「蒼耳、卷耳的本草考證」, 『中國中葯雜志』 22, 1997.

潘富俊, 『詩經植物圖鑒』, 上海書店出版社, 2003.

신영일, 『향약구급방에 대한 연구(복원 및 의사학적 고찰』, 경희대학교 박사학위논문, 1994.

吳厚炎, 『詩經草木匯考』, 貴陽, 貴州人民出版社, 1992.

이경록, 『국역 향약구급방』, 서울, 역사공간, 2018.

朱春慧, 『『詩經』草本植物研究』, 國立台南大學 碩士學位論文, 2011.

박용기, 「토천궁과 일천궁의 효능 및 품질비교에 관한 연구(I)」, 『대한본초학회지』 12, 1998.

박종희 외, 「한국산 당귀의 생약학적 연구」, 『생약학회지』 36, 2005.

손병태, 「식물명 향약명 어휘 연구」, 『영남어문학』 30, 2009.

신현철, 홍승직, 「『시경』에 나오는 한자 식물명 '고(栲)'의 재해석」, 『동아시아와 문명: 지역공동체 지평의 인문실크로드』, 도서출판 동과서, 2020.

안상우, 「본초서의 계통과 본초학 발전사」, 『한국의사학회지』 18, 2005.

王曉飛, 「"采采卷耳"考」, 『岳陽職業技術學院學報』 31, 2016.

이상보, 「한국에서 시경을 받아들인 역사를 살핌–서지학의 방법을 중심으로」, 『시경연구』 1, 1999.

張鵬飛, 「『詩經』"卷耳"名實辨証」, 『長江學術』 40, 2013.

조남준, 신민교, 송민준, 「도꼬마리(蒼耳)에 관한 문헌적 고찰」, 『본초분과학회지』 9, 1994.

陳旭波, 汪亮亮, 陳睿, 葉挺梅, 「石竹科繁縷屬與卷耳屬的數量分類」, 『麗水學院學報』 36, 2014.

홍승직, 신현철, 「식물의 분류학적 실체를 통한 『詩經』의 새로운 이해」, 『중국어문논총』 15집, 1998.

홍승직, 신현철, 김성순, 「『시경』과 한국 고전에 나오는 식물명 초(椒)의 재검토」, 『순천향 인문과학논총』 39, 2020.

黃冬珍, 「"卷耳"名物考辨」, 『太原師范學院學報』(社會科學版) 4, 2005.

타즈족의 형성 과정 및 문화 혼종성 | 엄순천

李尙根, 『韓人 露領移住史 硏究』, 탐구당, 1996.

『明史 外國傳』, 김선혜 역주, 『明史 外國傳 譯註 3-外國傳 下』, 동북아역사재단, 2011.

Du Halde, J. B. Description geographique, chronologique, politique et physique de la Empire de Chine et de la Tartarie Chinoise IV, Paris, 1735.

Арсеньев, В. К., "Лесные люди удэхей цы", В. К. Арсеньев., Собрание сочинения 6, Владивосток: Примиздат, 1948.

_____, "Этнологические проблемы на востоке Сибири", Собрание сочинения, Владивосток: Альманах Рубеж, 2012.

Беликов, В. И. & Перехвальская Е. В. "Язык тазов". В. П. Нерознак(Гл. ред.), Языки народов России. Красная книга. М.: Academia. 2002.

Березин, Е. В., "Очерк русских портов в татарском проливе и в японском море". Морской сборник, 51(1), 1861.

Березницкий , С. В. Верования и ритуалы коренных народов юга дальнего востока: этнокультурные компоненты и современное состояние(вторая половина XIX-XX в.). Диссерт. на соискание... доктора, Институт истории, археологии и этнографии народов ДВ РАН, 2005.

Боголюбский , И. С. Краткий очерк народов Амурского края. СПб.: Тип. С. Добродеева, 1890.

Болдырев, Б. В. Эвенко-русский словарь 2. М.: Филиал СО РАН ГЕО, 2000.

Большев, Л. А. Русское побережье тихого океана, ИСО ИРГО 8(3-4), Ирктск, 1877.

Браиловский , С. Н. Тазы или yguhэ. СПб.: тип. кн. В. П. Мещерского, 1902.

Василевич, Г. М., "Угдан-жилище эвенков Яблонового и Станового хребтов". Сборник Музей Антропологии и Этнографии, 20, 1961.

Венюков, М. И. Путешествие по Приамурью, Китаю и Японии, Хабаровск: Хабар. кн. изд-во, 1970.

Врадий , В. П. Уссурийский край , СПб.: Тип. Тренке и Фюсно, 1905.

Кафаров, П. И., "Уссурийские маньцзы". Известия ИРГО 7, 1871.

Ларькин, В. Г., "К вопросу о тазах". КСИЭ 31, 1959.

Лопатин, И. А., "Обзор южной части приморской области восточной сибири за рекой Суйфуном". Зап. Сибирского отдела ИРГО 7, 1863.

Палладий (Кафаров, П. И.) & Попов, Я. С. Китайско-русский словарь 1. Пекин: Типография Тунвэньгуань, 1888.

Патканов, С. Опыт географии и статистики тунгусских племен Сибири на основан ии данных переписи 1897 г. и других источников. Тунгусы собственно 1(1, 2). Спб.: Изд-СПб, 1906.

Подмаскин В. В., Народные знания тазов приморья (XIX-XXвв.), РОССИЯ И АТР 1(95), 2017.

Пожарский , А., "Предложения, относящиеся до земельного устрой ства населения амурской и приморской области". Приморские ведомости, 1899.

Пржевальский , Н. М. Путешествие в Уссурий ском крае 1867-1869. Владивосток: Примиздат, 1949.

Решетов, А. М., "Китай цы". Народы России: энциклопедия, 1994.

Сем, Л. И., "Прошлое и настоящее тазов". География Сибири и Дальнего Востока, Материалы II совещания географов Сибири и Дальнего Востока, 1962.

_____, "Тазы". Северная энциклопедия, 2004.

Сем, Ю, А. & Сем Л. И. История и культура тазов историко-этнографические очерки (вторая половина XIX-начало XXI в.). Владивосток: Дальнаука, 2019.

Сем, Ю, А. Тазы: этническая история, хозяй ство и материальная культура (XIX-XX вв.). Владивосток: Дальнаука, 2001.

Сравнительный словарь тунгусо-маньчжурских языков. Материалы к этимолог ическому словарю (ССТМЯ) 1, 2. Л.: Наука, 1975, 1977.

Старцев, А. Ф. Проблемы этнокультурного развития удэгей цев во второй полови не XIX-XX вв. Диссерт на соиск. доктор исторических наук, РАН Институт ИАЭ народов ДВ, 2002.

_____. Культура и быт удэгей цев (вторая половина XIX-XX в.), Владиво сток: Дальнаука, 2005.

_____. "Введение". История и культура тазов историко-этнографические очерки (вторая половина XIX-начало XXI в.), 2019.

_____. "Происхождение тазов и их этнокультурные контакты с другими народами" История и культура тазов историко-этнографические очерки (вто рая половина XIX-начало XXI в.), 2019.

_____. "Духовный мир тазов" История и культура тазов историко-этног рафические очерки (вторая половина XIX-начало XXI в.), 2019.

Стариков, В. С. Материальная культура китай цев северо-восточных провинций КНР. М.: Изд-во АН СССР, 1967.

Ткачёв, С., "Корей цы и инордцы южной уссурий ского края приморской края в переписи В. Н. Висленёва". Сборник главней ших официольных документо в по управлению восточной сибирью 4(2), 1884.

Тураев, В. А. "Тазы". Вестн. ДВО РАН 1(47), 1993.

Шренк, Л. И. Об инородцах Амурского края. Части географическо-историческая и антропо-этнологическая 1. СПб.: Изд-е Импер. АН, 1883.

Штернберг, Л. Я. Гиляки, орочи, гольды, негидальцы, ай ны. Хабаровск: Дальгиз, 1933.

Эдельштей н, Я. С., "Сихотэ-Алинь". Земледеление 3-4, 1905.

https://100.daum.net/encyclopedia/view/14XXE0027370

https://blog.naver.com/hogonman1/150038948965

https://cafe.daum.net/kilbom/Dd6d/25674?q=마을+공동우물&re=1

https://baike.baidu.com/item/馬姓回蘇井/1760941

https://travelask.ru/articles/tazy-pochti-ischeznuvshie-lyudi

https://blog.daum.net/shanghaicrab/8405404

http://myshared.ru/slide/430896/

선(先) 이슬람시대와 근현대 중앙아시아의 의술과 의료 체계 | 사노바르(Sanobar S.)

Адрес-справочник Туркестанского края(1910), Ташкент: Лит. В. М. Ильина.

Аллаяров, Х. А., История народной медицины Средней Азии, Автореф. диссерт. на соискание ученой степени доктора исторических наук, Москва, 1993.

Боровский, П. Ф., Краткий очерк о состоянии санитарных и лечебных учреждени й г. Ташкента до Октябрьской революции, За социалистическое здравоохра нение Узбекистана, № 1-2, 1933.

Васильев, Н., Наша общая беда и как помочь ей, Окраина, № 61, 62, 64, 66, 68, 71, 73, 1895.

Добросмыслов, А. И., Ташкент в прошлом и настоящем, Ташкент: Типо-литограф ия О.А.Порцева, 1912.

Дубльжан., 5 дней в городской больнице, Русский Туркестан, № 27, 1900.

Кадыров, А. А., Становление и развитие советского здравоохранения в Узбекистан е, Ташкент: Медицина, 1976.

Казанский, К. Женщина-врач и ее миссия на Востоке (Письмо из Ташкента), Туркестанский сборник, № 390.

Колосов, Г. А., О народном врачевании сартов и киргиз Туркестана. Медицинская помощь инородцам Туркестана и их отношение к русским врачам, *Труды антропологического общества при Военно-медицинской академии*, 1903.

Кушелевский , В. У., *Материалы для медицинской географии и санитарного опис ания Ферганской долины 3*, Новый Маргилан: Типография Ферганского обл астного правления, 1891.

Лунин, Б. В., *Научные общества Туркестана и их прогрессивная деятельность (конец XIX-начало XX вв.)*, Ташкент: Издательство АН УзССР, 1962.

Махмудов, М., *Становление и развитие медицины и здравоохранения в Средней Азии(1867-1924 гг.)*, Автореф. диссерт. на соискание ученой степени доктор а истор. наук. Ташкент, 1991.

Махмудов, М., *История медицины и здравоохранения Туркестана, Бухары и Хорезм а (1865-1924 гг.)*, Тараз, 2015.

О народном врачевании сартов и киргиз Туркестана. Медицинская помощь инород цам Туркестана и их отношение к русским врачам, Санкт-Петербург, 1903.

Обзор Сырдарьинской области за 1891 год, Ташкент, 1893.

Отчет о деятельности лечебницы для туземных женщин и детей в г. Самаркандᴇ е за 1886 г., *Туркестанские ведомости*, № 46-47, 1887.

Палиенко, Моим оппонентам, *Туркестанские ведомости*, № 88, 1893.

Пахомова, Е., *Из записной книжки женщины-врача. Справочная книжка Самаркан дской области*. Самарканд, 1902.

Положение об амбулаторной лечебнице для туземных женщин и детей в г. Самарканде, *Туркестанские ведомости*, № 37, 1885.

Положение об амбулаторной лечебнице для туземных женщин и детей в Ходже нте, *Туркестанские ведомости*, № 13, 1886.

Пославская, А., Отчет о деятельности лечебницы для туземных женщин и детей за 1885 год, *Туркестанские ведомости*, № 16, 1886.

Пославская, А. & Мандельштам, Е., *Обзор десятилетней (1883-1894) деятельност и амбулаторной лечебницы для женщин и детей в Ташкент*е, Ташкент, 1894.

Родильный покой в Ташкенте, *Туркестанские ведомости*, № 60, 1903.

Родильный покой , Туркестанские ведомости, № 87, 1913.

Слоним, М.И., Ташкент-царский , *За социалистическое здравоохранение Узбекист ана*, № 1-2, 1933.

Справочная книжка Самаркандской области, Самарканд: Типография Товарищест ва, 1902.

Табибга мухтожлик (Нужда в табибах), Садои Фарғона, 1914.

Тейх, Н. Б., *Исторический очерк устройства химической лаборатории и двадцатипятилетней ее деятельности(19 декабря 1869 г.-1 января 1895 г.)*, Ташкент, 1897.

Успехи русской медицины среди туземцев, *Туркестанский курьер*, № 172, 173, 1909.

Национальный Архив Узбекистана, ф.И.1, оп.8, д.682, л.3; ф.И.17, оп.1, д.29494, л.6.

Национальный Архив Научно-технической и медицинской документов Узбекистана, ф.192, д.296, л.17-18.

Шварц, А.Л., *25-летие первой мужской лечебницы в туземной части Ташкента*, Ташкент, 1911.

Шишов, А., Сарты. Этнографическое и антропологическое исследование, *Сборник материалов для статистики Сырдарьинской области*, № 11, Ташкент, 1904.

집필진 소개 (게재 순)

서동은
철학 박사. 경희대학교.
주요 논저: 『하이데거와 가다머의 예술이해』(2009), 『몸의 철학』(1993, 역서), 『시간의 개념』(2009, 역서), 『인간과 풍토』(2018, 역서) 외 다수.

전홍석
철학 박사. 순천향대학교.
주요 논저: 『문명 담론을 말하다: 현대 문명학 정립을 위한 시론』(2012), 『초기 근대 서구지식인의 동아시아상과 지식체계』(2018), 『주첸즈의 문화사상: 동아시아문화학 로드맵』(2019), 『동아시아와 문명, 그리고 지역체제: 21세기형 신문명시스템 구상』(2020) 외 다수.

원재연
국사학 문학박사. 인천대학교.
주요 논저: 『조선왕조의 법과 그리스도교』(2003), 『서세동점과 조선왕조의 대응』(2003), 『협동과 포용의 살림공동체』(2019, 공저), 『조선시대 서학관련 자료집성』 제2, 4권(2020, 공저) 외 다수.

염 나탈리야(Yem Natalya)
역사학 박사. 알 파라비 국립카자흐스탄대학교.
주요 논저: 『재외 한인의 인종 간 관계』(2017), 『카자스탄고려인의 국제결혼』(2011) 외 다수.

토노무라 마사루(Tonomura, Masaru)
역사학 박사. 도쿄대학교.
주요 논저: 『재일 코리안 운동과 저항적 정체성』(2018), 『제국과 포스트제국을 넘어서』(2020) 외 다수.

이윤종
영화학 박사. 동국대학교.
주요 논저: 『누가 문화자본을 지배하는가?』(2015, 공저), 『1990년대의 증상들』(2017, 공저), 「바이러스의 살육성: 〈괴물〉과 〈감기〉의 기생체」(2021), 「임순례 영화의 목가성에 대하여: 〈소와 함께 여행하는 법〉과 〈리틀 포레스트〉를 중심으로」(2021) 외 다수.

진좡(金壯, Jin Zhuang)
디자인학 박사. 닝보대학교.
주요 논저: Research on Space Planning and Artificial Intelligence Technology Application Scheme of Continuing Care Retirement Communities

(CCRC) in China.; Research on the Demand of Artificial Intelligence Robot in China's Continuous Care Retirement Community(CCRC).; Feasibility study on the Intergration of Overseas Brand Identity and Regional Architectural Styles.; Research on the Application of Chinese Traditional Hui-style Architecture Elements in Modern Architecture 외 다수.

마차오(马超, Ma Chao)

디자인학 박사. 닝보대학교.

주요 논저: The Interaction Design Principles about Page Layout of Over-the-counter Blockchain Transaction Journal of the Ergonomics Society of Korea.; Intelligent Interaction Design Research Based on Block Chain Communication Technology and Fuzzy System Journal of Intelligent & Fuzzy Systems.;「애완 동물 웨어러블 시스템의 구조적 상호작용 모델」.;「어떻게 애완동물서비스디자인에서 페르소나를 창조할까요? - 애완 동물 페르소나의 방법 도구」 외 다수.

신현철

이학 박사. 순천향대학교.

주요 논저:『진화론 논쟁』(1998, 역서),『종의 기원 톺아보기』(2019, 역서),『대학론, 대학을 공부하다』(2017),『충남학의 이해 Ⅱ』(2018, 공저) 외 다수.

홍승직

중어중문학 박사. 순천향대학교.

주요 논저:『이탁오평전』(2005),『용재수필 1-5』(2016, 공역),『처음 읽는 논어』(2016),『중국물질문화사』(2017) 외 다수.

엄순천

어문학 박사. 성공회대학교.

주요 논저:『잊혀져가는 흔적을 찾아서』(2016),「극동 지역 나나이족의 영혼관 : 인간의 영혼관을 중심으로」(『문화교류와 다문화교육』 제10권 제4호, 2021) 외 다수.

사노바르 사드마노바(S. Sadmanova)

역사학 박사. 타슈켄트 국립동방대학교.

주요 논저:『역사연구의 현대적 방법과 방법론(Современные методы и методология исторического исследовани)』(2018),「투르케스탄 의학과 주민: 전통과 혁신(19세기 말-20세기 초)(Медицина и население Туркестана: традиции и новации(конец xix-начало XX вв.))」(2017),「투르케스탄 정기간행물 역사 연구의 중요한 자료(우즈베키스탄공화국 중앙 국립문서보관소 자료를 중심으로)(АРХИВНЫЕ ДОКУМЕНТЫ — ВАЖНЫЙ ИСТОЧНИК ИЗУЧЕНИЯ ИСТОРИИ ПЕРИОДИЧЕСКОЙ ПЕЧАТИ ТУРКЕСТАНА(По материалам Центрального государственного архива Республики Узбекистан))」 외 다수.

고산중국학총서 **1**

근현대 인문실크로드 :
동아시아 지역담론의 현황과 지향성
문화의 혼종성과 공감지식 네트워크

2022년 1월 28일 초판 1쇄 펴냄

편 자 순천향대학교 공자아카데미 중국학연구소
발행자 김흥국
발행처 보고사

책임편집 이경민
표지디자인 손정자

등록 1990년 12월 13일 제6-0429호
주소 경기도 파주시 회동길 337-15 보고사
전화 031-955-9797
팩스 02-922-6990
메일 kanapub3@naver.com / bogosabooks@naver.com
http://www.bogosabooks.co.kr

ISBN 979-11-6587-278-6 93300
ⓒ 순천향대학교 공자아카데미 중국학연구소, 2022

정가 18,000원